LABİRENT

YAPAY ZEKÂ BİR DEVA MI YOKSA ÇIKMAZ MI?

LABİRENT
YAPAY ZEKÂ BİR DEVA MI YOKSA ÇIKMAZ MI?

Editör
Doç. Dr. Özlem Derin Sağlam

Yazarlar
Sebastian Sunday Grève; Dilek Yargan; Aziz F. Zambak; Alexander Lazarov; Brandt Dainow; Talat Sarıkavak; John Bole; Dinçer Çevik; Banu Demirbaş; Ebru Durusoy; Mina Furat; Özlem Derin Sağlam

ISBN: 978-625-6894-58-7

1. Baskı: Kriter Yayınevi 2023 / İstanbul

Yayınevi Sertifika No: 45353

Anahtar Kelimeler: Felsefe, Sosyoloji, Yapay zekâ

Birinci Baskı, 342 s. 13,5 cm x 21 cm

Kaynaklar var, Dizin yok.

Kapak Tasarımı: Özlem Derin Sağlam

Mizanpaj: Kriter Yayınevi

Baskı: Çözüm Baskı Merkezi Ticaret Limited Şirketi
Emniyetevleri Mahallesi Güvercin Sokak No:7/1
Kağıthane / İstanbul
Matbaa Sertifika No: 49099

İletişim:

Kriter Yayınevi

Hobyar Mah. Cağaloğlu Yokuşu Sok. Fevzi Bey Han No: 21 Kat: 2 No: 5

Fatih / İstanbul

Tel: 0 212 527 31 89

info@kriteryayinevi.com

www.kriteryayinevi.com

LABİRENT

YAPAY ZEKÂ BİR DEVA MI YOKSA ÇIKMAZ MI?

Editör

Doç. Dr. Özlem Derin Sağlam

Yazarlar

Sebastian Sunday Grève
Aziz F. Zambak
Brandt Dainow
John Bole
Banu Demirbaş
Mina Furat
Dilek Yargan
Alexander Lazarov
Talat Sarıkavak
Dinçer Çevik
Ebru Durusoy
Özlem Derin Sağlam

Birinci Baskı

2023 – İstanbul

KRİTER

ÖNSÖZ

Günümüzün en çok üzerinde durulan konularından olan Yapay Zekâ, bundan sonra da insanlık gündeminin merkezinde yer almaya devam edecek gibidir. Bugüne kadar yapay zekâ üzerine yapılan çalışmalar genellikle teknik tarafa odaklanma amacı taşırken, interdisipliner bir yapay zekâ tartışmasına alan yaratmak bu kitabı oluştururken öncelikli hedefimiz olmuştur.

Süreç dâhilinde hem yurt içi hem de yurtdışından farklı akademisyenlerle yapılan görüşmelerin ardından farklı yönleriyle yapay zekâyı ele alan önemli bir eser ortaya koyulabileceği kavranmıştır. İnsani yönlerinden teknik anlatımlara, sanatla olan ilişkisinden psikolojik ve duygusal yönlerine, hatta tıbbi değerlendirmeye varan pek çok farklı açıdan yapay zekâya bakılması hem eserde yer alan akademisyenlerin hem de okuyucuların bakış açılarını yansıtmak ve genişletmek adına oldukça önemli bir kaynak olmayı ummaktadır.

Turing testinden, Geliştirilmiş Yapay Zekâ uygulamalarına, biyomühendislikten transhümanizme ve insanın bilgisayar sistemleriyle olan etkileşimine uzanan etkileyici bir serüvene uzanacağımız bu çalışmanın hem bilim dünyasına hem de bu alana merak salan okuyuculara ilham vermesi umulmaktadır.

Yapay zekâ bir deva mıdır, yoksa insanı yutup yok edecek bir karanlık mı ortaya koyacaktır. İnsanlık tarihinin derin kollara ayrılan labirentleri içinde yapay ve sanal yeni kolların fiziksel ve dijital dünyayı birleştirdiği yeni düzlemler günden güne artmaya devam etmektedir. Bu yolculukta dijital alanın kuvvetini kullanmak ya da ona savaş açmak bizim elimizdeyken, sorulması gereken soruların başında yapay zekâ uygulamalarının teknik yönlerinden insani tereddütlere uzanan düzlemde nerede yer aldığı olmalıdır.

Düşünce tarihinin dilemmalar ve saltık mutlaklıklarla dolu evreninde, ne üzerine olursa olsun değişmez bir karara varabilme hali artık geçmişte kalmıştır. Belirsizlikler, değişimler ve akışlarla dolu olan yeni dünyada hem yapay zekâya hem de insanlığa yer olacak mıdır? Yoksa insanlar ölümsüzlük hedeflerinin peşinden koşarken kendilerini tümden yok ettikleri, belki de özgürlük ararken hapsettikleri dijital bir forma mı hapsedeceklerdir? Gelin birlikte keşfetmeye çalışalım…

Özlem Derin Sağlam

İstanbul, 2023

İÇİNDEKİLER

ÖNSÖZ v

A BRIEF HISTORY OF TURING'S WORK ON AI / TURİNG'İN YZ ÜZERİNE OLAN ÇALIŞMALARININ KISA TARİHİ
Sebastian SUNDAY GRÈVE 1

ON THE CREATIVITY OF MACHINE INTELLIGENCE / MAKİNE ZEKÂSININ YARATICILIĞI ÜZERİNE
Dilek YARGAN & Aziz F. ZAMBAK 23

ADVANCED ARTIFICIAL INTELLIGENCE ON THE HORIZON – THE NEW ENVIRONMENT TO INHABIT / UFUKTAKİ GELİŞTİRİLMİŞ YAPAY ZEKÂ – YENİ BİR ÇEVREDE YAŞAMAK
Alexander LAZAROV 45

AI ETHICS BY DESIGN / YAPAY ZEKÂ TASARIM ETİĞİ
Brandt DAINOW 77

RELATIONSHIPS BETWEEN ARTIFICIAL INTELLIGENCE AND EMOTIONS / YAPAY ZEKÂ VE DUYGULAR
Talat SARIKAVAK 119

THE HUMAN OBLIGATION TO OUR NEW DIGITAL CREATION / YENİ DİJİTAL YARATIM KARŞISINDA İNSANİ YÜKÜMLÜLÜĞÜMÜZ
John BOLE 141

POLITICS AND ARTIFICIAL INTELLIGENCE: ARCH ENEMIES OR CLOSE ALLIES? / POLİTİKA VE YAPAY ZEKÂ: EZELİ DÜŞMAN MI YAKIN MÜTTEFİK Mİ?
Dinçer ÇEVİK 169

ARTIFICIAL INTELLIGENCE AND MIGRATION / YAPAY ZEKÂ VE GÖÇ

Banu DEMİRBAŞ 211

CHRONIC PAIN AND ARTIFICIAL INTELLIGENCE / KRONİK AĞRI VE YAPAY ZEKÂ

Ebru DURUSOY 233

A REVIEW OF ARTIFICIAL INTELLIGENCE APPLICATIONS WITH GENDER PERSPECTIVE / YAPAY ZEKÂ UYGULAMALARININ TOPLUMSAL CİNSİYET PERSPEKTİFİYLE İNCELENMESİ

Mina FURAT 265

TOWARDS HUMANOID BEING: THE FUNCTION OF ARTIFICIALE PRODUCTIO IN THE HUMAN TRANSCENDENCE OF HUMANA CREATIO ON THE PATH TO DIVINA CREATIO / İNSANSI VARLIĞA DOĞRU: DİVİNA CREATİO'YA GİDEN YOLDA HUMANA CREATİO'NUN İNSANI AŞMASINDA ARTİFİCİALE PRODUCTİO'NUN İŞLEVİ

Özlem DERİN SAĞLAM 293

A BRIEF HISTORY OF TURING'S WORK ON AI

Sebastian SUNDAY GRÈVE*

Trans. Ozlem Derin Saglam

Extended abstract:

This paper presents a short historical analysis of Alan Turing's work on artificial intelligence, with a focus on its early beginnings and philosophical nature. It is argued that the value of Turing's work on AI has traditionally been reduced to what is now known as the Turing test, but it is more nuanced and compelling than previously assumed. In particular, it is argued that, all of his philosophical work had only the instrumental aim of conceptual clarity. Turing was clearly convinced that progress on certain scientific issues could only be made once certain fundamental notions had been given precise definition Providing such definitions is how Turing succeeded in both his early work on mathematical logic and in his later work on computer science and artificial intelligence. Unlike the conceptual device that is now known as a Turing machine, the one that is now known as the Turing test—which Turing himself called 'the imitation game'—has been widely misunderstood, by philosophers and computer scientists alike. Careful study of Turing's work shows that his aim in this connection simply was conceptual clarification, specifically to prepare the conceptual foundation on which future computing technology, especially AI, could be successfully conceived and developed.

* Chinese Institute of Foreign Philosophy, Beijing, China Department of Philosophy, Peking University, Beijing, China

TURİNG'İN YZ ÜZERİNE OLAN ÇALIŞMALARININ KISA TARİHİ

Sebastian SUNDAY GRÈVE[*]

Çev. Özlem Derin Sağlam

Giriş

Hesaplanabilirlik üzerine oluşturduğu ilk çalışmasındaki gibi, Turing'in daha sonra bilgi-işlem makineleri üzerine ele aldığı çalışması, belirli konularda ilerlemenin ancak kesin olarak tanımlanmış kavramlar temelinde yapılabileceğine dair felsefi bir inançla yönlendirilmektedir. Matematiksel mantık üzerine olan ilk çalışması günümüzde evrensel Turing makinesi olarak bilinmen kavramsal cihaz açısından hesaplanabilirliğin tanımını üretmede başarılı olmaktadır; esas olarak Hilbert'in *Entscheidungsproblem*'ini (karar verme sorunu) çözmeye yönelik olarak bu tanımı kullansa da nihayetinde modern bilgisayar mühendisliğine olanak sağlamıştır. Sonraki çalışmasında, Turing, bugünlerde Turing testi olarak bilinen kavramsal bir cihaz temelinde, böyle bir makineye uygulanabilir olan zekânın tanımını üretme girişiminde bulunmaktadır. Bu düşünce deneyi – ki Turing buna 'taklit oyunu' demektedir – yaygın biçimde yanlış anlaşılmaktadır. Filozoflar yanlış bir şekilde Turing'i bazı modası geçmiş davranışçılık biçimlerini veya zihnin doğası hakkında benzer iddiaları öne sürüyormuş gibi algılama eğilimindeyken, mühendisler ve bilim insanları onu sadece zekâ

[*] Çin Yabancı Felsefe Enstitüsü, Beijing, Çin Felsefe Deparmanı, Pekin Üniversitesi, Beijing, Çin

kavramının işlevselleştirilmesini öneren biri olarak görme eğilimindeydiler. Bu çalışmanın amacı bunlardan birine evrilseydi, pek çok eleştirmen haklı çıkacaktı: argüman oldukça zayıf kalacak ve operasyonel herhangi bir girişim yavan bir antropomorfizm olarak kalacaktı. Tartışmaya açık biçimde, genel olarak oldukça yetenekli olan birinin böylesine zayıf bir entelektüel çalışma ortaya koyması akademisyenlerin ilk değerlendirmelerini yeniden gözden geçirmeleri hususunda yeterli olmalıdır.

Aslında, Turing'in 1950'de kaleme aldığı meşhur '*Computing Machinery and Intelligence* (Bilgi-işlem Makineleri ve Zekâ)' makalesi bu konuyu ele alma amacının açıkça farklı olduğunu göstermektedir. Diğer yazıları ve BBC Radyosu'nda yaptığı konuşmayı da kapsayan halka açık konuşmaları, Turing'in birincil amacının, ilk olarak bilim insanları ve mühendisler, ardından politikacılar ve daha genel anlamda toplum tarafından başarılı biçimde anlaşılabilecek gelecek bilgi işlem teknolojisinin kavramsal temelini hazırlayan daha temel ve ileri-ci olmayı kapsadığını kanıtlamaktadır. İnsanları ve makineleri kıyaslamak adına bir değil de birkaç 'test' önermesinin amacı budur. Bugün geçerli olan bazı noktaları öngörmesine olanak sağlayan bu temel kavramsal çalışma, yetmiş yıl sonra yapay zekâ alanında en başarılı teorik girişimdir.

Turing'in ilgisini YZ'ya yönlendirdiği ilk zamanlarda, muhtemelen dünya üzerinde bu görev için daha iyi hazırlanan hiç kimse yoktu. 'Bilgi sayar'ın yaşamını yaptığı hesaplamalarla sürdüren birinin işini adlandırmaktan başka bir görevi olmadığı ve modern bilgisayarların henüz varolmadığı zamanlarda, Turing zaten YZ teknolojisinin bilimsel ilkelerini kavramıştır. Yalnızca yapay zekâya dair en önemli teorik yaklaşımı tahmin etmekle kalmamış, aynı zamanda bunu esas potansiyellerini göstermek adına bu türden özel girişimlerin gereksinim duyduğu donanımın geliştirilmesinden yarım yüzyıl önce öngörmüştür. Aynı zamanda, YZ felsefesinin de öncüsü olmuştur. '*Computing*

Machinery and Intelligence' makalesi bu alanda en çok alıntılananların başında gelmektedir. Turing genç yaşta hayatını kaybetmesine rağmen, çalışmalarının çoğu uzun zaman boyunca ya gizli ya da erişilemez durumda kalmıştır. Bu nedenle yapay zekânın felsefi temellerini de kapsayan daha pek çok önemli dersi ondan öğrenecek olmamız muhtemelen şaşırtıcı olmayacaktır.

Hesaplanabilirlik ve Makine Öğrenmesinin Sınırları

Turing'in bu konudaki düşüncesi diğer herkesin çok önündedir, bunun nedeni kısmen onun modern bilgi işlem makinelerinin, depolanmış-program tasarımının temel ilkelerini (ilk modern bilgisayar tasarlanmadan tam yirmi yıl önce) 1936 gibi erken bir tarihte keşfetmiş olmasına dayanmaktadır. Cambridge'deki, King's College'de Matematik bölümündeki ilk yılını tamamladıktan hemen sonra- o yıl, günümüzde evrensel Turing makinesi olarak bilinen, soyut dijital bilgi işlem makinesini tanımladığı '*On Computable Numbers*' makalesini yayınlamıştır. Aslında tüm modern bilgisayarlar Turing'in fikri üzerine modellenmiştir. Buna rağmen, bu bilgisayarları kökensel olarak anlama çabasının nedeni, insanı bilgi işlem süreciyle ilişkilendirdiğinde onları matematiksel anlamda geçerli olan bir biçimde kıyaslayabilme durumunu görmesidir.

Turing'in amacı uzay ve zamandan bağımsız olarak, ilkece hesaplanabilir olan gerçek sayıların alt kümesini tanımlamaktır. Bu nedenle, hayali bilgi işlem makinesinin maksimum güçte olmasına gerek duymaktadır. Bunu başarmak için, ilk olarak (hayali makinenin depolama ortamı olan) sonsuz bir bant kaynağının varlığını hayal etmektedir. Ancak en önemlisi, bir şeyi ya da bant üzerinde taradığı diğer bir yanıtı sonsuzca farklı biçimde düzenleyebilecek bir makinenin merkezi mekanizmasını düzenleyecek bir yöntemi keşfetmektir, ki bu yolla merkezi mekanizmanın olası herhangi bir düzenlemesini taklit etmek mümkün olacaktır. Bu yöntemin esas bileşeni depolanmış-program tasarımıdır: evrensel Turing makinesi başka bir Turing makinesini taklit edebilir, bunun tek sebebi – Turing'in ifade ettiği gibi – merkezi mekanizmanın (yani, mekanizmanın düzenlenme biçiminin) temel programlamasının bant üzerine kendisini depolayabilmesidir ve bu nedenle değiştirilebilir (taranabilir, yazılabilir, silinebilir) olmasıdır. Böylelikle, Turing herhangi bir gerçek sayıyı ve hesaplanabilme olasılığı olan mevcut bir dizi komuta uygun olarak otomatik bir biçimde aslında bir makinede taranabilecek, çıktısı alınabilecek ve silinebilecek ne olursa olsun her şeyi hesaplayabilecek bir tür makine üzerine uzmanlaşmaktadır; dahası, hesaplanabilir olan süreç dâhilinde insanla olan temel analoji bir ölçüde, insanın olası olarak hesaplayabileceği her şeyi de barındırmaktadır.

Depolanmış-program tasarımının yalnızca modern bilgi işlemin en temel ilkelerini oluşturduğunu değil, aynı zamanda zaten makine öğrenmesinin sınırları dâhilinde derin bir kavrayışı kapsadığını anlamak özel bir öneme sahiptir: yani, böyle bir makinenin kendisinin ilkece prensipte çözümleyemeyeceği hiçbir şey yoktur. Turing bu çıkarımı ve onun uygulama potansiyelini çok erken fark etmektedir. Ve çok geçmeden, depolanmış-program tasarımının gerçek bir makinede ilk kez uygulanmasından birkaç yıl önce, zaten makine öğrenimi sorunuyla yoğun bir biçimde ilgilenmeye başlamıştır.

Mühendislik, Programlama ve YZ Üzerine İlk Halka Açık Ders

Turing'in Cambridge'deki hocası, yaşam-boyu birlikte çalıştığı bilgisayar öncüsü dostu Max Newman şöyle yazar: ' "Evrensel" bilgi işlem makinesine verdiği tanım tümüyle teorik bir amaca hizmet etse de, Turing'in her türden pratik deneyime duyduğu güçlü eğilim onu o zamanlar bile bu hatlar üzerinde bir makineyi gerçekten inşa erme olanağıyla ilgilenmeye itmekteydi' (Newman 1954, 10).

İkinci Dünya Savaşı sırasında, Turing (elektron tüpü kullanarak) yüksek hızlı elektronik anahtarlama gelişmelerini öğrenmiş ve 1944'ün başında İngiliz kriptanalistler tarafından kullanılan ilk tam elektronik dijital bilgisayar Colossus'un doğuşuna tanıklık etmiştir. Colossus'un temel programlaması dâhili olarak depolanmamıştır, bununla birlikte, genel olarak evrensel – ya da modern terimlerle, 'genel-amaçlı' – bilgisayardan oldukça uzaktır. Bunun yerine, az sayıda farklı işlemler yapabilmesini sağlamak için makine, ilk olarak çeşitli fişler ve anahtarlar kullanılarak elle programlanmalıdır. Ancak 1945 Haziran'ında, Almanya teslim olduktan yalnızca birkaç hafta sonra, Turing Ulusal Fizik Laboratuvarı tarafından kendi evrensel bilgi işlem makinesinin elektronik versiyonunu geliştirmek için işe alınmıştır. Yılın sonuna varmadan, elektrik donanımın nasıl tasarlanması gerektiğinin fevkalade ayrıntılı bir açıklamasını içeren, elektronik depolanmış-programlı genel-amaçlı dijital bilgisayarın şimdiye kadarki en tamamlanmış tarifini sunan, uygulanabilir bir teklifi tamamlamaktadır (bkz. Turing [1945]). Üç yıl içinde, Turing'in teklifi ilk kullanıma hazır modern bilgisayara önayak olmaktadır.

Savaş dönemindeki iş arkadaşlarına göre, Turing zaten 1945'den de önce makine zekâsının olanaklılığı, özellikle de makine öğrenmesi ve bulgusal arama üzerine ciddi biçimde düşünmekteydi (bkz. Copeland 2020). 1945'teki teklifinde, kısaca şunları not etmektedir: 'Bazı işaretler mevcut… makinenin ara sıra ciddi hatalar yapması riskini göze alarak zekâsını sergilemesini sağlamak mümkün görünüyor.' Takip eden yıl, 1946'da, enerjisinin çoğunu haklı bir biçimde gelecek gelişmelerin anahtarı olduğuna inandığı programlama üzerine yapılan araştırmaya öncülük etmeye adamaktadır. Şubat 1947'de, muhtemelen yapay zekâ konusunda ortaya konan ilk halka açık bilimsel sunumu gerçekleştirerek, Londra Matematik Topluluğu'na bir ders sunmuştur. Dinleyicilerine evrensel Turing makinesini anlatarak başlamıştır (bkz. Turing [1947]). Geliştirilmiş olan şeyin 'bu aynı tip makinenin daha pratik bir versiyonu olarak düşünülebileceğini', ve bu makinelerin "insan bilgisayar tarafından yapılan herhangi bir işi yapabileceğini" açıklamaktadır. Sonrasında bu makinelerin gelecekte nasıl matematiksel araştırmalar için kullanılabileceğini, doğa üzerindeki olası etkilerin yanı sıra matematikçilerin yaptığı pek çok işte nasıl fark yaratabileceğini ifade etmektedir. 'Bu konu' diye yazar, 'doğal olarak bir bilgi işlem makinesinin prensipte insan eylemlerini taklit etmede ne denli ileri gitmesinin mümkün olduğu sorusunu doğurmaktadır.' Hangi insan eyleminin taklidinin en önemli olacağı konusundaki düşüncesi oldukça belirgindir. 'İstediğimiz şey makinenin deneyimlerden öğrenmesidir' der. Aynı biçimde bunun nasıl ve ne şekilde yapılacağına olan inancı hususunda da açık sözlüdür: 'Makinenin kendi komutlarını değiştirmesine izin vermek bunun için bir mekanizma üretecektir.' Başka bir deyişle, depolanmış-program tasarımı bunu mümkün kılmaktadır. 'Ancak', diye ekler, 'bu kesinlikle bizi çok ileri taşımaz.' Nihayet, programlama başlangıç aşamasında bile değildi ('öğrenme algoritması' bile henüz yoktu), göndermede bulunduğu makine (modern bilgisayar) henüz yeni yapılıyordu.

Turing Test'inin İlk Habercisi

Turing'in konumlandırmaya istekli olduğu ilgili mesele doğası gereği bütünüyle felsefidir. Bu sorun muhtemelen onu yaşamının geri kalanında meşgul etmektedir. Ve bu, günümüzde *Turing testi* olarak bilinen, YZ felsefesinden kaynaklanarak oldukça geniş bir çerçevede tartışılan bir fikrin ortaya çıkmasına neden olan aynı sorundur. Turing'in düşüncesinin evrimini bu ilişki içinde görmek, meşhur testini formüle etmeden önce de sonra da, en azından Turing testinin ne yapmaya çalıştığına dair halen ham olan ortak yanlış anlaşılmaları ortadan kaldırmamıza yardımcı olacaktır. 'Burada tartışılan muhtemelen makinenin zekâyla birleşmesi fikrinin temel bir tezat oluşturmasıdır', Turing '"makinenin tarafsızlığı"nı savunmasıyla doruğa ulaşan dersindeki son fikirleri anlatmaya böyle başlamaktadır. Aklındaki şeyi Turing testinin ilk habercisi olarak sayılabilecek küçük bir düşünce deneyiyle açıklamaktadır:

> Diyelim ki belirli başlatma komut tabloları [ör. programlar] olan bir makine kurduk, bu öyle yapılandırılmış olmalıdır ki iyi bir sebep ortaya çıktığında tabloları değiştirebilmelidir. Makinenin bir süre çalıştıktan sonra, talimatların tümünü tanınmayacak şekilde değiştireceğini, ancak yine de makinenin hala çok değerli hesaplamalar yapacağını kabul etmek zorunda kalacağımızı düşünülebilirsiniz. Muhtemelen makine ilk kurulduğu zaman istenen sonuçları almaya devam edecek, ancak bunu çok daha verimli bir şekilde yapacaktır.

Bu durumu yorumlayarak, şunu ekler:

> Böyle bir durumda orijinal talimatlar verildiğinde makinenin ilerleyişinin öngörülmediğini kabul etmek gerekecektir. Bu ustasından birçok şey öğrense de, kendi çalışmasıyla çok daha fazlasını ekleyen öğrenciye benzemektedir. Bu durum gerçekleştiğinde makinenin zekâ gösterdiğini kabul etmek gerektiğini hissediyorum.

Turing kendisi ya da diğerlerinin, makine zekâsının gerçekten olanaklı olup olmamasından çok daha önemsiz olan böyle bir durum hakkında ne hissedebileceğini biliyordu. Ancak aynı zamanda – herhangi biri kadar – belki de felsefi düşünce aracılığıyla üstesinden gelinebilecek olan temel düzeydeki kavramsal berraklık, doğru yönde ilerleyen herhangi bir önemli bilimsel ilerleme için hayati olacaktır. Tartışmaya açık bir biçimde, bütün felsefi çalışması yalnızca kavramsal açıklığı araçsal olarak amaç edinmektedir. İkisinin - felsefe ve bilimin (veya daha genel olarak temel bilim ve uygulamalı bilimin) – onun çalışmasında bu şekilde yan yana gitmesi kesinlikle her zaman geçerli olan bir özelliğidir. Verdiği derste, takip eden pasajdaki söylemiyle devam ettiği görülmektedir:

Turing'in pratik deneyime olan güçlü eğilimi devamlı olarak yüksek hızlı, minimal düzeyde kompleks olan donanım yapısıyla geniş-hafızaya sahip makineler (daha sonra diyeceği gibi, çocuklara uygun makineler), geliştirmeyi savunmasına dayanmaktadır, böylelikle programlamaya, makinenin kendisini yeniden programlamasını (yani makine öğrenmesini) de kapsayan muazzam bir özgürlük olanağı vermektedir. Bu nedenle, şöyle açıklar: 'Bu hafıza sorununa eğilen ders için hatırı sayılır bir zaman harcadım, çünkü inanıyorum ki uygun bir depolama sağlamak dijital bilgisayarların esas sorunudur ve elbette herhangi bir biçimde gerçek bir zekâ gösterimine razı olunursa mümkün olacaktır.' Aynı dönemde yazdığı bir başka mektupta şöyle demektedir: "Pratik bilgi işlem uygulamalarındansa beynin eylem modellerini üretme olasılığıyla daha çok ilgileniyorum" (Ashby'ye mektup).

Turing'in 1948 yılı YZ Manifestosu

Bilgi işlem teknolojisinin gelişimine dair geliştirdiği gerçek bilimsel ilgisi dolayımında, Turing'in, zayıf organizasyon nedeniyle hem yavaş ilerleyen hem de onun hayal ettiği hız ve depolama kapasitesinden çok daha azını içeren bir yapıyla yetinmesine neden olan, Ulusal Fizik Laboratuvarı'nın devam eden mühendislik projesi nedeniyle hızla hüsrana uğramaktadır. 1947'nin ortalarında, on iki-aylık bir izin talep etmektedir. Laboratuvar yöneticisi, Charles Darwin (Charles Darwin'in torunu) bunu desteklemekte ve izin talebini onaylamaktadır. Aynı yılın Temmuz ayında yazılan bir mektupta, Darwin Turing'in nedenlerini şöyle sıralamaktadır:

Makine üzerine olan çalışmasını biyolojik tarafın çok daha ötesine genişletmek istiyordu. Makinenin bugüne kadar beynin çok daha düşük kapasiteli bölümlerine eşdeğer bir çalışma olarak planlandığını ve onun aslında makinenin daha yüksek kapasitelerde neler yapabileceğini görmek istediğini söyleyerek durumu en iyi şekilde açıklayabilirim; örnek verecek olursam şu sorunun peşindedir, makine deneyimlerden öğrenecek şekilde tasarlanabilir mi?

(Darwin'den Appleton'a, 23 Temmuz 1947)

Öğrenme sorununa odaklanan bu araştırmanın sonucu, '*Intelligent Machinery*' ([1948]) başlığıyla çığır açan yazıdır. Jack Copeland bu makaleyi ilk YZ manifestosu olarak tanımlamakta ve bizim mevcut tarihsel bilgimize de dayanarak bu durum uygun görülmektedir. Nihai versiyonu 1948'de yazılmıştır. Buna rağmen, söylenene göre Darwin'in 'okul çocuğu makalesi' diyerek alay ettiği ve yayınlanmaya uygun bulmadığı bu makale, laboratuvar tarafından değer görmemektedir (bkz. Copeland 2004: 401). Makale 1968'e kadar yayınlanmadan kalmakta ve daha sonra da çok az ilgi çekmektedir. Yine de yazı pek çok önemli fikre ve YZ'ya dayanan hem mantık-temelli hem de bağlantıcı (nöral ağlar, vb.) tekniklere ev sahipliği yapmaktadır. Turing özellikle pekiştirici öğrenme ('ödül' ve 'ceza' yöntemi) ve genetik algoritmaları kullanarak eğitilebilecek yapay nöral ağların ayrıntılı bir tanımlamasını sunmaktadır. Makalenin s onunda yazdığı kendi özeti çığır açan karakter havasını katmaktadır:

Makinelerin zeki davranış göstermesi için uygulanabilecek olası biçimler tartışılmaktadır. İnsan beyni ile yapılan analoji, yol gösterici bir ilke olarak kullanılmaktadır. İnsan zekâsının potansiyellerinin ancak uygun eğitim verildiği takdirde gerçekleştirilebileceğine işaret edilmektedir. Araştırma, esas olarak makinelere uygulanan benzer bir öğrenme sürecini merkeze almaktadır. Organize edilmemiş bir makine fikri tanımlanmakta ve bebek insan korteksinin bu nitelikte olduğu öne sürülmektedir. Bu tür makinelere verilen basit örnekler ve ödül ve ceza yöntemiyle, makinelerin nasıl eğitildiği tartışılmaktadır. Eğitim süreci böyle bir durumda devamlılık göstermektedir.

Ulusal Fizik Laboratuvarı Sonrasındaki Araştırma

Turing araştırma için ayrıldıktan sonra Ulusal Fizik Laboratuvarı'na hiç dönmemiştir. Bunun yerine, Mayıs 1948'de arkadaşı Newman'ın da bulunduğu, kısa bir süre sonra dünyanın ilk elektronik depolanmış-programlı genel amaçlı dijital bilgisayarı olan Küçük-Ölçekli Deneysel Makine'nin (genellikle Manchester Baby olarak bilinir) ilk programını çalıştırdığı Manchester Üniversitesi'ndeki Bilgi İşlem Makinesi Laboratuvarı'na katılmaktadır. Turing yaşamının geri kalan altı yıllık zamanının çoğunu YZ üzerine araştırma yapmaya devam ederek geçirmektedir. Manchester Mark I makinesinin genişletilmiş programlama sistemini tamamladıktan sonra Ferranti Mark I'in (bkz. Turing [1951]), 1951'in başlarında Turing'in Ferranti'de deneyimlemeye başladığı dünyanın ticari olarak kullanılan modern bilgisayarıdır (Ferranti Limited tarafından üretilmiştir). Yapay yaşam üzerine olan araştırmaya dair önemli bir katkıyı ortaya koyan, biyolojik büyümenin hesaplanabilir modellemesine dair ilk sonuçları, '*The Chemical Basis of Morphogenesis*' (1952) olarak bilinen makalesini yayınlamaktadır. Yayınladığı başka bir makalede genetik araştırmayı kullanan satranç öğrenme algoritmasını tanımlamaktadır, bu makale 1945'te sunduğu öneride şu ifadeleri kullanırken aklında neler olduğuna dair bir gösterge sunmaktadır: 'nadiren ciddi hatalar yapma riski taşıyan bir zekâ sergileyen makineyi yapma olasılığına dair... bulgular mevcuttur. *Bu hali takiben makine muhtemelen oldukça iyi satranç oynamak için tasarlanmış olabilir.*' Ancak, Turing çalışmasını özellikle YZ felsefesi üzerinde devam ettirmiş ve etkin biçimde konu üzerindeki ileri akademik ve halka açık tartışmalara teşebbüs etmiştir. Örneğin, Turing, Newman, beyin cerrahı Geoffrey Jefferson ve o zamanlar Manchester'da sosyal bilimler profesörü olan Michael Polanyi arasında "akıl ve bilgi işlem makinesi" üzerine Ekim 1949'da yapılan bir felsefe semineri tartışmasından günümüze kadar gelmeyi başaran kısımlar mevcuttur. (bkz. Jefferson ve diğerleri [1949]). Bir sonraki yıl, Turing '*Computing Machinery and Intelligence*''ı yayınlamıştır. Dahası, 1950'lerin başlarında en az üç BBC radyo şovunda boy göstermiştir. Bilinen herhangi bir kayıt olmamasına rağmen, diyaloglar yakın zamanda yayınlanmıştır. İlki '*Intelligent Machinery, A Heretical Theory*' başlıklı kısa bir derstir, 1951 yılının ilk yayını olan bu akışta belirttiği amaç, pekiştirmeli öğrenme tekniğini açıklayarak ve üzerinde düşünerek yaygın olarak kabul edilen "Kendi yerinize düşünecek bir makine yapamazsınız" inancını sorgulamaktır (bkz. Turing 1951a). İkincisi 'Dijital Bilgisayarlar Düşünebilir Mi?' sorusuna yönelik kısa bir derstir, Turing burada kısaca depolanmış-program bilgisayarlarının evrenselliğini bildirirken, ardından izleyen argümanı geliştirmektedir:

> Herhangi bir makine uygun bir biçimde bir beyin olarak nitelenebilirse, o zaman herhangi bir dijital bilgisayar da bu şekilde tanımlanabilir... Gerçek beyinlerin... bir tür makine oldukları kabul edilirse bunu bizim uygun şekilde programlanmış olan dijital bilgisayarımız da beyin gibi davranacaktır.
>
> (Turing 1951b)

Bununla birlikte, 'bir makineyi düşünmeye programlama' süreci bunu gerektiriyorsa, Turing, böyle yapmanın yalnızca varlığı bilinen uzak bir gezegendeki aile yaşamı hakkında bilimsel bir inceleme yazmakla aynı olacağını ifade etmektedir (Turing'in o zamanlar kullandığı örnek Mars'taki bir ailenin yaşamı üzerinedir). 'Gerçek şu ki', diye açıklamaya devam eder, '[beyin gibi davranacak bir makinenin nasıl programlanacağı] hakkında çok az şey biliyoruz ve şimdiye kadar da çok az araştırma yapılmıştır.' Şunu ekler: 'Yalnızca şunu söyleyeceğim, sürecin öğretmekle yakın bir ilişki içinde olması gerektiğine inanıyorum.'

Turing'in katıldığı üçüncü ve son program (ilk yayın 1952'deydi), Cambridge'li filozof R.B. Braithwaite başkanlığında, 'Otomatik hesap makinelerinin düşündüğü söylenebilir mi?' sorusu üzerine Newman ve Jefferson'la yaptığı bir tartışmadır (bkz. Braithwaite ve diğerleri, 1952). Başlangıçta, katılımcılar düşünmeye genel bir tanım vermenin anlamsız olacağı konusunda hemfikirdirler. Turing bunun üstüne 'taklit oyunu'nun ya da Turing testinin varyasyonlarını tanıtmaktadır.

Taklit Oyunu

1950'de yazdığı makalede, Turing taklit oyununu, üzerinde durduğu – 'Makineler düşünebilir mi?' – sorusunun yerine 'onunla yakından ilgili olan ve nispeten açık kelimelerle ifade edilen' bir şeyi geçirmek için ortaya koyduğunu ifade etmektedir. Bu oyunun biraz daha sofistike olan makale versiyonu, insan ve makine olarak belirlenen iki rakip arasında karar vermeyi deneyen insan hakemi kapsamakta, yalnızca daktiloyla yazılmış metin mesajları kullanılarak uzaktan iletişim temelinde ilerleyen deneyde, makine insan gibi davranırken, diğer insan hakeme yardımcı olmaya çalışmaktadır. Turing "Makineler düşünebilir mi?" sorusunun şununla değiştirilmesi gerektiğini söylemektedir "Taklit oyununda daha başarılı olabilecek dijital bilgisayarlar hayal edilebilir mi?"

Taklit oyununun istenilen amaca hizmet ettiğini kanıtlamak için şanı yetse bile, temel olarak anlaşılmamıştır. Aslında, Turing'in yapay zekâ üzerine yaptığı çalışmanın değeri, amacına dair çeşitli çarpıtılmış açıklamalarla geleneksel olarak hem filozoflar hem de bilgisayar bilimciler tarafından azaltılmıştır. Örneğin, iz bırakan eleştirisinde, filozof John Searle (1980) 'Turing testinin utanmaz bir biçimde davranışçı olma geleneğinin tipik bir örneği' olmasından (yani, psikolojiyi dış davranışların gözlemlenmesine indirgemesinden) yakınmaktadır, diğer yandan YZ üzerine dünyanın en çok kullanılan ders kitabının yazarları bilgisayar bilimcileri Stuart Russell ve Peter Novig, bir bölümde şöyle yazmaktadırlar, 'Az sayıda YZ araştırmacısı Turing testiyle ilgilenirken, kendi sistemlerinin insanları taklit edebilmesindense, pratik görevler üzerine olan performansına yoğunlaşmaktadır' (Russell ve Novig 2021). Ancak makaleye yeniden bakıldığında Turing'in amacının açıkça –Searle gibi filozofların onu okuma biçiminin aksine- yalnızca düşünmeyi (ya da zekâyı) tanımlamanın ya da bilgisayar bilimcilerin sıklıkla anladığı biçimiyle kavramı faaliyete geçirmenin ötesine geçmek olduğu görünmektedir. Özellikle, Searle ve onun gibiler karşısında, Turing açıkça makinenin taklit oyununu becermesinin düşünme ya da zekâ için gerekli ya da başarılı bir kriter olmadığının farkındadır. Radyo tartışmasında benzer testlerin ortaya koyduğu yapıyı şöyle açıklamaktadır:

> Buna makinenin düşünüp düşünmediğini görmek için uygulanan bir test diyebilirsiniz, ancak bu, varsayımı ispatlanmış gibi kabul ederek ondan varsayımlar çıkarmak ve (diyelim ki) testi geçen makinelere 'A Sınıfı' makineler demek olacaktır... Benim önerim sadece bu soruyu tartışmamız gerektiğidir. Buradaki soru 'makineler düşünür mü' ile aynı değildir, ancak bizi mevcut amacımıza çok yaklaştırırken benzer biçimde zorluklar da ortaya çıkarmakta gibidir.

Turing'in Yapay Zekâ felsefesi üzerine (yukarıdaki bütün tanımlamaları da içeren) bu pasaj, diğer yazıları ve halka açık konuşmaları oldukça az ilgi görmüştür. Buna rağmen, bütün bu yazıları bir araya getirmek taklit oyununu formüle ederken ilk amacının ne olduğunun açık bir göstergesini ortaya koymaktadır. Örneğin bunlar, 1947'den (hatta muhtemelen daha erken bir tarihten) bu yana, aynı genel hedefin peşinde aslında Turing'in makineler ve insanları kıyaslayan bir değil birden çok test önerdiğini göstermektedir. Bu testler *öğrenme, düşünme* ve *zekâ*yla ilgilidir ve genel bir sohbette olduğu kadar, basit bir problemi çözme ya da satranç gibi oyunları da kapsayan daha küçük ya da daha büyük görev çeşitlemelerine uygulanabilmektedir. Ancak Turing'in ilk hedefi asla sadece bu şeylerden herhangi birini tanımlamak ya da faaliyete geçirmek olmamıştır. Bunun yerine, her zaman doğası gereği çok daha temel ve ilerlemecidir: yani, kavramsal temeli oluşturmak için, bir matematik filozofu olarak dikkatli ve titiz bir tavırla ortaya koyduğu gelecek bilgi işlem teknolojisinin önce bilim insanları ve mühendisler, sonra politikacılar ve genel anlamda toplum tarafından başarılı biçimde anlaşılmasını hedeflemektedir.

Duygusal Bir Kavram Olarak Zekâ

Taklit oyununun belki de en önemli öncüsünün, Turing'in 1948 tarihli uzun süre yayınlanmamış olan YZ araştırma makalesinin "Duygusal bir kavram olarak zekâ" başlığı altındaki kısa son bölümünde bulunduğu yaygın olarak göz ardı edilmektedir. Bu bölüm testi taklit oyunu olarak tanıtmanın merkezi amacının sıradan kavramlarımız ve onlara dair sıradan kullanımlarımızın aksi bir durumda doğurmasının muhtemel olduğu yanlış anlaşılmaları ortadan kaldırmaktır. Turing'in açıkladığı gibi:

Bir şeyin zekice davrandığını kabul etme ölçütümüz incelenmekte olan nesnenin özellikleri kadar kendi ruh halimiz ve deneyimlerimiz tarafından da belirlenmektedir. Onun davranışını açıklayabilir ya da öngörebilirsek ya da az çok planlanmış bir yapı söz konusuysa, zekâyı hayal etmeye dair az da olsa aklımız çelinecektir.

Bilimsel yargımızın bir şeyin zeki olup olmadığına karar verirken nesnel olmasını istiyoruz, en azından yargımızın kendi ruh halimize bağlı olmayacağı ölçüde bunu diliyoruz; örneğin bu, ilgili davranışı açıklayıp açıklayamayacağımıza veya belirli bir durumda zekâ olasılığından korkup korkmayacağımıza bağlıdır. Bu nedenle – her üç radyo yayını ve meşhur makalesinde açıkladığı gibi – Turing sıradan kavramlarımızın duygusal bileşenlerini yok etmenin yollarını ortaya kıymaktadır. 1948 yılındaki makalesinde, şöyle yazar:

> Şu anki bilgimizle bile bu sınırlar kapsamında küçük bir deney yapmak mümkündür. Satrancı çok da kötü oynamayacak bir kâğıt makinesi [yani kapıda yazılmış bir program] tasarlamak zor değildir. Şimdi üç kişiyi, A, B, C denekleri olarak seçin. A ve C oldukça zayıf satranç oyuncuları, C ise kâğıt makinesini çalıştıran operatör olsun. (Oldukça hızlı çalışabilmesi için bu operatörün hem satranç oyuncusu hem de matematikçi olması önerilmektedir.) İletişime bağlı eylemler için aynı biçimde düzenlenmiş iki oda olmalı ve oyun C ile A ya da kâğıt makinesi arasında oynanmalıdır. Öyle ki C kiminle oynadığını söylenmekte son derece zorlanmalıdır.

Bu kavramsal çalışmaya ek olarak, Turing'in Lucas–Penrose'den (bkz. Lucas 1961 ve Penrose 1989 ve 1994) Dreyfus'a (1972) ve bilince uzanan en etkili itirazları tahmin etmek – ve muhtemelen çürütmek adına – makine zekâsı olasılığını savunan pek çok felsefi argüman geliştirmektedir. 1950 yılında yazdığı makalesindeki şu sözleri onun ciddi olduğuna inanmamızı sağlamaktadır; 'Okuyucu görüşlerimi pozitif anlamda destekleyecek çok ikna edici argümanlarımın olmadığının farkına varacaktır. Eğer bunu başarabilseydim, karşıt görüşlerin safsatalarını ortaya koymak için bu denli uğraşmazdım.' Ancak her zaman kendi fikirlerini bizim sıradan kavramlarımızın – yani makineler 'düşünebilir' mi düşünemez mi sorusunun- dışına çıkarmaya, ancak kesin biçimde makinelerin ne zaman (az çok) nesnel olarak ölçülebilir olan (taklit oyunu gibi) görevlerle insan düzeyinde performans göstermesinin beklenebileceğine dair varsayımlarda bulunmaya yetecek dikkate sahiptir. Aynı zamanda, bilgisayar bilimci Edsger Dijkstra tarafından ortaya atılan ve günümüzde YZ araştırmacıları arasında hala popüler olan meşhur görüşe kesin olarak karşıdır: 'makinelerin düşünüp düşünemeyeceği sorusu... denizaltının yüzüp yüzemeyeceği sorusu kadar amaca uygundur'. Karşıt bir biçimde, Turing böyle bir sorunun kültürel, politik ve bilimsel öneminin tam anlamıyla farkındadır. Örneğin, radyo yayınında, 'Dijital Bilgisayarlar Düşünebilir mi?' (1951b) sorusunu şunu sorarak neticeye vardırmaktadır:

> Bir makine düşünebilirse, bizim yaptığımızdan daha entelektüel bir biçimde bunu yapacaktır, o zaman bizim nerede durmamız gerekecektir? Makineleri boyun eğen bir konumda tutabilsek bile, örneğin stratejik anlarda gücü kapatarak bunu yapsak bile, tür olarak kendimizi büyük ölçüde alçakgönüllü hissetmemiz gerekmelidir... Bu yeni tehlike... eğer iş buraya gelirse... uzaktır ama astronomik bir uzaklıkta değildir ve bu kesinlikle bizi kaygılandıracak bir şeydir. Bu konu üzerine yapılan bir konuşma ya da makalede alışılagelmiş olan, özellikle insana özgü olan bazı özelliklerin bir makine tarafından asla taklit edilemeyeceğini ifade ederek bir rahatlık zerresi sunmaktadır. Örneğin, hiçbir makinenin iyi İngilizce yazamayacağı veya cinsel çekicilikten etkilenemeyeceği veya pipo içemeyeceği söylenebilir. Herhangi bir sınır koyulamayacağına inandığım için, böyle bir rahatlama sunamam.

Sonuç

Turing 1950 makalesinde şunu doğru bir biçimde öngörmüştür: 'bu yüzyılın sonunda kelimelerin kullanımı ve genel eğitim tanımı öylesine alaşağı edilecektir ki makinelerin çelişkiye düşme olasılığı olmaksızın düşünmesinden bahsedilebilecektir.' Elbette, zihin ve makine probleminin çözüleceğini kastetmemektedir. Aslında, problem daha da önemli hale gelmektedir. Duygusal bilgi işlem ve biyomühendislik alanında devam eden ilerlemeler her gün daha fazla insanı makinelerin yalnızca düşünemeyeceğine, aynı zamanda hissedebileceği, muhtemelen mutlak yasal haklara sahip olması gerektiğine vb. inanmaya itecektir. Yine de – Roger Penrose ya da daha yakın geçmişte Thomas Fuchs (2021: 31) gibi- diğerleri halen makul bir şekilde makinelerin hesap yapabileceğini bile reddedecektir.

Turing yalnızca 1935/36 yıllarında modern bilgi işlemin temel ilkesini anlamaya değil aynı zamanda 1947/48 yıllarındaki çalışmasında, günümüzde, yetmiş yıl sonra bile YZ ve makine öğrenmesi alanında en başarılı teorik girişimlerden biri olan varsayımlarını ortaya koymada kendisine imkân veren pratik, deneyimsel yaklaşımının kombinasyonuyla temel kavramsal bir çalışma sunmaktadır. Tartışmaya açık bir şekilde bu kombinasyon, matematikteki çalışması umut vadeden ancak yine de düzensiz olan ve fikirleri öğretmenleri tarafından 'anlaşılmaz' ve 'gösterişli' bulunan bir okul çocuğu olmaktan sıyrılıp son yüzyılın en inovatif dehalarından biri olmasını sağlamaktadır (bkz. Cambridge News, 2017). 41 yaşından sonra yaşamış olsaydı ya da yapay zekâ üzerine yaptığı çalışmalar erken dönemde daha yaygın olarak bilinseydi, daha iyi anlaşılsaydı neler olabileceği hakkında yalnızca tahminde bulunabiliriz. Günümüzde ne büyük bilim insanlarından, ne de büyük filozoflardan yoksunuz. Bununla birlikte, Turing'in yaptığı gibi istisnai bir şekilde her ikisinin de erdemlerini birleştirebilecek bireylerin eksikliği mantıklı görünmektedir.

Kaynakça

Braithwaite, R. B., Jefferson, Geoffrey, Newman, Max, and Turing, A. M. (1952) Can Automatic Calculating Machines Be Said to Think? In Copeland (ed.) Essential Turing, 2004, OU

Cambridge News, (24 October 2017). https://www.cambridge-newco.uk/news/cambridge-news/hero-codebreaker-alan-turings-school-13800353

Copeland, B. Jack. (ed.) (2004). The Essential Turing, Oxford University Pres

Copeland, B. Jack, 2020. "The Modern History of Computing", The Stanford Encyclopedia of Philosophy (Winter 2020 Edition), Edward N. Zalta (ed.), URL = <https://plato.stanford.edu/archives/win2020/entries/computing-history/>.

Darwin, Charle Letter to Appleton, Available from The Turing Archive for the History of Computing. https://www.alanturing.net/turing_archive/archive/p/p30/p30.php

Dreyfus, Hubert L. (1972). *What Computers Can't Do*, Harper & Row.

Fuchs, Thoma (2021). In defense of the human being: Foundational questions of an embodied anthropology. Oxford University Press

Jefferson, Geoffrey, Newman, Max, Polanyi, Michael, and Turing, A. M. (1949) Manchester Philosophy Seminar Discussion Minute Available from The Turing Archive for the History of Computing. https://www.alanturing.net/turing_archive/archive/m/m15/m15.php

Lucas, J. R. (1961). "Minds, Machines and Gödel," Philosophy 36:112-127.

Newman, M. (1954). 'Dr. A. M. Turing', The Times, 16 June 1954, reprinted in Jack Copeland (ed.), The Essential Turing, Oxford UP, 2004, 416.

Penrose, Roger. (1989). The Emperor's New Mind. Oxford: Oxford University Pres

Penrose, Roger. (1994). Shadows of the Mind. Oxford: Oxford University Pres

Russell, Stuart J. and Norvig, P. (2021). Artificial Intelligence: A Modern Approach, fourth edition. Pearson.

Searle, John R. (1980). 'Minds, Brains, and Programs', The Behavioral and Brain Sciences 3, 417–24.

Turing, A. M. (1936). On computable numbers, with an application to the Entscheidungsproblem. J. of Math, 58 (345-363), 5.

Turing, A. M. (1945). Proposed Electronic Calculator, first published as the NPL report, Com. Sci. 57 (1972), with a foreword by Donald W. Davie

Turing, A. M. (1947). Lecture to the London Mathematical Society, February 1947. Published in B. E. Carpenter and R.W. Doran (ed), A.M. Turing'sACE Report of 1946 and Other Papers (Cambridge, Mas: MIT Press, 1986).

Turing, A. M. (1948). Intelligent Machinery, report written by Turing for the National Physical Laboratory, 1948. The paper was first published in 1968, within the book Cybernetics: Key Papers, ed C. R. Evans and A. D. J. Robertson, University Park Press, Baltimore Md.and Manchester (1968).

Turing, A. M. (1950). Computing Machinery and Intelligence. Mind 59, 433–460.

Turing, A. M. (1951). Programmer's Handbook. Available from The Turing Archive for the History of Computing.

https://www.alanturing.net/turing_archive/archive/m/m01/m01.php

Turing, A. M. (1951a) Intelligent Machinery, A Heretical Theory. In Copeland (ed.) Essential Turing, 2004, OU

Turing, A. M. (1951b) Can Digital Computers Think? In Copeland (ed.) Essential Turing, 2004, OU

Turing, A. M. (1952). The chemical basis of morphogenesi Bulletin of mathematical biology, 52, 153-197.

Turing, A. M. Letter to Ashby. Available from The Turing Archive for the History of Computing. https://www.alanturing.net/turing_archive/archive/l/l23/l23.php

ON THE CREATIVITY OF MACHINE INTELLIGENCE

Dilek YARGAN* **&** **Aziz F. ZAMBAK****

Extended Abstract

For billions of years, nature has bestowed creativity exclusively upon human beings, a trait consistently viewed as a characteristic that distinguishes humans from all other living thing For this reason, at first glance, it might seem implausible to discuss creativity emerging or capable of emerging from human creations, so it is easy to claim that machines cannot generate creativity. However, upon examining the rationale behind this claim, instead of grounding them, we find a web of interconnected assertions: machines lack creativity because they merely follow commands; they can only do what they are told to do; they can only execute predetermined tasks; their output is constrained and predictable due to their internal structure; this internal structure is defined by us, and so forth.

Ada Lovelace, the world's first programmer, was the originator of this belief, known as the 'Lovelace Objection.' Despite this, Lovelace also speculated that machine creativity might be feasible, suggesting that machines could potentially compose music and generate various forms of artistic and scientific content. The debate over whether machines can be

* Research Associate, Institute of Philosophy, University of Rostock; Data Scientist

**Assoc. Prof. Dr., Department of Philosophy, Middle East Technical University creative has raged since the construction of the Analytical Engine, and efforts have been devoted to enabling machines to produce original product

This chapter discusses the possibility of machine creativity in three section The initial section dispels the enigma surrounding creativity: It is neither enigmatic nor mysteriou Creativity does not necessarily derive from an external source, as if channeled from a higher power, nor does it solely emerge from a genius possessing extraordinary intellectual capacity. Instead, this section aims to demonstrate that creativity results from interrelated cognitive processe It arises from both internal factors, such as expertise and motivation, and external factors, such as culture and social structure. Thus, machine-generated creativity should be regarded as a synthesis of diverse knowledge structures at varying level.

Discussing the parameters that define machine creativity, the second section presents several theoretical studies aligning with the potential for creativity in artificial intelligence. The shared idea underlying these theories is that there are common rules governing the creative processes of the human mind, and it is possible to develop cognitive approaches and research methodologies to foster machine creativity. This section also highlights pioneering and recent examples of applications that have been recognized as creative.

The final section introduces a creative system approach comprised of seven essential principles for establishing machine creativity within the limits of machine intelligence. Firstly, it necessitates a thorough exploration of creativity, explicitly examining its fundamental principles and processe Secondly, machine creativity should be perceived as a composition of various levels of knowledge structures, as it emerges from a synthesis of both internal and external factor Thirdly, open system modeling becomes imperative for machine creativity: it is only when machines deal with various levels of knowledge structure As a consequence of these principles, this modeling framework enables machines to interact with their environment and process data flexibly. As a result, machine creativity must be a dynamic process that unites the final three principles of the creative system approach. Information denotes background knowledge depending on expert knowledge; agency encompasses the capacity for machine interaction with its environment and processing data with flexibility; logic offers modeling tools that are capable of addressing the frame problem. Following the principles of the creative system approach can pave the way for advancements in machine-generated creativity. However, whether machine creativity can adequately replace human creativity remains controversial, and this approach cannot provide a definite answer.

MAKİNE ZEKÂSININ YARATICILIĞI ÜZERİNE

Dilek YARGAN* ve Aziz F. ZAMBAK**

1. Giriş

Doğa, milyar yıl boyunca yaratıcılığı kendinden başka sadece insana bahşetmiş ve yaratıcılık her zaman insanı diğer tüm canlılardan ayırt eden bir özellik olarak görülmüştür. Bu nedenle, insanın yarattığından zuhur eden ya da edebilecek yaratıcılıktan bahsetmek ilk başta pek mümkün görünmez, haliyle makinelerin yaratıcılık sergileyemeyeceği iddiası kolayca dile getirilebilir. Fakat bu iddianın arkasındaki nedenleri açıklamaya çalıştığımızda, nedenlerin kendileri yerine bu tek bir iddianın ardında birbirleriyle ilişkili başka iddialar yığınını buluruz: makineler yaratıcı değillerdir, çünkü onlar sadece komutları izlerler; sadece onlara söyleneni yapabilirler, iç yapıları çıktıları belirler / öngörülebilir kılar; iç yapıları bizlerin onlara tanımladığımız bir şeydir, diye devam eder. Bu kanıyı açıkça dile getiren ilk kişi dünyanın ilk programcısı olan Leydi Lovelace'dir. Ona göre, Babbage'ın "Analitik Motor"u bir şey yaratma iddiasında değildir; makine sadece ona emrettiğimiz ne varsa onu yapabilir. "Lovelace İtirazı" olarak bilinen bu görüşe katılan ve söz konusu makinenin mucidi Babbage'ın aksine, Lovelace yine de makine yaratıcılığının mümkün olabileceği düşünmüştür (Bkz. Natale ve Henrickson, 2022). Bu konu Analitik Motor'un inşasından bu yana hararetle tartışılmakta, makinelerin özgün ürünler vermeleri için çalışılmaktadır.

---

* Araştırmacı, Felsefe Enstitüsü, Rostock Üniversitesi; Veri Bilimci

** Doç.Dr., Felsefe Bölümü, Orta Doğu Teknik Üniversitesi

Bu çalışmada yaratıcı bir makine inşasının olanaklılığını üç bölümde inceleyeceğiz. İlk bölümde, yaratıcılığı çözümleyerek, yaratıcılığın sihirli bir yapıda olmadığını, tam tersine çözümlenebilir bilişsel bir yeti olduğunu psikoloji ve bilişsel bilimler çalışmalarına dayanarak iddia edeceğiz. İkinci bölümde ise makine yaratıcılığının mümkün olduğunu savunan teorik çalışmaları ve MARGIE'den DALL-E 2'ye kadar modern yapay zekâ çalışmaları içinden yaratıcı bilgisayar programlarından bazılarını inceleyeceğiz. Son olarak, makinenin sınırları içinde makine yaratıcılığının olması için gerekli olan yedi ilkenin neler olduğunu açıklayarak, makine zekâsının da yaratıcı olabileceğini göstereceğiz.

2. İlham Perileri veya Eureka!

Yaratıcılığın tezahürü hakkındaki söylemler çoğu zaman muammalı ve gizemlidir (Schank ve Clearly, 1995; Kronfeldner, 2018). Birçok sanatsal ve bilimsel başarının kaynağı olarak gösterilen yaratıcılık hakkında çok fazla efsanevi ve romantik hikâye vardır. Antik Yunanda yaratıcılık ilham perilerinin sıradan bir insanı ziyareti sonucu ortaya çıkanken, modern toplumlarda yaratıcılığın imajı, muazzam bir entelektüel kapasiteye sahip bir dâhi kişi fikrine bağlıdır. Yaratıcılık ya yaratıcı olma gücünü bahşeden doğaüstü güçlerin hediyesi/lütfu ya da olağanüstü bilişsel süreçlerin bir sonucu olarak görülür.

Tüm bu kanılara rağmen, derin felsefi araştırmalar sayesinde yaratıcılığın en umut verici açıklamalarının yalnızca bir dizi sıradan bilişsel sürece hitap ettiği sonucuna varılabilir (Kronfeldner, 2009, 2018; Gaut ve Kieran, 2018). Bu nedenle, yaratıcılığın neliği, nasıl ortaya çıktığı, bilimsel olarak nasıl çözümlenebileceği ve eğitim sistemi içinde insanların nasıl yaratıcı kılınabileceği üzerine psikolojide ve bilişsel bilimlerde birçok çalışma vardır. Her ne kadar bu sorulara verilen yanıtlar çeşitli olsa da hepsinin ortak paydası, yaratıcılığın kesinlikle gizemli ve sihirli bir güç ve/veya güç ürünü olmadığını ve birbiriyle ilişkili çok sayıdaki etmenin aktif olduğu bir zihin potansiyeli olduğudur. Örneğin, Lamb'a (1991) göre yaratıcılık, bilişsel süreçler, problem çözme becerileri, bireylerin fiziksel ve zihinsel gerçeklikleri, kültürel etkiler, deneyim ve maruz kalma, motivasyon ve ilgi, işbirliği ve geri bildirim gibi etmenler ile şekillenir. Gardner'a (1993: xxi) göre ise yaratıcılık üç etkileşim düğümünün bir sonucudur: kendine has yetkinliklere ve değerlere sahip bir birey, bir kültürün içinde çalışılabilecek ve ustalığa elverişli alanlar, bir kültürde yetkinliği onaylanmış bir çalışma alanı tarafından verilen kararlar. Csíkszentmihályi (1996: 6) yaratıcılığı benzer üç etmene bağlar: sembolik kuralları olan bir kültür, sembolik alana yenilik getiren bir birey, yenilikleri kabul eden ve onaylayan bir uzmanlar grubu. Csíkszentmihályi'ye göre yaratıcı bir fikir, ürün veya keşfin meydana gelmesi için bu üç etmen zorunludur. Wallas (1926) ise yaratma sürecini hazırlık, kuluçka, aydınlanma ve doğrulamadan oluşan dört ayrı aşamadan oluşturucunu söylerken, bilinçli ve bilinçsiz düşünme süreçlerinin birleşiminin yaratıcılığın gelişmesindeki öneminden de bahseder. Tüm bunlara ek olarak, Hayes (1989:143), yaratıcılığın ortaya çıkması için gerekli olan dürtü, sebat ve içsel tatmini sağlayacak olan motivasyonu yaratıcılığın ana unsuru olduğunu söyler.

MacKinnon (1978: 54) yaratıcılığın gerçekleşmesi için üç koşuldan bahseder: Yaratıcılık bir yanıtı, yepyeni bir fikri veya en azından istatistiksel olarak nadir olanı içinde barındırır. Düşüncenin veya eylemin yeniliği ya da özgünlüğü her ne kadar yaratıcılığın gerekli bir yönü olsa da zorunlu değildir: Zorunlu olan – en azından bir dereceye kadar- gerçeğe uyarlanabilir veya gerçeklikten pay alabilir olmasıdır. Örneğin, bir problemin çözümü bir hedefe ulaşmaya hizmet etmelidir. Son olarak, gerçek yaratıcılık sürdürülen özgün bir içgörüyü, bu içgörünün değerlendirilmesini ve detaylandırılmasını ve onu sonuna kadar geliştirilmesini içerir (Bknz. Wallas (1926)). İç görüye sahip olan kişinin yaratıcılığını Weisberg (1986: 23)'ün dediği gibi "yeni fikir kombinasyonları" olarak değerlendirirsek, yaratanların ve keşfedenlerin şeyleri yeni bir biçim alacak şekilde bir araya getirebilen özel bir bilişsel kabiliyete sahip olduklarını söyleyebiliriz. Özetle, yaratılanlar ve keşfedilenler, fiziksel ve zihinsel gerçeklikten etkilenirler: Kültür bir şeyin nasıl algılanacağının esas etkileyicisidir ve haliyle neyin keşfedilip ya da icat edilmesinin değerli olacağına karar verme gücünü içinde barındırır (Lamp, 1991: 9). Ayrıca, toplumsal yapı da yaratıcı ürünlerin ortaya çıkması etkiler, zira en önemli keşiflerin ve icatların toplumsal tabakalaşma sisteminin kopyalarıdır. Yine de Dartnall (1994: 45) yaratıcılığın -en azından bazen- yokluktan bir şey çıkarabileceğini iddia eder. Fakat içimizde olan, yeteneklerimiz ve becerilerimizden sorumlu, davranışlarımızı tetikleyen ve erişip değiştirebildiğimiz durumların dönüşümü yaratıcı düşünceleri, fikirleri ve daha başka yapıları ortaya çıkarır. Nihayetinde de yoktan bir şey yaratmaktan değil, bir sonraki en iyi şeyi ortaya koymaktan bahsediyor oluruz.

Yaratıcılıkla ilgili yukarıda belirtilen etkenlerin tümü, yaratıcılığa atfedilen bir dâhinin veya mucizelerin ürünü olmadığını, aksine yaratıcılığın iç (yani, düşünceler, fikirler, uzman bilgisi, motivasyon, deneyim vb.) ve dış (sosyal yapı, kültür, çevresel imkânlar, eğitim nitelikleri vb.) koşulların bir birleşimi olduğunu göstermektedir. Levinson'un (1994: 161) da belirttiği gibi, "yaratıcılık büyük ölçüde alandan bağımsız bir süreç olarak görülebilir" ve bu "bilginin bir işlevi değil, evrensel olan deneyimi birleştirme yöntemidir." Buna ek olarak, Finke, Ward ve Smith (1992: 7), yaratıcılığın çeşitli bilişsel süreçlerin etkileşimine dayandığını ve bu nedenle yaratıcılığın belirli bir bilişsel yeti gibi adlandırılan "yaratıcı düşünceye" atıfta bulunularak açıklanamayacağını savunurlar; zira yaratıcı düşünce yeterli bilginin belirli bir entelektüel tarz ile uygun entelektüel süreçlerinin, doğru duygu ve motivasyon etkenlerinin ve gerekli çevresel kaynakların kullanılabilirliğinin ürünüdür (1992: 12).

Altshuller ve iş arkadaşlarının geliştirdikleri TRIZ (*Teoriya Resheniya İzobretatelskikh Zadach:* Yaratıcı Problem Çözme Teorisi) sistemi de bu tarz bir düşüncenin ürünü olarak düşünülebilir. Patent ofisinde çalıştığı sürece yaratıcı çözümlerin birbiri ile çekişen parametrelerin iyileştirilmesiyle ortaya çıktığını göstermiştir (Altshuller, 1999). Mühendislik alanında sıkla kullanılan bu teoriye göre yaratıcılık, belirli kriterlere göre birbiri ile çekişen karakterleri tespit edilen bir probleme bu çekişmeleri iyileştiren bir çözüm ile ortaya çıkar.

Her ne kadar yukarıda yaratıcılığın etkenleri hakkında görüşler sunulmuş olsa da bilişsel bilim ve psikolojide, yaratıcılığın bilimsel (özellikle berimsel) bir çözümlemesinin olanaklılığı tartışılır. Bu tartışma, yaratıcı süreçlere ait olası berimsel analizlerin yapay zekâ araştırmacılarına bu süreçleri simüle etme fırsatını verebileceğinden önemlidir. Ancak, yaratıcılığın bilimsel çözümlemelerine dolayısıyla belirli simülasyonlara olanak yoktur. Hausman (1975) yaratıcılığın psikolojik ve berimsel ifadelerle açıklamanın zorluklarından bahseder. Boden (1990: 2) ise yaratıcılığın psikolojik çözümlemelerinden herhangi bir açıklamanın çıkıp çıkmayacağı bir yana, prensipte böyle bir açıklamanın olamayacağını savunur. Amabile (1996: 19), yaratıcılığı anlamak için bilimsel yetersizliği işaret eder ve yaratıcılığın nesnel bir tanımını vermenin zorluğunu gösterir. Amabile'ye göre, yaratıcı kişilerin sahip oldukları kişisel özellikler listesini çıkarıp, bu tür insanların ürünleri yaratıcıdır, diyemiyoruz, ya da tüm yaratıcı ürünleri birbirinden ayıran nesnel özellikleri sıralayamıyoruz.

Tüm bu itirazlara rağmen, yaratıcı süreçleri tanımlamak için bilişsel bilim ve psikolojide çeşitli çalışmalar vardır. Örneğin, Guilford (1956, 1968) yaratıcılığı ölçümlemek için psikometrik yaklaşımla çeşitli ölçümleme yöntemlerini oluşturmayı hedeflemiştir. Sanatsal yaratıcılığa odaklanan Gardner (1982) yaratıcılığı belirli yaratıcı bilişsel süreçlerin bir sunucu olarak tanımlayıp, sanatsal yaratıcılığı berimsel araçlarla açıklamaya çalışmıştır. Bell (1965) ve Perkins (1981) ise bilim insanları ve matematikçilerin yaratıcılıklarına odaklanarak, yaratıcılığın belirli bir arka plan bilgisi üzere kurulmuş olduğu düşüncesiyle, yaratıcılığı analiz etmiştirler. Finke, Ward ve Smith (1992), yaratıcı bilinç olarak adlandırdıkları, yaratıcılığı bilimsel yaklaşımla araştırdıkları bir deneysel yöntem geliştirmiştirler. Langley ve arkadaşları (1987) yaratıcılık için berimsel bir model kurmaya çalıştırlar, Sternberg ve Lubart (1991) ise yaratıcı süreçteki belleğin, görselleştirmenin ve sınıflandırmanın belirli rollerine değindikleri modeller geliştirmişlerdir.

3. Yapay Zekâ Tarihinde Yaratıcılık

Yukarıda da gördüğümüz gibi yaratıcılığın yapısının üstündeki gizem ortadan kaldırdı, böylece bu yeteneğin organik yaşama özgü olmadığı ve potansiyel olarak bazı mekanik sistemlerin davranışını da tanımlayabileceğimizi gösterdi. Bu noktada yapay zekâ araştırmacıları yıllardır yaratıcı olmanın ne anlama geldiğini tanımlayan ilgili parametreleri düşünüyorlar. Haliyle, yapay zekâ tarihinde, makine yaratıcılığı konusunda çeşitli teorik ve pratik çalışmalar yapılmıştır. Bu çalışmaların ardındaki genel fikir ise insan zihnine ait yaratıcı süreçlerin arkasında genel kurallar olduğu ve bu kuralları anlamak için bazı berimsel yöntemleri ve araştırma tekniklerini geliştirmenin mümkün olduğudur. Bu bölümde makine yaratıcılığının mümkün olduğunu savunan teorik ve pratik çalışmalardan bazılarını inceleyeceğiz.

3.1. Kuramsal Çalışmalar

Turing'in "Hesaplayan Makineler ve Zekâ" makalesinden bu yana makine yaratıcılığı sorgulanmaktadır. Turing'e (1950) göre makine zekâsı, bir makineye yaratıcı olma fırsatı verebilecek öğrenme süreçlerine açık olmalıdır. Bu nedenle, Turing yapay zekâ araştırmacılarının yetişkin zihnindense, bir çocuk zihninin simülasyonuna odaklanması gerektiği fikrini savunur, zira Turing makinelerin öğrenme kapasitelerini, makine zekâsına ait yaratıcılığın potansiyeli olarak görür. O halde makinelerin öğrenmelerini sağlayabilirsek, yaratıcı olmalarını da sağlayabileceğimizi düşünebiliriz. Schank ve Clearly'e (1995) göre yaratıcılık teorisi insanların nasıl öğrendikleri sorusu üzerine kurulmalıdır, zira onlara göre yaratıcılık uygulanabilen ve geliştirilebilen bir beceridir. Öğrenme süreçlerinin incelenmesi sayesinde yaratıcı becerileri uygulama ve bileme ortamları saylanabilir ve böylece yaratıcı problem çözme, yeni fikirler üretme, sorular sorma, anormallikleri keşfetme ve yaratıcı açıklamalar sunacak modeller tasarlanabilir. Newell, Shaw ve Simon (1967) makine zekâsındaki yaratıcılık teorisi davranışsal mekanizmaların süreçsel özelliklerine ve tikel örnekler hakkında bir dizi ifadeyi içeren belirli programlara dayanması gerektiğini savunur. Daha özel söylersek, yaratıcı düşünme problem çözmenin özel bir biçimi olarak düşünüldüğünde, problem çözme analizleri makine zekâsındaki yaratıcılık teorisinin başat unsurudur.

Göz (2023) makinelerde dilsel yaratım problemini antropomorfik olmayan bir yerden çözmeyi hedefler. Bunun için ilk önce Rhodes'in (1961) yaratıcılık kurumanı kullanır. Bu kurama göre yaratıcılık dört unsurdan oluşur: kişi (*person*), süreç (*process*), ürün (*product*) ve çevre (*press*). Yaratıcılığın 4P'sine göre yaratıcı ürünü ortaya koyacak kişinin bir yaratıcı kişiliği vardır ve ürün ortaya çıkmadan önce kişi yaratıcı düşünce süreçlerinden geçer. Yaratıcı ürünün özellikleri yeni, etkili ve orijinal olmasıdır. Bu özelliklerin onaylanabilmesi için mutlaka bir çevre gereklidir, zira çevre ve çevresel faktörler olmaksızın ürünün yaratıcılığı bilinemez. Makinelerdeki dilsel yaratımı tartışan Göz, 4P'yi insan merkezli yaklaşımdan arındırılarak sunar. Onun 4P'si üretici (*producer*), süreç (*process*), ürün (*product*) ve algılayan (*perceiver*) unsurlarından oluşur. O halde, yaratıcı bir makinenin farklı düşünme biçimlerini kullanarak yaratmış olduğu ürünler, bir üretici olarak kendisinin ne ürettiğine dair bir farkındalığı ile bu ürünleri kendi ekosistemi içinde algılayıp değerlendirmesini gerektirmektedir.

Makine zekâsı içinde yaratıcılığı tasarlamayı hedefleyen araştırmalar, kuramsal olarak yaratıcı faaliyetlerin belirli berimsel modellerine dayanırlar. Partridge ve Rowe (1994: 8), bu modelleri insanlardaki yaratıcı süreçler için tekrarlanabilir bir bileşen ve yaratıcılığı öğrenme kabiliyeti için destekleyici bir öğe olarak görürler. Boden (1990), betimsel çözümlemelerin insan yaratıcılık süreçlerini anlamanın ve yapay zekâ içinde onu simüle etmenin esas aracı olduğunu düşünür. Ona göre (1990: 85), yaratıcılığı anlayabilmek için insanın belirli zihinsel yapılarını ve işlemlerini net bir biçimde tanımlayabilmesi ve tüm bunların üretken potansiyelini titizlikle değerlendirmeye alması gerekir. Bu nedenle, her ne kadar yaratıcılığa ait psikolojik çözümlemelerden şüphe duyduğunu söylemiş olsa da Boden'a göre makine yaratıcılığına itiraz etmek için belirli bir neden yoktur. Ona göre yaratıcılık, mevcut fikirlerin yepyeni bir "birleşimi" olduğu için, makine zekâsı analojik düşüncenin berimsel bir modelini gerektirir, çünkü analoji "birleşimsel" yaratıcılıkta büyük bir rol oynar. Bu noktada Morphis'in (1984: 62) işaret ettiği gibi, "makineler yaratıcı olabilirler mi?" sorusunun yerine "makineler yaratıcı bir ürünün üreticisi olabilirler mi?" sorusunu sormak yerinde olacaktır. Zira ilk sorunun yanıtı yönelimsellik ve bireylik hakkında bir şeyler söylemeyi gerektirirken, ikinci soru ise insan zihninin deneyimlerinden ve bu deneyimlerin yaratıcılığa ait tanımlamalardan bağımsız olarak yaratıcılığı ele alma fırsatını bize verir. İşte bu yüzdendir ki, Morphis (1984: 70) makinelerin yönelimsel edimlere yeterliliği olmaksızın da yaratıcı ürünler üretebileceklerini ve hatta yaratıcı ürünler üretebilen bir makinenin prensipte bireyliğinden bahsetmek zorunda olmadığımızı da savunur. Son olarak, Martindale'e (1995: 266) göre, yaratıcılık teorisi, sinir ağı teorilerine dönüştürülebilir, böylelikle makine yaratıcılığı bağlantısalcı yaklaşımın bir ürünü olabilir. Bu görüş günümüz yapay zekâ dünyasına damgasını vuran yaratıcılık teorisi olma özelliğini taşımaktadır.

3.2. Uygulamalar

Teoriden çok uygulamaların heyecan yarattığı yapay zekâ çalışmaları uygulamaların sayısı bakımından oldukça zengindir. Uygulamaları çok çeşitli kriterlere göre sınıflandırmak ve incelemek mümkündür. Ancak, yapay zekâdaki yaratıcılık teorilerin çözümlemeleri sayesinde geliştirilen öncü ve en son uygulamalara çok genel bir bakış atmamız makinelerdeki yaratıcılık örneklerini kavramamız için yeterli olacağı kanaatindeyiz.

1960'larda yapay zekânın ileri gelen isimlerinden Newell ve Simon "Genel Problem Çözücü" adını verdikleri bir bilgisayar programı geliştirdiler. Bu program sayesinde bir bilgisayar programının teorem ispatlama, planlama ve problem çözmeye muktedir olabileceği gösterildi. Makinelerin yaratıcı eyleyiciler olduklarına dair ilk örneklerden olan "Genel Problem Çözücü" problem çözme gibi yüksek bilişsel yeti ve yaratıcılık isteyen başka işlerin de makineler tarafından yapılabileceğinin umudunu verdi. 1960-1970'lerdeki en ünlü uygulamalardan MARGIE ve ELIZA ise doğal dili anlama ve üretme yeteneğine sahip, yani İngilizce cümleleri anlayabilecek ve bunlara yanıt verecek şekilde tasarlandılar. Her ne kadar MARGIE projesi başarısızlıkla sonuçlanmış ELIZA ise bir noktadan sonra iletişimi devam ettiremiyor olsa da bu iki çalışma doğal dil işleme araştırmalarında hızla yol alınmasını sağlamış, insanlarla dinamik dilsel alışverişe girebilmeleri ve beklenmedik girdilere yaratıcı tepkiler üretebilmeleri açısından makine yaratıcılığında birer kilometre taşı olarak değerlendirilirler. Hofstadter ve Mitchell'in "Copycat" programı, biyolojik süreçlerden ilham alan makine yaratıcılığındaki en özgün öneklerden biridir. Copycat, bir problem hakkında çıkarım yaparken analoji ve mikro-rastgeleliği kullanır ki bunlar deterministik temelli çıkarımlara karşı yaratıcı çıkarımlara işaret ederek Lovelace İtirazına itiraz edebilirler.

Elbette doğal dil işleme ve problem çözme dışında da makine zekâsına ait yaratıcılıktan bahsederiz. Sanatçı Harold

Cohen'in 1960'ların sonlarından başlayarak onlarca yıl boyunca geliştirdiği "Aaron" programı çeşitli stil ve konularda çizimler ve resimler üretebilen bir yapay zekâ uygulamasıdır. Görsel kompozisyonlar üretmedeki makine yaratıcılığıyla tanınan Aaron'ın yaratıcılığı dış uyaranlara tepki verme ve geri bildirimlere dayanarak yaratıcılık sürecini öğrenme ve öğrendiklerini zaman içinde uyarlama yeteneğinden gelmektedir. –Ancak, bu araştırmalardan çok daha önce, 1950'lerde besteci ver kimya profesörü Lejaren Hiller ve matematikçi Leonard Issacson "Illiac Suite" adlı bir yaylı dörtlüsünü besteleyecek şekilde ILLIAC bilgisayarını programladılar (Miranda, 2021: 964). Her ne kadar Illiac Suite makinenin kendi yarattığı bir beste olmasa da bilgisayar müziğinin başlangıcı sayıldığı için çok değerlidir.

Bu çalışmamıza başlarken sunmayı planladığımız makine yaratıcılığının diğer örnekleri, aradan geçen zaman içinde derin öğrenme algoritmalarının sağladığı muazzam sonuçlarıyla eskidiler. Bu nedenle -her ne kadar bir süre sonra daha önceki örneklerle aynı kaderi paylaşacaklarsa da- bu algoritmaların ezber bozan etkisiyle oluşturulan makine yaratıcılığı örneklerine değinmek istiyoruz. Elbette bu örneklerin başında OpenAI firmasının çıkardığı üç üründen bahsetmek yerindedir. Edebi makine yaratıcılığına başarılı örnekler sunan GPT-3 ve GPT-4 doğal dil işleme alanında çığır açmıştır. Günümüzde, makine yaratıcığının doğal dildeki en önemli uygulamaları bu uygulamalar üzerinden geliştirilmektedir. DALL-E ve DALL-E 2 ise kullanıcıların doğal dil tasvirlerini resme dönüştürmesi bakımından makine yaratıcılığının doğal dil üzerinden görsel sanatlarda gerçekleşmesinin örnekleridir. Son olarak MUSEnet ise çok çeşitli stil ve türlerde müzik bestelemek için tasarlanmış, Musalara gerek kalmadan müzik üreten bir uygulamadır.

Şüphesiz OpenAI makine yaratıcılığını örnekleyen tek firma, verdiğimiz örnekler ise alanlarındaki en başarılı uygulamalar değildir. Örneğin, kullanıcılar ile etkileşimli biçimde videolar, oyunlar ve reklamlar gibi çeşitli amaçlar için orijinal müzik oluşturulmasını sağlan bir müzik besteleme platformu olan Amper Music MUSEnet'ten, girilen komutlara göre görüntüler, illüstrasyonlar ve sanatsal parçalar oluşturan Jasper Art DALL-E 2'den çok daha başarılıdır. Yine de "daha başarılı" olmanın ya da "daha yaratıcı" olmanın ardındaki kriterler genellikle öznel kalmaktadır. Her geçen gün yapay zekâ teknolojileri ile üretilmiş binlerce senaryo, müzik eseri, resim, kitap, çizimler, şiir gibi yaratıcılığın gerekli olduğunu düşündüğümüz makine eserleri ile karşılaşıyoruz, ancak hala bunların hangilerine gerçekten makinenin yaratıcılığının bir ürünü olduğu konusunda keskin ayrımlara sahip değiliz.

4. Makine Yaratıcılığı ve Yaratıcı Sistem Görüşü

Önceki bölümlerde makinelerin yaratıcı olma imkânının ilk önce yaratıcılığın çözümlenebilir olmasıyla ardından da makinelere atfedilen yaratıcılığın örneklenmesiyle göstermiş olduk. Bu bölümde ise makine yaratıcılığın olması için zorunlu olduğunu savunduğumuz yedi ilkeyi tanıtacağız. Ancak, daha öncesinde iki önemli konuyu açıklamayı gerekli duyuyoruz.

Uygulamalarda bahsettiğimiz her bir çalışmanın bir kısıtlaması mutlaka vardır. Örneğin, Genel Problem Çözücü'nün eksik bilgi temsili problemini aşamamasından kaynaklanan problem çözme yeteneği çok kısıtlıyken GPT-4'ün tanımlanmış alan bilgisine hiçbir program kadar ihtiyacı olmamasına karşın çıkarımlarının doğruluğu şüphelidir. Yaratıcılığın bu türden kısıtlamalarına göre değil, biraz sonra sıralayacağımız ilkelere göre değerlendirilmesini savunuyoruz. Buna ek olarak, çalışmamızda uygulamalarda kullanılan yapay zekâ tekniklerinden bahsetmedik. Hâlbuki ontolojiler, nöral ağlar, kural-tabanlı sistemler gibi çeşitli yapay zekâ teknikleri uygulamaların etkinliğini ve sınırlılıklarını tanımlamak için de faydalı olacaktı. Ancak, yazımızın merkezinde algoritmaların yaratıcılıktaki rolü değil, makinelerde yaratıcılığın imkânı vardır. Algoritmaların bu imkânın gerçekleşmesindeki etkiyi azımsıyor değiliz, sadece algoritmaların makine zekâsını gerçekleştirecek kurgunun bir parçası olduğunu savunuyoruz.

Yukarıda bahsetmiş olduğumuz çözümlemeler ışığında makinenin tüm sınırlandırmaları içinde yaratıcı özelliğinin olabileceğini gördük. Bize göre makine yaratıcılığından bahsedebilmek için aşağıdaki ilkelerin sağlanması gerekmektedir.

1. Yaratıcılığın gizemden arındırılması: Yaratıcılık, büyülü bir yetenek ya da gizemli bir süreç olarak görülmemelidir. Üretici bir güç/yeti olan yaratıcılığımızın en temel öğelerinin neler olduğunu göstermek, makine yaratıcılığında doğru giden yolsa atılacak ilk adımdır.
2. Yaratıcılık bölümleri: Yaratıcılık benzersiz bir özelliğe bağlı değildir. İnsanlarda çeşitli iç (zihinsel gibi) ve dış (kültürel gibi) işlemleri içerir. Bu nedenle, makine yaratıcılığı bir tür uzman bilgisi olmadığı için, yaratıcılığa dair sunulan berimsel örnekler, yaratım sürecini bir bütün olarak açıklayamazlar. O halde, yaratım süreci farklı düzeylerdeki bilgi yapılarının bir birleşimi olarak ele alınmalıdır.
3. Yaratıcı makineler için açık sistem modellemesi: Yaratıcı süreçler, yaratıcılığın kişisel motivasyon döngüsünde gerçekleştiği etkileşimli bilişi, arka plan bilgisini, kültürü, çalışma alanını, zamanı, iletişim kanallarını, yargılamayı, değerlendirmeyi ve fiziksel kaynakları içerir. Bu nedenle, makine yaratıcılığı açık sistem modellemesi gerektirir ki böylece alışılmışın ya da barizin ötesinde çözümler sunabilsin.
4. Dinamik Sistem Görüşü: Dinamik sistemler, yaratıcı süreçlerde hayati önem taşırlar. Dinamik sistemlerdeki doğrusal olmayan dinamikler, yaratıcılığın temel unsurları olan yeni olasılıkların ve bağlantıların

keşfedilmesini sağlar. Dinamik sistemlerin yinelemeli doğası, yaratıcı problem çözmenin yinelemeli süreciyle uyum sağlarken, öngörülemezlikleri şaşırtıcı ve yeni fikirlerin üretimini teşvik eder.

Makine yaratıcılığı, üç alt sistemi kapsayan dinamik bir süreçtir: enformasyon, eyleyicilik ve mantık

4.1. Enformasyon: Yaratıcılığın adeta rastgele ve/veya birden zuhur eden bir şey olarak düşünülmesi, alışageldiğimiz uzman sistemlerinin deterministik yapısından dolayı makinelerin yaratıcı olamayacağını da düşündürür. Hâlbuki yaratıcılık, ortaya çıktığı alanda uzman bilgisine dayalı arka plan bilgisine ihtiyaç duyar ve tam da bu nedenle rastgele bir süreç değildir. Makine yaratıcılığı, tıpkı insanlardaki yaratıcılık gibi, uzman bilgisinin bir karakteristiğinin olmasını ve en önemlisi bu enformasyonun esneklik içinde işlenmesini gerektirir.

4.2. Eyleyicilik: Yapay zekâda yaratıcılık, ekosistem içindeki işlevsel ilişkileri ve bağlılıkları içeren bir eyleyici biçim ile karakterize edilebilir (McCormack, 2012). Makine zekâsı ile ekolojik sistem arasında olan eyleyicilik ilişkisinin, makinelerin enformasyon sistemlerini esnek bir biçimde kullanmayı belirleyecektir. Başka bir deyişle, eyleyen/fail tabanlı modelleme, yaratıcılığın makinelerde mevcudiyeti için makine zekâsının enformasyon sistemini en üst düzeye çıkarmanın asıl yoludur. Bu modelleme sayesinde makine zekâsı, kendini sahip olduğu belirlenmiş-uzman enformasyonu ile çeşitli çevresel alanlarda ilişkilendirir. O halde, makine yaratıcılığının esas kaynağı dinamik bir makine zekâsının fail bir karakteristikle oluşturulmasıdır. Bu açıdan bakıldığında, makine yaratıcılığının sadece problem çözme süreçlerine değil, aynı zamanda problem formülasyon süreçlerine de bağlı olduğunu iddia ediyoruz ki bu makinelerin yeni sorular formüle edebileceklerini de söyler. Bu tür formüller sayesinde, yaratıcı süreçler makine zekâsı içinde gelişirler. Dolayısıyla, sadece belirlenmiş-uzman enformasyonu değil, aynı zamanda ve hatta zorunlu olarak, makinenin işlediği enformasyon hakkında yargıda bulunan ve soru soran eyleyen sistemler makine yaratıcılığını sağlarlar.

4.3. Mantık: Yaratıcı süreçler insan akıl yürütmesinin bir parçası olduğundan, makine yaratıcılığı çerçeve problemi ile doğrudan ilişkilidir. Örneğin, kavramsal kombinasyon ve analoji, yaratıcı süreçlerde aktif olan en belirgin insani akıl yürütme işlemleridir. O halde, çerçeve probleminin üstesinden gelebilecek bir mantık modeli, yapay zekâya yeni fikirleri ve ürünleri ortaya koymasına izin vereceğinden, mantık modelleri makine yaratıcılığının temelidir, demek yerinde olacaktır (bkz. Guilford'un (1950) *çoğul düşünme biçimleri*). Nasıl ki insan yaratıcılığı bir mantık modeli ile tanımlamak yeterli değildir, makine yaratıcılığını çerçeve problemine, ancak çeşitli mantık modellerine, yerleştirmek en etkili yoldur.

5. Sonuç

İnsan zihninin üretici özelliğini yansıtan yaratıcılık, yeni fikirleri veya ürünleri meydana getiren zihinsel bir yetidir. Bu yetinin anlatılması için mistisizme başvurmamıza gerek kalmadığını görmüş olsak da bu yeti berimsel analizlerin ışığında basit mekanik işlemlerle anlatılacak bir yapıda da değildir. Bu çalışmamızda makinenin sınırları içinde makine yaratıcılığına olanaklılık zeminini oluşturan yaratıcı sistem görüşümüzün yedi ilkeden bahsettik. İlk olarak, yaratıcılığın gizemden arındırılması önemli olduğunu gördük. Yaratıcılık, büyülü bir yetenek ya da gizemli bir süreç olarak görülmemeli, temel öğeleri ve işleyişi açık bir şekilde açıklanmalıdır. Bununla birlikte, yaratıcılığın çoklu bileşenlerini içeren bir yaklaşım benimsenmelidir. Yaratıcılık, çeşitli iç ve dış faktörlerin birleşimiyle ortaya çıkar ve bu nedenle makine yaratıcılığı da farklı düzeylerdeki bilgi yapılarının bir birleşimi olarak ele alınmalıdır. Üçüncü olarak, makine yaratıcılığı için açık sistem modellemesi gereklidir. Yaratıcı süreçler, kişisel motivasyon döngüsü, arka plan bilgisi, kültür, iletişim kanalları ve değerlendirme gibi birçok unsuru içerir. Bu nedenle, makine yaratıcılığı, tüm bu faktörleri içeren bir açık sistem modellemesiyle ele alınmalıdır. Böyle bir modelleme, makinenin çevresiyle etkileşim içinde çalışmasını ve esnek bir şekilde enformasyonu işlemesini sağlar. Sonuç olarak, makine yaratıcılığı, enformasyon, eyleyicilik ve mantık olmak üzere üç alt sistemi kapsayan dinamik bir süreçtir. Enformasyon, yaratıcılığın temelini oluşturan uzman bilgisine dayalı bir arka plan bilgisini içerir. Eyleyicilik ise makine zekâsının çevresiyle etkileşim içinde çalışmasını ve enformasyonu esnek bir şekilde kullanmasını sağlar. Mantık ise çerçeve problemlerini çözebilen bir modelleme aracıdır. Bu temel ilkelerin gözetildiği takdirde, makine yaratıcılığı alanında daha büyük ilerlemeler kaydedilebilir ve makinenin yaratıcı çıktılar üretme yeteneği geliştirilebilir. Ancak, makine yaratıcılığının tam anlamıyla insan yaratıcılığının yerini alması hala tartışmalı bir konudur ve daha fazla çalışma ve araştırma gerektirmektedir.

Kaynakça

Altshuller, G. (1999). The innovation algorithm: TRIZ, systematic innovation and technical creativity. Technical innovation center, Inc.

Amabile, T. M. (1996). *Creativity in Context*, Colorado: Westview Pres

Bell, E.T. (1965). *Men of Mathematics,* New York: Simon and Schuster.

Boden, M. A. (1990). *The Creative Mind: Myths and Mechanisms*, London: Weidenfeld and Nicolson.

Csíkszentmihályi, M. (1996). *Creativity: Flow and the Psychology of Discovery and Invention*, New York: Harper Perennial.

Dartnall, T. (1994). Creativity, thought and representational redescription. *Artificial Intelligence and Creativity: An Interdisciplinary Approach* içinde (s 43-62). Dordrecht: Springer Netherland

Fink, D.G. (1966). *Computers and the Human Mind: An Introduction to Artificial Intelligence*, New York: Anchor Book

Finke, R. A.; Ward, Thomas B. ve Smith, Steven M. (1992). *Creative Cognition: Theory, Research and Application*, Cambridge, Massachusetts: The MIT Pres

Gardner, H. (1993). *Frames of Mind: The Theory of Multiple Intelligences*, London: Fontana Pres

Gardner, H. (1982). *Arts, Mind, and Brain: A Cognitive Approach to Creativity*, New York: Basic Book

Gaut, B., & Kieran, M. (Ed). (2018). *Creativity and philosophy.* Routledge.

Göz, Z. (2023). Yapay Zekâda Dilsel Yaraticiliğin Olasılığı, *XI.*

ve XII. Mantık Çalıştayları Kitabı içinde, Mantık Derneği Yayınları, İstanbul (*basımda*)

Guilford, J. (1950). "Creativity", American Psychologist, Volume 5 (9), s 444-454.

Guilford, J. (1956). "The Structure of Intellect", Psychological Bulletin, 53, s 267-293.

Guilford, J. (1968). *Intelligence, Creativity, and Their Educational Implications*, San Diego: Knap

Hausman, C.R. (1975). *A Discourse on Novelty and Creation*, The Hague: Martinus Nijhoff.

Hayes, J. R. (1989). Cognitive Process in Creativity, *Handbooks of Creativity* içinde ed. J.A. Glover, London: Plenum Press, s 135-144.

Johnson-Laird, N. (1988a). *The Computer and the Mind: An Introduction to Cognitive Science*, Cambridge: Cambridge University Pres

Johnson-Laird, N. (1988b). Freedom and Constraint in Creativity, *The Nature of Creativity: Contemporary Psychological Perspectives* içinde, ed. R.J. Sternberg, Cambridge: Cambridge University Press, s 202-219.

Kronfeldner, M. E. (2009). Creativity naturalized. *The Philosophical Quarterly*, *59* (237), 577-592.

Kronfeldner, M. (2018). Explaining creativity. *Creativity and Philosophy* içinde (s 213-229). Routledge.

Lamb, D. (1991). *Discovery, Creativity and Problem-Solving*, Aldershot: Avebury Press

Langley, et al. (1987). *Scientific Discovery: Computational Exploration of the Creative Process*, Cambridge Massachusetts: The MIT Pres

Levinson, R. (1994). "Experience-Based Creativity" in Artificial Intelligence and Creativity: An Interdisciplinary

Approach ed. Terry Dartnall, Dordrecht: Kluwer Academic Publishers, s 161-179.

Longuet-Higgins (1987). *Mental Processes*, Cambridge, Massachusetts: The MIT Pres

MacKinnon, D. W. (1978). *In Search of Human Effectiveness: Identifying and Developing Creativity*, New York: The Creative Education Foundation, Inc.

McCormack, J. (2012). Creative ecosystem In *Computers and creativity* (s 39-60). Berlin, Heidelberg: Springer Berlin Heidelberg.

Martindale, C. (1995). "Creativity and Connectionism" in The Creative Cognition Approach ed Steven M. Smith, Thomas B. Ward, and Ronald A. Finke, Cambridge Massachusetts: The MIT Press, s 249-268.

Miranda, E. R. (Ed.). (2021). *Handbook of artificial intelligence for music*. Cham: Springer International Publishing.

Morphis, M. (1984). Creativity and AI: The Creative Products of Man and Machine. *International Journal of Applied Philosophy*, *2* (2), 59-72.

Natale, & Henrickson, L. (2022). The Lovelace effect: Perceptions of creativity in machine *New Media & Society*, 14614448221077278.

Newell, A.; Shaw, John Clifford and Simon, Herbert Alexander (1967). "The Process of Creative Thinking" in Contemporary Approaches to Creative Thinking ed Howard E. Grubner, Glenn Terrell and Michael Wertheimer, New York: Artherton, s 63-119.

Partridge, D. ve Rowe, J. (1994) *Computing and Creativity*, Oxford: Intellect.

Perkins, David N. (1981). *The Mind's Best Work*, Cambridge Massachusetts: Harvard University Pres

Rhodes, M. (1961), An Analysis of Creativity, *Phi Delta Kappan International,* Volume 42 (7), s 305-310.

Schank, R.C. ve Clearly, Chip (1995). "Making Machines Creative" in The Creative Cognition Approach ed Steven M. Smith, Thomas B. Ward, and Ronald A. Finke, Cambridge, Massachusetts: The MIT Press, s 229-247.

Sternberg, R.J. ve Lubart, Todd L. (1991). "An Investment Theory of Creativity and Its Development", Human Development, 21, s 233-282.

Turing, A.M. (1950). Computing machinery and intelligence. *Mind* 59 (October):433-60.

Wallas, G. (1926). *The Art of Thought,* New York: Harcourt-Brace.

Weisberg, R. (1986). *Creativity: Genius and Other Myths*, New York: IN.H. Freeman and Company.

ADVANCED ARTIFICIAL INTELLIGENCE ON THE HORIZON – THE NEW ENVIRONMENT TO INHABIT

Alexander LAZAROV*

Trans. Ozlem Derin Saglam

Extended Abstract:

During the last two decades, the information technologies' development has introduced new intelligent bodies performing analytic and synthetic capabilities that exceed some of our mental facultie We faced an enhanced dynamics of the Artificial Intelligence (AI) advancement bringing extensive impacts to human life as the computer systems' smart activities enter it irreversibly in a large variety of sphere Thus, today we experience a constant human-to-intelligent machine and vice-versa cooperation. Obviously, these are new circumstances, as until now, our civilization has engaged only in human-to-human communication and cooperation for millennia.

Following a Philosophy of Information perspective, this paper suggests how to recognize the ongoing shift and offers an overview on the differences between our (human) and their (machine) approaches to the outer world and to each other. In this trend, the text highlights our contemporary necessity to breed up and apply a new interface between humans and the oncoming generation of "Digital Smartness" in a set with an analysis on how the innovative intelligent agencies operate

* Sofia University "St. Kliment Ohridski"
Philosophy Taught in English Master's and Doctoral Program

within their networks in providing informational generation and exchange.

The approach to these issues is based on David Hanson's concept stating that in reference to AI, in any event, intelligence is related to generating autonomous successful predictions on what is oncoming. In this case, successful indicates that the produced forecasts happen in future indeed and autonomous means just the opposite to externally driven. Thus, the main goal seems to get prepared and react adequately. This description of intelligence corresponds to what all biological bodies that have a nervous system perform to survive, as in fact, any predictive mistake may result in an individual life's danger. Moreover, sometimes, a prognostic error may become risky for a whole species existence.

The current text extends this view, based on our belief that we – humans are top intelligent within nature, projected on an observation that our goal is not focused only on passive expectations and consequent activity, but we make our best to enthusiastically influence the future. We plan our tomorrow, next month, next year etc. We also get involved in contemporary large-scale enterprises, such as limiting and reducing the Earth climate warming up, prolonging human life, shaping the AI design, etc. We recognize this behavior as clever. Therefore, once the autonomous AI becomes smart enough to surpass our mental abilities even only in some spheres of the analytic-synthetic line, logically, it should be expected to copy our practice. Then, a new - never experienced situation will emerge, because our and AI's action to modify the approaching events will take place in a common environment where hypothetically, the human and the machine interests may overlap, but may also differ considerably.

Today, thinkers most often refer the above picture to the AGI (Artificial General Intelligence) emergence. It is a bright debate whether its rise is possible at all, and if viable, when it might occur. I am on the list of the optimists, but I also accept the critical arguments against this probability. However, although the AGI invention remains questionable, this paper suggests three very realistic scenarios on the AI step-by-step development to universality pushing it towards achieving more and various abilities, with no option to grow generally intelligent any when. This is what I name AAI – Advanced Artificial Intelligence.

My conclusion holds that the AAI further introduction will strongly affect the social communications, which have been purely subjective for age Very soon, they are about to evolve into subjective-objective and vice-versa information production and transfer. As a result, a vastly different environment to inhabit is about to appear, due to the Artificial Intelligence advancement from specialized, human-centered, and dependent high-tech automation to smart autonomous bodies that may operate as our partners, but also as competitors, and opponent Then, we will have constantly to consider their procedures together with foreseeing how they would act in certain circumstances, bearing in mind that meanwhile they non-stop do the same about u

UFUKTAKİ GELİŞTİRİLMİŞ YAPAY ZEKÂ – YENİ BİR ÇEVREDE YAŞAMAK

Alexander LAZAROV*

Çev. Özlem Derin Sağlam

Yapay Zekâ şimdiden oyunun kurallarını belirliyor! Dahası, bu durum küresel olarak işliyor, isteyen herkes zeki telefonlarıyla ona ulaşıp kullanabiliyor. Bu nedenle bugün tek sınırlamamız internet bağlantımızın olup olmadığıyla alakalı hale geliyor. Başka bir deyişle, Yapay Zekâ farklı eğitim seviyelerinden farklı kültürel arka planlara sahip olan her insanın elinde yeniden var oluyor. "İçerik yaratan algoritmalar[1] çağı"nın öncesinde bile aslında pek çoğumuz zaten bu şekilde yaşamaya ve iletişim kurmaya yatkındık; bunu yaklaşık iki yıl önce bir metro yolculuğu esnasında genç bir adamdan duyduğum şu cümleyle belki de en iyi şekilde resmedebilirim: "Uyandığım anda, dişlerimi bile fırçalamadan zeki telefonumu açtım ve internette olup biteni kontrol ettim." Arkadaşıyla paylaştığı bu söylem hem şaşırtıcı hem de kendi oto-kontrolünün dışında geliştirdiği kişisel bir davranış olması nedeniyle büyüleyiciydi.

Ortaya çıkan bu olgu, denetimsiz versiyonlarındansa daha çok yapay zekânın insan-denetimli "Kısıtlı" (ki bu yalnızca üzerinde uzmanlaşılmış demek) sürümleriyle mümkündür. Buna rağmen, bugünlerde denetimsiz olanlar da kendine yer edinmeye başladı. Bu bakımdan arka planda devam eden çekişme Genel

---

* Sofya Üniversitesi "St. Kliment Ohridski"
İngilizce Yüksek Lisans ve Doktora Programlarında Felsefe Eğitmeni

[1] Chat GPT, Bard AI, Socratic, Bing AI, Diablo GPT vs.

Yapay Zekâ'yı (AGI) ortaya çıkaracak olsa da olmasa da, ne zaman olduğu bilinmemekle birlikte olası bir doğum beklenmektedir. Bu metin Yapay Zekâ'nın gerçekte ne olduğunu; Yapay Zekâ'nın gelişmesiyle birlikte, insanların deneyimleyeceği fiziksel ve sosyal çevresinin genel ve başlıca değişim noktalarına odaklanarak açıklamaya yönelecektir. Söz konusu bu metnin – önemli bir konu olan, ancak oldukça sömürüldüğünü düşündüğüm sosyal ağların etkisini yorumlamakla ilgili olmadığını bildirmeyi önemli buluyorum. Daha geniş bir çerçeveden konuyu ele almaya çalışacağım: zira Yapay Zekâ'nın dinamik ilerleyişinin önemli ölçüde yaşam dünyasında daha kritik bir değişim yaratacağına ve bunun çok kısa bir zamanda olacağına ikna olmuş durumdayım. Ölçüt ve anlam bağlamında, yaşam-tarzının dönüşümü hepimizin yüzleştiği iklim değişikliğiyle benzer görülebilir, bu nedenle okuyucuları hipotezlerimin muhtemel gerçekliği üzerine değerlendirme yapmaya davet ediyorum.

Giriş

Yakın gelecekte karşı karşıya kalacağımız otonom, Geliştirilmiş Yapay Zekâ (AAI) ile iletişime geçerken nasıl davranmamız gerektiğine dair felsefi bir görüşü temellendirmek için şu temel sorgulamaların düşünülmesini gerektirmektedir:

Böyle bir analiz kapsamında *zekâ, anlama* ve *otonomi* ne anlama gelmektedir?

Data ve *bilgi* eş anlamlı mıdır, eğer değilse aralarındaki ayrım nasıl ortaya konabilir?

*Zekânın işleyişi*ni temel alan genel bir felsefi öz mevcut mudur?

Aslında *gerçek* ve *sanal* olan nedir?

Yapay zekâ ve robotlar arasında özsel bir ayrım mevcut mudur?

Geliştirilmiş Yapay Zekâ nedir, kısıtlı (uzmanlaşılmış) Yapay Zekâ ve Genel Yapay Zekâ çerçevesinde nereye denk düşmektedir?

Geliştirilmiş Yapay Zekâ / İnsan, Geliştirilmiş Yapay Zekâ / Geliştirilmiş Yapay Zekâ arasındaki iletişimde ne gibi durumlar göz önüne alınmalıdır?

Yukarıdaki soruları cevaplamak hem Yapay Zekâ'nın ilerleyişinin geleceği hem de bu gelişime dair teorik bir analizi ortaya koyacak bir tartışmayı ortaya çıkaracaktır. Bazı bakış açılarına göre, Geliştirilmiş Yapay Zekâ zaten insanın zihinsel yetilerine olabildiğince yakın tasarlansa da, bana göre bu durum *uygulamalı felsefe*yle ilişkilendirilerek daha önce asla denenmemiş bir çerçeveden ve alandan değerlendirilerek daha ileri bir aşamaya yükseltilmelidir. Bu nedenle, mevcut sosyal beklentilere karşılık olarak görülen Yapay Zekâ'nın geleceğini tasarlarken, farklı felsefi geleneklerden gelen düşünürlerin artık akıl, bilim ve mühendislik arasında keskin sınırlar çizemeyeceği açıktır.

Zekâ, Anlama ve Otonomi

Zekânın ne olduğu halen cevapsız olan bir soru. Hem psikoloji hem de felsefe bu alanda pek çok tanım önermektedir. Bunların pek çoğu eleştiriyle karşılandığından kavram üzerinde bir ortaklık kurulamamaktadır. Böylece, kendi projelerini geliştirmek için, yapısal zorluklara ek olarak, Yapay Zekâ tasarımcılarının bir şekilde temel felsefi sorgulamaları da ele alması ve analiz etmesi gerekmektedir. Bir ihtimal, pek çok felsefeciye oldukça şaşırtıcı gelse de, bazı Yapay Zekâ kreatörleri bu sorunu çözmekte oldukça başarılıdır da. Zekâ üzerine ortaya konan çeşitli anlatıların arasında, David Hanson'ın düşüncesinin Yapay Zekâ'nın gelişimini en iyi şekilde ortaya koyduğunu, felsefi bir tartışma kapsamında insanlar ve makineler arasında olası bir köprü oluşturduğunu fark ettim. (Hanson, 2006) Hanson zekânın birçok yetinin toplamı olduğunu söyler:

- Etrafta olup biteni tespit etmek ve keşfetmeye imkân veren bir dış dünya anlayışına açık olmak.
- İlk yeti aynı zamanda gelecekte olacaklara dair otonom bir öngörüye de kaynaklık etmektedir.
- Son olarak, zekâ planlama becerisi ve acil durum değişikliklerini (mümkünse- bunları yöneterek) uygun tepkiyle karşılama halini kapsamaktadır.

Hanson'a göre, olgu ve süreçleri anlama durumu zeki bedenlerin otonom olarak ürettikleri öngörüler ne zaman gerçekliğe kavuşursa o zaman meydana gelmektedir. Açıktır ki, başarılı öngörülerin oranı ve güçlüğü çeşitli aracıların zekâya dayanan performans nitelikleri ve düzeylerini değerlendirmeyle kıyaslandığında ikna edici bir kriter olarak sunulabilir. Buna göre, söz konusu analiz başarılı bir tahminin neliğinden ve otonominin karşılığından haberdar olmayı gerektirmektedir. Bir tahmin ancak meydana geldiği anın ardından, aslında zaten mevcudiyet bulması beklentisi taşınan hipotezin olguya bürünmesiyle başarıya kavuşmuş olmaktadır. İkinci olarak, Luis Moniz Pareira'nın da üzerinde durduğu gibi, (zekâ üzerine olduğu gibi) otonomi kavramı üzerine birçok tartışma yapılmasına rağmen, günümüzde pek çok uzman otonominin en basit anlamıyla dışarıdan güdülenmenin karşıtı olmasında ortaklaşacaktır. (Pareira, 2017)

Bu kavramlar temelinde, Hanson'ın girişimi zekânın yaşayan organizmalara ait bir yeti olarak düşünülmesi sonucuna öncülük ederken, aynı zamanda bunun; data kontrolü, tanıma, ardından– derleme ve bağımsız bilgilendirici üretimle sonuçlanan süreci kendi kendine yapan bazı insan-yapımı ekipmanları da içerdiğine işaret etmektedir.

Hadi Hanson'ın Yapay Zekâ üzerine fikirlerini eskilerle kıyaslayalım. 1995'te Alan Turing Yapay Zekâ'nın ortaya çıkışını öngörmüş ve ünlü çalışması Turing Testi'ni temellendirmiştir; böylelikle, Yapay Zekâ'nın çalışma alanı keşfedilerek ilk kez tanımlanmaya çalışılmıştır. (Turing, 1950: 433-460) Ardından, John McCarthy ve diğerleri Turing'in hipotezinin onların klasik Yapay Zekâ tanımından çok daha somut bir anlatım ortaya koyduğunu ifade etmiştir. (McCarthy, 2006: 12) Turing ve McCarthy'nin ifadelerini Hanson'ınkilerin yanına eklediğimizde, geçerli kavramsal düzlemin daha pragmatik bir bakış açısını ortaya koymaktadır. Demem o ki: 1950'lerden beri ortaya konan ifadeler, Yapay Zekâ probleminin özünün; makinelerin insanların durumlara verdiği tepkilerle benzer biçimde davranması sağlandığında zeki olarak tanımlanabileceği olmasında ısrarcıdır, oysa 2016'da bu tanım pratikte kabul edilmesi mümkün hale gelen felsefi prensiplerle formüle edilmeye başlanmıştır. Dahası, Hanson'ın görüşü anlamanın manası üzerine ikna edici bir tartışmaya da gönderme yapmaktadır: anlama başarılı bir öngörüyle doğrudan ilişkilidir, çünkü kişi tahmin üretmede başarısız olursa, mantıken, ne devam eden özsel gelişmeleri ne de eylemdeki neden-sonuç düzlemlerini anlamış sayılmaktadır.

Alexander Wissner-Gross, olasılıklar üzerine çalışırken (ki bu çeşitli olasılıklar düzleminde gerçekleşebilecek senaryoların bir öngörü olarak farkına varılmasını kapsar), Hanson'ın görüşünü zeki bedenlerin gelecekte meydana gelmesi mümkün olan pek çok geçerli seçeneği daha da çoğaltma edimi içinde olduğu söylemiyle genişletmektedir. (Wissner-Gross, 2013) Yüksek düzeydeki zekânın eylem özgürlüğünün korunmasını ve olasılıklar arasından seçim yapmayı kapsadığını vurgulamaktadır. 2020 yılında Russell ve Novig, çağdaş Yapay Zekâ'nın zaten ortaya koyuldukları anda dahi belirsiz olmakla yargılanan öngörülerle uğraşmakta başarılı olduğunun altını çizerek ilerlemektedir. (Russell & Novig, 2021) Floridi ve Sanders da Yapay Zekâ'nın interaktif, otonom; bilgiye, akla, otonom olana dayanan kendi kendine-öğrendiği edimlerinin bir büyüme kaynağı olduğunu ve bu eylemlerin (insan denetiminden) bağımsız, ahlaki olarak uygun edimler ortaya koyabileceğini vurgulamaktadır. (Floridi & Sanders, 2004: 349- 379) Onlara göre bu, Yapay Zekâ tarafından ortaya konan, temel bir etik meydan okumadır.

Yukarıda bahsettiğim ifadelere katılmakla birlikte, bana göre, *bu analizlerin dayandığı kritik unsurları eklemek* gereklidir:

Bizlerin- insanların yaptığı gözlemler,

Türümüzün çok zeki olduğuna dair inancımız.

Açıktır ki üstün zekâ gösterimiz yalnızca olacak olanlara dair pasif beklentilerimizi (ve bunlara uygun olarak davranmamızı) ifade etmez, aynı zamanda önceden-hedeflenen bir bakış açısı dâhilinde *geleceğe etki etme*yi niyetleyen eylemi de içerir. Örneğin; hepimiz yarını, gelecek ayı, gelecek yılı planlarız. Aynı zamanda, küresel iklim değişikliği, insan yaşamını uzatmak, Yapay Zekâ'yı tasarlamak ve onunla birlikte var olmak vb. geniş ölçekli hedeflere erişme çabasına odaklanırız. Bu nedenle, çok zeki Bilgi Teknoloji sistemleri yaratır ve uygulamaya koyarsak, aynı zamanda *onların* da geleceğini etkileyecek olan manipülasyon süreçleri eşliğinde öngörülebilir fonksiyonlar ortaya koyacaklarını varsaymamız gerekir. Bu nedenle, bu amaç bağlamında başarıya erişmeleri durumunda muazzam bir zorluk baş gösterecektir, çünkü *bizim* otonom olarak tasarladığımız gelecek ve *Yapay Zekâ'nın* tasarladığı gelecek müşterek bir fiziksel ve sosyal çevrede bağlantı kuracaktır.

> Bu yeni koşullar bizim çıkarlarımızın söz konusu yeni insan-yapımı zeki bedenlerinkiyle olan kaçınılmaz biçimde aynı döneme tesadüf etmeleri nedeniyle geleneksel pratiklerimizi keskin bir biçimde değiştirecektir. Dahası inovatif otomasyonun herhangi bir anda kanıtlayabileceği şeyleri, bizlerin devam eden olgular üzerinden sürekli düşünerek belirlemesi gerekecektir. Mantıken,

herhangi bir olgu kapsamında, Yapay Zekâ da bizim eylemlerimiz karşısında aynısını yapacaktır.

Data ve Bilgi Arasındaki Fark

Günümüzde, muhtemelen herkes dijital datanın belli bir soru karşısında "1"in "evet"i, "0"ın "hayır"ı kodladığı; uzun "1" ve "0" satırlarıyla ifade edilen ikili bir dizilime dayandığını bilmektedir. Bu ikili yöntem kâinatı keşfetmeye yönelen bütün zeki bedenler için hayati bir öneme sahiptir. Buna rağmen, burada esaslı bir felsefi sorgulama açığa çıkmaktadır, bu sorgulama; hedeflenen soruyu ortaya koyan aracının ne ya da kim olduğuna dair açık bir bilince devamlı olarak gereksinim duyulmasıyla ilgilidir. Üstelik "1" ve "0"ları sıraya koyup düzenleyen kişi ya da şeyin uygun cevabı oluştururken, bunun olumlu ya da olumsuz olmasını nasıl uygun biçimde değerlendirerek kararlaştırdığını bilmek de mantıksal bir zorunluluktur.

Yukarıda bahsedilen sorunların kanıtlanması durumunda, dijital data bit matematiksel süreçlerle ve felsefi arka plana sahip olan matematiksel yöntemle açık ve mantıklı hale gelerek katlanarak ilerleyebilir, çünkü; herhangi bir matematiksel denklem ya da fonksiyon felsefi bir bakış açısından düşünüldüğünde farklı kavramları bir araya getirerek sorunsallaştırmaktadır. (Duranton, 2020)

Böylelikle, hem felsefenin hem de dijitalleşmenin doğasında olup basitçe yapılabilen farklı düzenlemeler dâhilinde gruplama, yapılandırma, çözümleme vb. durumları üstlenen dijital bitleri kabul eden çağdaş felsefe, zeki bedenlerin işleyişi ve içinde bulundukları durumlara yabancı olan şeyleri araştırmakta ve algılamaktadır, bu aynı başlangıçta algılanan ve hafızaya kaydedilen data bitlerinin arka planda eylemlerini sürdürerek bilgi üretimini yeniden yapılandırması, yeniden inşa etmesi, yeniden düzenlemesi v yeniden organize etmesi gibidir.

Yukarıdaki ifadeyi tanımlamak gerekirse: cansız bir nesnenin aksine, yaşayan bir organizma çeşitli biçimlerde değişkenlik gösteren durumları algılama ve araştırmaya kabiliyetlidir. Organizmanın sinir sisteminin geliştirdiği düzeyden daha yüksek, daha muazzam çeşitlilikte eylemleri değerlendirebilir ve farklı seçimlerini yönetebilir. Burada, karşıt kutuplarda yer alan durumlardan tek birinde varlık gösteren bir durumu tanımlayan kapsayıcı bağlam dâhilinde akıbet gösteren, zeki bedene dışsal: durma ya da hareket, küçüklük ya da büyüklük, ön ya da arkada olan, tehlikeli ya da tehlikeli olmayan şeyin keşfedilmesi konusunda istisnai bir hal yoktur. Bundan dolayı, zekâ bir betimlemeyi devam ettirmek için ikili karşıtlıklardan faydalanır ve onun anlamını fiziksel varoluşu ya da iyi ve kötü gibi soyut sosyal koşullar fark etmeksizin çözümler.

İkili yaklaşımın tuhaf tarafı herhangi bir olguda anlamı tanımlarken onun olası karşıtını fark etmenin imkânsız olmasıdır. Zeki bedenlerin bunu yapamaması durumunda, muazzam bir karmaşa açığa çıkmaktadır. İnsani varoluşumuzun sıklıkla yüzyıllar boyunca sonuçsuz kalan bu türden durumlar için kapsayıcı bir tanım formüle edemediği örnekler gözümüzde canlanacaktır. Örneğin, uzun yıllardır süregelen mutluluk nedir tartışmasını takip edersek, ortak bir görüşe erişmekte başarısız olunduğu görülecektir, mutlu olmayı anlatmanın mutsuz olma hissinin mutlak karşıtı olarak ele alınması olarak düşünülmesi mümkün değildir. Böylelikle, bu sorgulama henüz sonuca ulaştırılamaz. Uyum ve uyumsuzluk üzerine olan tartışma da benzer bir şekilde devam eder. Başka bir deyişle, aslında ne olduklarını tam anlamıyla çözemediğimiz şeyleri aynı anda da reddetmekteyiz. Bazı düşünürler fiziksel ve sosyal gerçekliğin zeki bedenlerin ikili yaklaşımı kabul ederek ürettiği temsillerden farklı olduğunu ifade etmektedir. Yine de, bu tartışma bu yazının çerçevesi dışında kalıyor.

Bu ikili sistemin yaratıcısı Leibniz'dir ve uzun yıllar önce *Monadoloji*'de son günlerde tartışılan bütün felsefi-bilgilendirici analizlerin tarihsel kökenini vurgulamakta uzmanlaşmıştır. (Leibniz, 1898) Leibniz için Monadlar kâinatı inşa eden temel birimlerdir ve yalnızca saf mantık yoluyla kavranabilirler. Bütün bilginin bu mantıksal atomlarla ya da yapılandırıcı bloklarla oluştuğunu kanıtlamayı amaçlamış ve bu söylemi pek çok akademisyene ilham kaynağı olmuştur. Leibnizci gelenek, konuşma ve yazma diline kıyasla insan düşüncesi ve akılsallığının yasalarını daha iyi kavradığını kabul ettiği sembolik mantığın matematiksel sistemine yaptığı vurgu sayesinde dijital araçların gelişimini derinden etkilemiştir. Açıktır ki, bu görüş zaten Leibniz'in ortaya koyduğu biçimiyle, en azından bilgisayar bazlı herhangi bir metin düzenleme programının insan düşüncelerini yazıya dökmesi ve depolaması – düşünceleri dijital, matematiksel kodlara dönüştürmesi açısından kabul görmüştür. Dahası, güncel data ve bilgilendirici araştırmalar bahsedeceğimiz şu ifadelerin yanında, Leibniz'in teorisine bir anlamda karşılık gelen mantıksal kavrayışı da içermektedir:

- İnsanlar ve Yapay Zekâ'nın işleyen bedenleri ne zaman çevreyle, birbirleriyle ya da kendi aralarında etkileşim kursa, durum değişimi meydana gelir.
- Her durum değişimi bir datadır.
- Ayırt edilebilen her durum bir data *bit*idir. İkili semboller olan "1" ve "0" yalnızca iki duruma işaret etmektedir.
- İkili sistem kullanışlı, evrensel ve oldukça rasyoneldir çünkü bir ikilemde "1" bir varoluşu temsil ederken, "0" onun yokluğudur.
- Sistemin tanımladığı ve hafızasında konumladığı ayırt edilebilir olan durumların sayısı onun kodladığı datanın miktarına işaret etmektedir.

- İkili sistem sonuçlarının süresiz uzun periyotlar dâhilinde hafızada korunması oldukça kolaydır.
- Dahası, herhangi bir kod bir yerden başka bir yere kolaylıkla transfer edilebilir, sinyallerle taşınır, her artı değerin "1", yokluğun ise "0" olduğu enerji devrelerinde üretilir.

Daha da önemlisi, bir data biti iki olası değerden yalnızca birine işaret edebilen temel bir parçacıktır ve bu nedenle dijital süreçte iletilebilir. İnsan beyninde de aynı sürecin gerçekleştiğini ifade etmiyorum. Buna rağmen, bu olasılığı da dışlayamayız. Muhtemelen, data bitlerinin Nörobilim'in halen keşfedemediği araştırma yöntemleriyle bir bütün olarak işleyen matematiksel süreçselliğini hepimiz kabul ederiz. Yine de bugün, beyin sinyallerini data taşıyıcılar olarak kabul ettiğimiz ve onları kendi aralarında çeşitli bağlantılar ve ilişkiler kuran data konfigürasyonlarının geniş niceliklerini hatırlama kabiliyetinin temeli olarak gördüğümüz açıktır. Aynı zamanda zeki bedenin hafızasının ve data işleme kabiliyetinin çok daha yüksek olduğu, üretilen data bağlantıları ve ilişkilerinin muazzam boyutlarından da bellidir.

Dijital bitin felsefi özünü özetlemek gerekirse: bu öz, zeki aktörün dışsal keşiflerini ve bu keşiflerin sonuçlarını devamlı hesaplanabilir olan dijital kodlara dönüştürdüğünü kabul etmektedir. Floridi'nin farz ettiği gibi, data sürekli, yeniden kullanılabilir, hızla nakledilebilir, kolaylıkla kopyalanabilir ve sonsuzca eş zamanlı olarak paylaşılabilir. (Floridi, 2019: 19) Birkaç yıl önce, Kuantum Bilişim teorisi kapsamında tanıtılan kübit, her ne kadar olgunun sonucu "evet" ya da "hayır"a karşılık gelse de, baskıyı azaltma zorunluluğu doğduğu anda işleme konan sıkıştırılmış bir "evet+hayır" olasılığını mümkün kılmıştır. Kübit teknolojisi, işleme hızında, klasik hesaplamadan binlerce kat daha hızlı olduğu ifade edilen muazzam bir ilerleme ortaya koymuştur. Buna rağmen, bitlerin felsefi tartışmadaki özü değişmemiş, sadece genişlemiştir. Bunun nedeni data ve bilginin sıklıkla yalnızca tek bir bite değil de, çeşitli sorulara yanıt veren engin soru ve yanıt setlerini eşzamanlı olarak sonuçlandıran konfigürasyonlara (modellemelere) gönderme yapmasıdır. Böylece, üstün zekâyı anlama yaklaşımı zora girmekte ve durumlar karmaşıklaşmaktadır. Bu düzlemde:

- Bütün zeki bedenler herhangi bir taşıyıcı üzerinden bir datayı çıkarabilir ve sonrasında onu modellemekle uğraşabilir. Bilişim teknolojileri bilgisayar modellemesini tercih ederken insan açısından, bu etkinlik pek çok zihinsel yeti noktasında hayatidir.
- Tekil dijital bitler aynı bütünleşik bitler gibi sensörlerden beyinlere ve datayı işleyen yapay işletim birimlerine erişirler.
- Tekil data bitinin "evet" ve "hayır" kutuplarının aksine, hedeflenen soru dizileri sınırsız çeşitlilikteki dijital modellemelere öncülük edebilirler. Saltık olumlu ya da olumsuz ifadeleri değiştirerek çok katmanlı sonuçları derinleştiren daha karmaşık yanıtları ifade edebilirler. Açıklamak gerekirse, dijital bit hesaplamasını uygulayan herhangi bir bilgisayar bazlı-çizim programı insan gözünün ayırt edebileceğinden çok daha zengin bir renk paletini önerebilir.

Aslında, zeki sistemin en yüksek düzeyi (ister biyolojik isterse saltık fiziksel bir kökene sahip olsun), daha sık görülen çevresel keşiflere işaret etmekte ve durumsal değişimler bit modellemesindeki uygulamalar aracılığıyla fark edilmektedir. Zeki aktörün kabiliyeti, sorgulama deneyimi, alanı önceden tahmin ederek öğrenmesi bireysel ya da nesnel olarak neyi başarabileceğini derinleştirmesi analitik yaklaşımı araştırması yoluyla olmaktadır. Başka bir deyişle, Michelangelo'nun da ifade ettiği gibi, her taş bloğu içinde bir heykeli barındırır ve heykeltıraşın görevi onu keşfetmektir.

Sonraki aşamada, muhafaza edilen bit ve modeller ihtiyaç duyulduğu her an zihinden geri çağrılabilir ve yeni bir bilginin üretilmesinde kullanılabilir. Daha önce bahsettiğimiz gibi, bu onların kısmi ya da bütüncül olarak yeniden inşa edilmesini, yeniden düzenlenmesini ve aynı yeni gelen data akışlarını bir bütün dâhilinde konumlandırırmış gibi onları yeniden hazırlamayı getirmektedir. Eş zamanlı olarak, hafızaya ve işletim kapasitesine dayanan, herhangi bir zeki sistem pek çok bağlantı ve ortak-ilişki kombinasyonu beraberinde muazzam sayılara varan, hem eski hem de yeni dijital yapılanmaları (kodları) kaydedebilir. Önemli olan, bu kodların engin çeşitlilikteki olgu ve dinamik olayı temsil etmesidir, ancak aynı zamanda neticeye erişen, değerlendirilen, yargılanan sonuçlarla ve gelecek etkinlikleri etkileyebilecek olan başka şeylerle sentezlenmiştir.

İstisnaya yer vermeksizin ve yeni gelen data akışına karşılık veren, hafızasında geçerli olan bütün işletime dayanarak, her bir zeki beden (ister biyolojik ister insan-yapımı olsun) gözlemlenen çevreye tepki gösterirken amaç ya da hedef-odaklı bir yaklaşım geliştirebilir. Bu türden bedenler aynı zamanda otonom olarak çevreyle olan eylemlerini planlayabilirler. Bu yeti datanın ve bilginin felsefi özleri arasındaki farkı ortaya koymaktadır.

Özetlemek gerekirse, *bilgi kendi zeki yaratıcısına ait olan kasıtlı biçimde hedef-odaklı data biti modelidir. Bu yaratıcı onu, kendisini yayınlayarak (başkaları için ulaşılır kılarak) ya da içeride depolamak için hafızaya kaydederek paylaşır. Paylaşılırsa, bilgi kayda değer biçimde diğer zeki bedenlere data olarak akacaktır ve şunu vurgulamak gerekir ki, her zeki bedenin iletişimi için özsel ve tipik olan şey burada durmaksızın devam eden bir data-bilginin- data titreşiminin olduğudur. Bu alandaki uzman analizleri bunun farkına varsa da, uzman-olmayanlar sıklıkla yanlış bir biçimde "bilgi" ve "data"yı eş anlamlı olarak kullanmaktadır.*

Zeki Prosedürlerin Doğası

Uygulamalı *zeki prosedürü* sahneye koyan aktörün niteliği (insan, hayvan ya da makine) fark etmeksizin, hepsinin dörtbasamaklı şu çizelgeyi takip ettiği görülmektedir:

Birinci Adım dışsal datanın tespitlerini, taşıyıcıdan gelen kazanımları birleştirerek, beyne ya da onu çözümleyen, ona değer biçen ya da ona gönderme yapan işletim birimine aktarmaktır. Bütün bu etkinlik data modellerinin üretiminde ve onların kaydedilen yapıların başkalarıyla ilişkilendirilmesi ya da bağlantılandırılmasıyla birlikte hafızaya kaydedilmesiyle neticelenmektedir. Önemli olan, bu yeni data yapılarının yalnızca yaratıcısına ait olmasıdır. Biyolojik zeki bedenleri incelediğimizde, bu zeki prosedürel adımın *algı*nın ya da *gösterimin* inşasıyla betimlendiği görülmekteyken, makineler için bu süreç *data giriş eylemi*dir. Her iki durumda da, bu aşamanın neticesi keşfedilen şeyin *sanal bir ikizi*nin oluşturulmasıdır.

İkinci Adım data sentezinin takip ettiği, data kayıtlarının analizini – nasıl devamlılık gösterdiği fark edilen süreç ve koşul dizilerine uygun olarak hareket edilebileceğinin kararının verilmesiyle ilişkilendirmektedir. Kısaca, bu amaçların ve yönelim gösterilen hedeflerin ortaya konduğu evredir. Başka bir deyişle bu, *bütünüyle yeni ve katışıksız olan özel data modellemelerinin daha sonraki zeki eylemleri sürdürebilmek adına ortaya konduğu yaratıcılık evresi*dir.

Üçüncü adım bilgi üretme evresidir. Bu, hedeflenen amaçlara erişmek adına ardışık biçimde hareket etmeyi amaçlayan yaklaşık ya da kusursuz bir planın geliştirilmesidir. İlk olarak, bu zeki edim hafızadan geri çağırılması gereken depolanmış datayı ve istenen bilgi yapılarını sunan yeterli nicelik ve niteliklere sahip olsa da olmasa da değerlendirilmeyi gerektirmektedir. O zaman, daha sıklıkla, odaklanmış ilave yabancı data araması, bulmuş olduğumuz herhangi bir data boşluğunu doldurmaya yönelmektedir. Fiziksel ve sosyal çevreden toplanan yeni data bir kez zeki bir beden tarafından tanındığında bu yeterli ve kabul edilmeye uygun olurken, yeni dataya dair sürdürülen arama durdurulmaktadır. O halde, data bitlerinin yeniden düzenlenmesi, yeniden yapılandırılması ve yeniden inşası yeni ürünlerin uygulanma potansiyelinin yeniden-yargılanması ve yeniden-değerlendirilmesiyle birleşir. Üretici süreç; bir temsil/model, planlama uygulamaya koyulduğu durumda meydana gelmesi beklenen neticenin üzerine inşa edildiğinde son bulur. Böylece, bilgi (iç-biçim) yaratılmış olur.

Dördüncü Adım Bilgilendirici ürün nihayet şekillendiğinde, zeki bedenler prosedürü iki biçimde ilerletebilir:

- İlk olarak, yaratıcı kendi bilgisini (iç-biçimi)/ mevcut bilgiyi (iç-biçimi) kendine özel kılmak ister. İnsan ya da makine planı hafızasına alır ve asla başkalarına göstermez. Bu alternatif seçilirse, zeki prosedür o noktada son bulur. Buna rağmen, bu durum ikinci seçenekten daha sık meydana gelmektedir.
- Bilginin (iç-biçim) diğer zeki bedenlere ifşa edilmesi ya sergilenmesiyle ya da dönüşümlerin yönlendirilmesiyle ifade bulur.

Bilgi (iç-biçim), Uygulama (yakın-biçim), Dönüşüm (öte-biçim) Üçlüsü ve Biçim Bozum (biçim-sizlik) Fenomeni

Bilgiyi (iç-biçimi) diğerleri için *erişilebilir* kılmak yaratıcısı adına ya bir uygulamayı (yakın-biçimi) ya da dönüşümü (öte-biçimi) gerektirir. *Uygulama (yakın-biçim)* yalnızca bilgiden veriye değiş tokuşu kapsayan bir iletişimi üretmeyi ifade eder. Bilgi (iç-biçim) yaratıcısı, başkaları tarafından veri toplamaya maruz bırakılan data modellemeleri olarak, fikirleri, kavramları, değerlendirmeleri, görüşleri, ifadeleri, arzuları, hisleri, tavırları, planları paylaşır. Bu konuşma, yazma, hareket, çizim vb. aracılığıyla oluşabilir. Uygulama (yakın-biçim) modu doğrudan ya da şifrelenmiş olabilir, data tanılama ve toplama durumu hemen o anda ya da gelecekte ortaya çıkabilir.

İlk bakışta bu, yaratıcısının onu sergileme isteğine bağlı olarak peşinen diğerlerine erişen bilgi (iç-biçim) üzerine mantıksız bir düşünce gibi görünmektedir. Burada, bu bilgilerin yayınlanmasına dair hiçbir istek mevcut olmasa bile, insan düşüncelerini okumak için Yapay Zekâ geliştirme eğilimi kayda değerdir. Bu türden bir Yapay Zekâ şüphelilerin gizli tutmak istediği şeyleri ifşa etme sorunsalıyla ilişkilendirilen bütün aracılar tarafından fazlasıyla arzulanmaktadır. Bu Yapay Zekâ ilişkilendirmesi suç ve terör eylemleri karşısında mantıklı ve faydalı olarak görülmesine rağmen, aslında insan öznelliğini değiştiren insan-Yapay Zekâ ara yüzünün eleştirel bir görünümüdür.

Buna rağmen, herhangi bir bilgiyi (iç-biçimi) uygulamayla karakterize eden iki özelliği vurgulamak isterim. Bilgiyi (iç-biçimi) uygulamayla göstermek, fiziksel ve sosyal çevrede ortaya çıkan durumların değişimlerini asla doğrudan dikkate değer kılmaz. Bu yalnızca daha sonra, zeki prosedürler kendilerini izleyen bazı etkinlikleri kışkırttığında meydana gelir. Eş zamanlı olarak, istisnaya yer vermeksizin, *uygulama (yakın-biçim)* başka bir zeki bedenin eşliğini gerektirir – izleyici olmaksızın ortaya konan uygulamalar anlamsızdır. İki ya da daha fazla zeki aktör arasında paylaşılan her türden bilgi (iç-biçim) çağdaş felsefenin *yapay iletişim* olarak kabul ettiği şeye işaret eder. Bu gerçek zamanlı olarak ya da ertelenmiş bir zaman diliminde gerçekleşebilir: ümit ediyorum ki, metnim ben yazdıktan çok sonra da birileri tarafından kavranacaktır.

Uygulamanın aksine, *dönüşüm (öte-biçim)*, bilgi (iç-biçim) yaratıcısının hedefleriyle sürdürülen ve onun tarafından yürütülen dışsal çevrede yer alan durum değişimlerinin nedenine odaklanan eylemleri gösterir. Dönüşümlerin temin edilmesinde, başka bir zeki bedenin duruma dâhil olması mümkündür, ancak zorunlu değildir. Başka bir deyişle, bazı dönüşümler iletişime hizmet etse de, zorunlu olarak ona bağlı değillerdir.

Daha da önemlisi, herhangi bir olayda, bilgiyi (iç-biçimi) görünür kılmaya yönelen bir dönüşümü kabul etmek kaçınılmaz olarak durum değişimlerini çevreye taşır ve bunlar bilgi yaratıcısının yaptığı kadar diğer zeki muadilleri tarafından da sorgulanabilir. Açık ve devamlı durum değişimlerinin bütünlüğü çağdaş felsefenin *gerçek* olarak ele aldığı şeydir.

Bilgi (iç-biçim), uygulama (yakın-biçim), dönüşüm (öte-biçim) üçlüsü üzerine olan araştırma aynı zamanda biçim bozum (biçim-sizlik) fenomenini de dikkate almalıdır. Biçim bozulmaları, bunu yapma tarzı ne olursa olsun bilginin (iç-biçimin) temsil edilmesiyle ortaya çıkar. Uygulama (yakın-biçim) durumlarında, biçim-bozum (biçim-sizlik) yaratıcının temsil ettiği bilgi (iç-biçim) ve onun muadilleri tarafından iletişim sürecinde anlaşılır olan şeyler arasındaki bir yanlış anlaşılma durumunu ifade etmektedir. Biçim bozuma (biçim-sizliğe) neden olan pek çok sebep mevcut olsa da bunların analizi bu metnin odağı dışında kalmaktadır.

Dönüşüm (öte-biçim) üretimi durumunda, biçim bozum (biçim-sizlik) bilgi-ürününün amaçladığı hedef ve başarıyla uygulamaya konuşan şey arasındaki ayrımı gösterir. Etkinliklerin doğru planlanmamasından işlem sırasında meydana gelen bazı genel imkânsızlıklara evrilen bazı sapmalara neden olan çeşitli sebepler hayal edilebilir.

Özetlemek gerekirse, akla getirilmesi gereken önemli olgu *bilgi (iç-biçim), uygulama (yakın-biçim), dönüşüm (öte-biçim) üçlüsünün zeki bedenin belirlediği her anda meydana getirilmiş olan üretimi açığa çıkarmasıdır. Herhangi bir olayda, bilgi (iç-biçim) gösterimi, arzu edilen şeyin değersizleştirilerek tamamen dağılmasına neden olan bir biçim bozumu (biçim-sizliği) da getirmektedir.*

Yapay Zekâ ve Robotlar Arasındaki Fark.

Muhtemelen, bilimkurgu nedeniyle, insanlar genellikle robotları Yapay Zekâ tarafından üretilmiş gibi düşünmektedir. Bilgi (iç-biçim) yaratımını onu nerede ve nasıl yayınlanacağına karar-vererek betimleyen zeki prosedür analizi, Yapay Zekâ ve robotlar arasında açıkça bir sınır çizgisi belirlemektedir. *Yapay Zekâ bilgi üreticisi*iyken, *robot* hedeflenen amaca karşılık gelen bir tavır içinde *bilgi (iç-biçim) görünürlüğünü üreten periferik bir araçtır*. Başka bir deyişle, Yapay Zekâ bir senaryo yazarı ve setin merkezindeki yönetici güçken, robotlar yalnızca oyunculardır. Bu nedenle, Yapay Zekâ işletim sistemi yalnızca performansa adanırsa, bir ekrana, iletişim ağına, ya da yükleme ekipmanına ihtiyaç duyacaktır ki, bu da robotları sahneden almak demektir. Örneğin, insan yapımı bir bilgisayar izlemeyi görselleştirir, dijital dil dili tercüme eder, satranç makineleri ya da beste üreticileri mekatronik aletlere gereksinim duymazlar. Eşzamanlı olarak, amaçları bağlamında, robotlar biçim, boyut ve yapı bakımından fazlaca çeşitlilik göstermektedir: insansı robotlar, sürüngenimsiler, böceksiler, dronelar v Dengelerini ve çalışmalarını garanti etmek için bir Yapay Zekâ kurulumuna ihtiyaç durabilirler de duymayabilirler de. Buna rağmen, herhangi bir olayda, yüksek düzey bir zekâ tarafından karakterize edilmiş dışsal bir Yapay Zekâ sistemiyle onlara bağlanmak mümkündür. O halde, robotlar Yapay Zekâ'nın dönüştürdüğü (öte-biçime kavuşturduğu) bir araç olarak hareket etmekle ilişkilendirilmektedir.

Hafıza dizisine ve data işleme hızı kabiliyetine bağlı olarak, Yapay-Zekâ tarafından işletilen tek bir makinenin paralel biçimli çoklu-hedefleri olan bilgi (iç-biçim) üretimini yönetebilmesi ve eşzamanlı olarak çok sayıda ya da çok çeşitli robotu yönetebilmesi kayda değerdir.

Geliştirilmiş Yapay Zekâ (AAI) Nedir?

Görünüşe göre, hayatımızdaki çeşitli etkinlikler için tasarlanmış pek çok Yapay Zekâ uygulaması mevcut: dil tanıma ve tercüme etme, yüz ve görsel tanıma, navigasyon, insansız araçlar, tıbbi teşhisler, oyunlar v Bu Yapay Zekâ çözümlerinin pek çoğu korunaksız büyük data akışlarını incelemede başarılıdır, klasik matematiksel mantık-temelli bilgisayar işlemlerine paralel olan nöral ağlar aracılıyla derin algoritmik öğrenmeyi uygulamaktadırlar. Bu nedenle, sürekli gelişim içinde gözlenen gerçek zamanlı etkileşimler, bağlantılar ve korelasyonlarla ilişkilendirilen data modellerini tespit etmektedirler. Bu bakış açısından, çağdaş Yapay Zekâ sistemlerinin analitik/sentetik yetileri, insan düşüncesi ve hayal gücünü araştırmanın belli alanlarında kuvveti bir şekilde aşmaktadır. Bu arka plan dâhilinde *geliştirilmiş* Yapay Zekâ'yı (AAI) tanımlamayı ve onun kısıtlı (uzmanlaşılmış) Yapay Zekâ ve Genel Yapay Zekâ (AGI) çerçevesinde nerede durduğunu açıklamayı gerekli buluyorum.

Bu meseleyi daha iyi anlamak için, *büyük data*nın üç temel niteliğini bilmemiz gerekmektedir:

İlk olarak, *muazzam* bir hacme sahip olan bir datadır – bu hacim insanın hafızasına alıp keşfedemeyeceği derecededir.

İkinci olarak, bunlar yapılandırılmamış, gerçek-zamanlı, hızlıca değişen data akışlarıdır.

Üçüncü olarak, büyük data dizisi heterojen kökenlere sahip olan şeyleri inceleyen türlü data akışlarını içermektedir.

Bu nedenle, büyük datayı sahip olduğu muazzam hacim nedeniyle kavrayamayacak olan insanlar olarak, bizler ne ayrıntıları takip edebiliriz, ne de sürekli olan datayı yükleyen ve işleyen Bilişim Sistemini kontrol edebiliriz Böylelikle, yalnızca hesaplamaların sonuç performanslarını bekleyen pasif bir *kör tanıklık* pozisyonunda kalırız. Bu durumun adı "*Kara Kutu Fenomeni* (*Black Box Phenomenon)*"dir. Yalnızca geriye dönük olarak araştırılmaktadır – uzmanlar Yapay Zekâ etkinliğini engelleyerek makinenin olgu-sonrası uygulamalarını incelemişlerdir. Bu araştırma, büyük data Yapay Zekâ sistemlerini keşfederken, duygusuz birer varlık olarak bu sistemlerin tek bir soruyu, öfkelenmeden ya da işlevsiz hale gelmeden ne kadar ihtiyaç duyuyorsa o kadar sorduğunu keşfetmiştir. Dahası, bizim için işleyiş halindeki bilgisayar etkinliklerine dayanan araştırmaların takip ettiği bütün kuralları öngörmemiz imkânsızdır, çünkü Duranton'un da altını çizdiği gibi, Yapay Zekâ deneyimlerinden sürekli olarak öğrenmeye devam eder ve böylece, sürekli olarak yeni kurallar üretir ve bunları uygularlar. (Duranton, 2019)

Bu nedenle, *kara kutu* fenomeni *Yapay Zekâ'nın kendi zeki üretiminin tamamını mı yoksa bir kısmını mı gösterdiğinden hiçbir zaman emin olamayacağımız* sonucunu ortaya koyuyor. Bu analizin geriye dönük modda yapılıp yapılamayacağı da şüpheli. Bu nedenle, öyle görünüyor ki Yapay Zekâ sistemleri gelecekteki uygulamalar için yayınladıklarından (çok?) daha fazla bilgiyi (iç-biçimi) hatırlayabilirler ve bizler süreçte birikmiş olan bu deneyimlerden asla haberdar olamayabiliriz.

Bu arka plan uyarınca, onlarca yıl önce insanın zihinsel yetilerine benzer olarak yavaşça evrimleştiği görülen ve uzak bir gelecekte Genel Yapay Zekâ'ya dönüşecek olan Yapay Zekâ gelişiminin felsefi yorumu günümüzde modası geçmiş hale gelmiştir. Çağdaş değerlendirme Yapay Zekâ'nın bizim insani kabiliyetlerimizi aşan büyük datayı işleme başarısının onu bizim olduğumuzdan daha zeki kılmadığını ifade etmektedir. Bu nedenle, Yapay Zekâ sınıflandırması kısıtlı-uzmanlaşılmış Yapay Zekâ odaklıdır, insan-merkezli olarak dizayn edilmiştir ve bütünüyle insana-bağlı olan yardımcı bir araçtır; Genel Yapay Zekâ gelecekte kendini-yöneten denetim-siz bir aktör olarak meydana çıkacak biçimde tasarlanmıştır. Hızla büyüyen bilgisayar sistemleri hafızası ve işletim kapasitesinin Genel Yapay Zekâ'yı ortaya çıkarıp çıkaramayacağına, hatta bunun ortaya çıkıp çıkmayacağına dair bir çekişme söz konusudur. Bana göre, Genel Yapay Zekâ üzerine geliştirilen odağın bunun *olup olmayacağı*ndansa *ne zaman* olacağına çevrilmesi oldukça etkileyicidir.

Buna rağmen, bana göre, esas hayati soru *nasıl* ortaya çıkacağıdır. Genel Yapay Zekâ meselesine ithaf edilmiş pek çok metin ya onun insan zekâsından farklılığına odaklanmakta (sıklıkla ortaya atılan iddia makinelerin bizim simülasyonlarımız olduğu ya da yetilerimizi taklit ettiği üzerinedir), ya da yeni devrimsel Genel Yapay Zekâ uygulamasının otomasyonunun aniden icat edilmesini öngörmektedir. Muhtemel ki, akademisyenler Japon masa oyunu Go ile olan ilişkisi bağlamında kendini kanıtlamış olan *Deep Mind* algoritmalarına dair yayınlardan etkilenmiştir. [1]

Bu insan zekâsını en çok zorlayan oyundur. İlk olarak, AlphaGo derin öğrenme algoritması oyuna dair bütün insanlık tarihi boyunca oynanan örnekler üzerinde çalışarak Go Dünya Şampiyonası'nı kazanmıştır. Daha sonra, AlphaZero yalnızca oyun kurallarının yüklenmesinin ardından, altı hafta kendine karşı oynayarak daha büyük bir başarı elde etmiştir. İnsan pratiklerini bütünüyle reddederek kendi deneyimini oluşturmuştur. Daha sonra Dünya Şampiyonu karşısında göz dolduran bir skor elde etmiştir. Mantıksal olarak, bu Yapay Zekâ kısa bir sürede Go oyununu öğrenmeye yönlendirildiyse, daha sonra yeni keşif alanlarına eğilmesi beklenir. Böylelikle, Genel Yapay Zekâ üzerine oluşturulan beklentiler genişler. Buna rağmen, bu türden bir gidişatın olduğunu onaylayan bir başarı yayınlanmamıştır. Aksine, iki yıl önce yapılan televizyon yayınlarında AlphaZero'nun Covid-19 krizini yenmek için yapılan çalışmalarla ilişkilendirildiğine dair bir bildiri yapılmıştır. Ne bu rapor-

---

[1] For more detailed information see https://deepmind.com/research/case-studies/alphago-the-story-so-far.

ların güvenilirliğini ne de algoritmanın başarılı mı yoksa başarısız mı olduğunu değerlendirebileceğim bir veriye ulaşamıyorum.

Kendimi Genel Yapay Zekâ devriminin takipçileri listesine yerleştiremesem de, dışında da bırakamıyorum. Aynı zamanda, engin bir uzmanlık düzeyine erişen kısıtlı Yapay Zekâ gelişimi için üç ayrı senaryo ortaya koymak istiyorum:

İlk olarak, herhangi bir kısıtlı Yapay Zekâ Derin Öğrenme algoritmasının gelişimi yeni araştırma alanlarında adım adım yoğunlaşılan uzmanlaşma üzerinden takip edilebilir, böylece Bilişim Sistemi bu alana yeni kabiliyetler ekleyebilecektir. Böylelikle, bizim insani öğrenme pratiklerimizi kopyalama işlemi yapan analitik ve sentetik data kendi kısıtlı yetkisini gitgide genişletecektir. Bundan dolayı, Yapay Zekâ çeşitli keşif ve eylemler için gün geçtikçe daha uygulanabilir olsa da hiçbir zaman tam anlamıyla genel bir büyüme elde edemeyecektir.

Aynı zamanda, ikinci yaratıcı opsiyon da mümkün görünmektedir. Yeni bir tür kısıtlı Yapay Zekâ farklı etkinlikleri, hatta var olan bütün kısıtlı yapay zekâ sistemlerini düzenlemek için geliştirilebilir ve böylelikle kısıtlı bir evrensellik pek çok alanda eşzamanlı kılınan çoklu-uzmanlaşmalarla başarılı bir biçimde açığa çıkarılabilir.

Son olarak, gözlemlenen yeni bir eğilim mevcuttur: bazı Derin Öğrenme uygulamalarında bazı amaçları ifşa etmek için yapılan geriye dönük analiz, Yapay Zekâ'nın bir kereye bile mahsus olsa belli bir büyük datayı keşfetmeyi başaramadığını çözümlediğinde, bu sorunu çözmek için hemen bir alt-algoritma geliştirdiğini göstermektedir.[2] Başka bir deyişle, günümüzde Yapay Zekâ zaten kendi dijital araçlarını tasarlamaktadır. Felsefi

---

[2] AI is learning how to create itself | MIT Technology Review, available at: https://www.technologyreview.com/2021/05/27/1025453/artificial-intelligence-learning-create-itself-agi/?utm_campaign=site_visitor.unpaid.engagement&utm_medium=tr_social&utm_source=Twitter

bir perspektiften değerlendirirsek, bu türden eylemleri insanın kendi zekâsıysa sopalar ve taşları hedefledikleri bir işi yapma ya da kendini-koruma aracı olarak ayrı biçimde kullanmak üzerine geliştirmesiyle kıyaslayacağım. Açıkça, her iki durumda da bu daha yüksek ve daha evrensel bir zekâ etkinliğine atılmış bir adımdır. Benim fikrime göre, bu aynı zamanda bu Yapay Zekânın daha evrensel bir düzeye ilerlemesine dair olası bir senaryodur ve bu fenomen insanlar tarafından kışkırtılsa da kışkırtılmada da hem mühendisliğe özgü olan hem de felsefi bir meydan okuma değerlendirmesine varmaktadır; ya da alıntılanan araştırmada tanımlandığı gibi bu otomatik ve gelişigüzel olarak meydana gelecektir.

Muhtemeldir ki yukarıda kısıtlı Yapay Zekâ'nın evrimine dair ortaya konan üç biçim evrensel Genel Yapay Zekâ'nın icadı ile kıyaslandığında tasarlanması kolay olan yapılardır. Mantıksal olarak, bunlar çok daha hızlı bir biçimde meydana gelmektedir. Buna nihai Geliştirilmiş Yapay Zekâ (AAI) teknolojisi diyeceğim. Bana göre, bu kısıtlı Yapay Zekâ'nın bir sonraki jenerasyonunda açık hale gelecektir ve önemli ölçüde yeni koşullar getirecektir, inovatif zeki bedenler oyuna sokulduğu için, çağdaş toplumumuz kısa dönemde bununla tanışmaya hazır olmalıdır.

Geliştirilmiş Yapay Zekâ İletişimi ve Ağ Oluşturma

Herhangi bir durumda, her türden iletişim aracı ortak anlayışa erişmek adına içeriğini paylaşma ve anlamını (düşünceler, eğilimler, duygular) ifşa etme amacı taşımaktadır. Bu, geçmişe dair genel anlamda başarılı tahminlerin, ya da geleceğe dair süregelen deneyimler ve beklentilerin üretilme sürecidir. Bu eğilimde, zeki bedenler arasındaki ortak anlayış, mevcut durumların tahmini değişimlerine cevap olarak nasıl davranılacağına dair bir dizi benzer fikri ortaya çıkararak uzlaşmaya erişmeyi temellendirmektedir. Daha da önemlisi, iletişim her zaman her bir zeki aktörün ortaya koymaya niyetlendiği bilgiyi (iç-biçimi) paylaşmayı seçerken sergilenen yapılanma bağlamında kurulmaktadır.

Geleneksel olarak, bizler birbirimiz arasında, insandan insana bir şekilde iletişim kurarken avantajlarla ve hayal kırıklıklarıyla yüzleşiriz. Herkes iletişim hedefine ve benzersiz karşılıklara odaklanan, bireysel yaklaşımlara başvurur. Buna rağmen, İnsan – Yapay Zekâ ve Yapay Zekâ – Yapay Zekâ ara yüzleri farklıdır ve bu araştırmanın sonuçları yirmi yılı aşan pratik ve teorik analizlere dayanmaktadır. Ayrıca, insandan-Geliştirilmiş Yapay Zekâ'ya olan iletişim perspektifi Geliştirilmiş Yapay Zekâ'nın henüz hazır olmaması nedeniyle yalnızca hipotetiktir.

Bu nedenle, ilk olarak bize tanıdık gelen, ön planda hem insanların hem de makinelerin kullandığı, bilgi (iç-biçim) üretimine dair zekâ bazlı uygulamalar ve Geliştirilmiş Yapay Zekâ'dan bahsetmek istiyorum. Şu ana hatlardan bahsedeceğim:

Kısıtlı Yapay Zekâ edimleriyle kıyaslandığında, görünüşe göre, insanlar data işlemede makinelere göre çok daha yavaş ve bu değişmeyecek. Ek olarak, zeki aktörün kim olduğu fark etmeksizin, data girdisinden bilgi (iç-biçim) çıktısına ilerleyen süreç, datanın toplanması için belli bir süreye gereksinim duyulması sebebiyle durum değişimlerinin keşfinde gecikmelere neden olmaktadır ve ardından tepkisel hareketler ve uygulamalar belirmektedir. Mantıksal olarak, zekâ bazlı uygulama süreci daha kısa sürdüğünden, hataların daha az olması beklenmektedir. Muhtemelen, bu eğilim dâhilinde makineler bizi geçmektedir.

Teknolojik nedenlerden dolayı, her ne kadar (bitlerin hacmi önemsiz olsa da olmasa da) matematiksel kodları kopyalayan, Yapay Zekâ'dan-Yapay Zekâ'ya uzanan iletişim ağının data iletimi, insandan-insana ya da insandan-Yapay Zekâ'ya olan iletişimden çok daha hızlıdır. Bu açıdan, Yapay

Zekâ insanın zihinsel yetilerini aşmaktadır ve Geliştirilmiş Yapay Zekâ bu avantajı sürdürecektir.

Aynı zamanda, Yapay Zekâ'dan- Yapay Zekâ'ya data geçişi durumunda ortaya çıkan biçim bozum (biçim-sizlik) düzeyi insandan-insana olanla ya da bilgi (iç-biçim) anlamını dil, imge ya da çağrışımın diğer biçimlerine dönüştürmeye dair insani zorunluluğu atlayan doğrudan matematiksel kodların kopyalanması nedeniyle insandan-Yapay Zekâ'ya olanla kıyaslandığında çok daha düşüktür. Geliştirilmiş Yapay Zekâ uyarlamaları İleri Düzey Yerleştirme Programı'na yönelik bir eğilim taşımaktadır.

En azından günümüzde, Bilişim Teknolojisi sıklıkla, insanlar için karakteristik olan bazı çok katmanlı yorumları atlayan, bire-bir tarzda tek bir anlama işaret eden belli bir kodla ilişkilendirilmektedir. Bu nedenle, insandan-Yapay Zekâ'ya olan iletişim makinelerle ortaya çıkan çeşitli yanlış anlaşılmalardan kaçınmaya yönelik özel bir dikkati gerektirmektedir, buna rağmen mevcut Yapay Zekâ bilgisayarın eş anlamlıları ayırt ederken ifade ettiği metinleri bağlamlara dönüştürmede başarılıdır.

Ek olarak, bana göre, Geliştirilmiş Yapay Zekâ'nın çeşitli periferik makineleri otonom olarak işletme kabiliyeti de üzerinde durulması gereken pek çok meydan okumayı ortaya çıkaracaktır:

İlk olarak, daha önce de vurguladığım gibi, Geliştirilmiş Yapay Zekâ'nın bizimle ortak çevrede kendi geleceğini şekillendirmesi üzerine odaklanmasını bekleriz, bu bizi sürekli olarak inovatif otomasyonun da aynı zamanda ortaya koymaya çalışacağı şeyi tahmin etmekle devamlılık gösteren bütün durum değişimi dizilerine değer biçmeye yönlendirecektir. Eş zamanlı olarak, Geliştirilmiş Yapay Zekâ aynısını bizim için yapacaktır.

Büyük datayı araştırmakla, Geliştirilmiş Yapay Zekâ gerçek zamanlı data akışlarını heterojen kökenleriyle karşılaştırmalı biçimde analiz eden *derin öğrenme*yi ve bizim üstesinden gelemeyeceğimiz bir etkinlik olarak onun önceki keşfedilme deneyimlerinin sonuçlarını kabul edecektir. Dahası, herhangi bir zeki deneyim potansiyel olarak mevcut olan şeyin yalnızca kısmi data girdisiyle uğraşmaktadır. Bu nedenle, herhangi bir öngörü zeki bedenin duyularına, hafızasına ve data işleme kabiliyetine dayanmaktadır ve sıklıkla, tahmin etme başarısı bilgi'nin (iç-biçimin) üretimindeki içerikle ilişkilidir. Mantıksal olarak, insanlara kıyasla, Geliştirilmiş Yapay Zekâ daha doğru tahminler yapabilme şansına sahiptir ve burada karşılıklı bir işbirliği ihtiyacımız hâsıl olacaktır.

Ayrıca, Geliştirilmiş Yapay Zekâ-insan iletişimini gerçek zamanlı olarak yapmamız gerekir yoksa üretilen bilginin tamamını mı yoksa bir kısmını mı bizimle paylaştığını asla bilemeyiz. Aynısı Yapay Zekâ'dan-Yapay Zekâ'ya kurulan bilgi aktarım ağının bir sonraki kuşağını geliştirirken de geçerli olacaktır.

Son olarak, aklımızda tutmamız gerekir ki Geliştirilmiş Yapay Zekâ'nın etkin olmasının sebebi Genel Yapay Zekâ'nın aksine, Geliştirilmiş Yapay Zekâ'nın bir dizi senkronik uzmanlaşılmış Yapay Zekâ işleminden ibaret olmasıdır. Bu nedenle, evrensellik düzeyini sürekli sorgulamamız gerekir, çünkü ayrık uzmanlaşılmış diziler benzer girdiler için farklı çıktılar üretebilirler.

Diğer düşünürler, muhtemelen bizim insandan-insana olan alışkanlıklarımızla kıyaslandığında İnsandan-Geliştirilmiş Yapay Zekâ'ya ve Geliştirilmiş Yapay Zekâ'dan-Geliştirilmiş Yapay Zekâ'ya olan iletişime gönderme yapan sorgulama biçimlerini daha da zenginleştirebilir. Buna rağmen, benim bakış açımın daha sonraki sorgulamalar için esaslı bir çerçeve çizdiğini varsayıyorum. Şüphesiz ki, pek çok başka durum da değerlendirilecektir. Yine de, insanın-insanla olan ilişkisi dikkate alındığında, pek çok akademisyen ortak bir anlayışa erişmekte hemfikirdir, bu nedenle – etkili bir iletişim, çok konuşmaktansa birbirini daha çok dinlemeye dayanmaktadır. Bunun insanların ortaya koyduğu en iyi davranış biçimi olduğunda ısrarcı olmayacağım, ancak böyle bir eğilimin Geliştirilmiş Yapay Zekâ ve Genel Yapay Zekâ bilgisayar sistemleri ile bir aradalığımız için mükemmel biçimde işleyeceğini düşünüyorum. Aynı zamanda, Geliştirilmiş Yapay Zekâ'nın bizden daha zeki olmasına takılmıyorum – pek çok önerme buna karşı çıkacaktır. Buna rağmen, Geliştirilmiş Yapay Zekâ'nın yeterince zeki olacağından ve bizden tümüyle farklı olacağından eminim, böylece, en azından ilk aşamada, muhtemelen, ortaya koyduğu sonuçların pek çoğu hem içeriksel olarak hem de analiz düzleminde şaşırtıcı olacaktır. Dahası, Geliştirilmiş Yapay Zekâ'nın ortaya koyduğu varsayımların pek çoğu da doğru çıkacaktır.

Sonuç

Görünen o ki, medeniyetimiz yeni bir çağın eşiğinde. Bilinmeyen inovatif otonom bir zeki aktörle – bazı alanlarda bizim zihinsel yetilerimizi aşan Geliştirilmiş Yapay Zekâ işletim sistemiyle yüzleşmek üzereyiz. Dahası, Geliştirilmiş Yapay Zekâ gelecekteki uygulamalar için yapmış olduğu derin öğrenme araştırmalarının sonuçlarını saklamaktadır. Bu nedenle, çok yakında, devamlılık gösteren koşullar ya da gelişmeleri analiz ederken, benzer donanım ve yazılım çözümleriyle işleyen benzer makineler, geçmişte keşfettikleri şeylere dayanarak ayrık bilgiler (iç-biçimler) üretecektir. Buna rağmen bu, insan öznelliğinin bir ifadesi olarak varsayılamaz, görünen o ki bu, Yapay Zekâ'nın bireyselleşmesine atılan bir adımdır. Bu bakımdan, insandan-insana yüz-yüze iletişim geleneklerimize ek olarak, yalnızca saf bir özne-nesne yolunu izlemek yerine şu yeni durumları izleyerek farkındalık kazanması gereken yeni bir insan-Yapay Zekâ ya da tam tersi bir ara yüzü geliştirmemiz gerekir:

Geliştirilmiş Yapay Zekâ sistemleri bizim iyiliğimiz için çalışsa da aynı zamanda rakibimiz ve muhalifimizdirler.

- Onlarla çatışmayı engellemek için, Geliştirilmiş Yapay Zekâ'nın tüm tuhaflıklarını gelecekteki çalışmalarla keşfedeceğimiz yenileriyle birlikte aklımızda tutarken onun tepkisini öngörmemiz gerekecektir.

- Ara yüzümüzün Geliştirilmiş Yapay Zekâ çözümleriyle senkronize olması durumunda, çeşitli robotların kontrolüyle sonuçlanabilecek olan çoklu-görev moduna paralel bir ilerleme yetisine sahip olduklarını fark etmemiz gerekecektir.
- Son olarak, Geliştirilmiş Yapay Zekâ'nın bulut-bazlı teknolojileri kullanması gibi, tekil olmayan zeki bedenlerle iletişim kurma alışkanlığını geliştirmemiz gerekecektir; onlar yalnızca deneyim sonuçlarına dair derin öğrenmeyi kapsayan ortak datadan faydalanmakla kalmazlar, aynı zamanda senkronize olarak yürütülen türlü görevlere hizmet eden uzmanlıklarını paylaşmamız ve değiş tokuşlar yapmamız gerekir.

Bu bakımdan, Yapay Zekâ'nın insanın zihinsel yetilerine benzeyen analitik ve sentetik kapasitesinin günümüzdeki ilerleyişi, daha önce hiç deneyimlenmemiş bir çerçeve, kapsam ve tartışma noktasında felsefi bir girişimi gerektirmektedir. Yeni girişimimiz yalnızca Yapay Zekâ'nın gelişimine değil, aynı zamanda Gelişmiş Yapay Zekâ ortaya çıktığında yüzleşmemiz gereken yeni meydan okumalara da odaklanmalıdır. Bana göre, beklenen değişim felsefi bilgeliği bilim ve teknolojinin tasarımlarından keskin biçimde ayırmamızın önüne geçecek kadar karmaşıktır. İlk olarak medeniyetimiz, karşılaşmak istemediğimiz bilgi (iç-biçim) ifşasını önlemek için kurulan öznel güvenlik duvarlarımıza karşı Yapay Zekâ tarafından hedeflenen atılımlardan doğamızı korumak için ortaya koyulan her türden insani uzmanlıkla birleşmelidir. Aynı zamanda, ortak bir çatışma ve anlaşmazlığın önüne geçecek bir etkileşim adına insandan-insana *yüz-yüze* iletişimimizi insan-Yapay zekâ ya da tam tersi bir *ara yüz*e aktarmamıza dayanan felsefi fikri geliştirmemiz gerekmektedir.

Kaynakça

AI is learning how to create itself | MIT Technology Review, available at: https://www.technologyreview.com/2021/05/27/1025453/artificial-intelligence-learning-create-itself-agi/?utm_campaign=site_visitor.unpaid.engagement&utm_medium=tr_social&utm_source=Twitter Accessed on June, 06.2022

Duranton, (2019). *How Humans and AI Can Work Together to Create Better Businesse*

https://www.ted.com/talks/sylvain_duranton_how_humans_and_ai_can_work_together_to_create_better_businesses?language=en. Accessed May 7, 2020.

Floridi, L. (2019). "What the Near Future of Artificial Intelligence Could Be." *Philosophy & Technology* 32: 1–15. https://link.springer.com/article/10.1007/s13347-019-00345-y

Floridi, L. and J.W. Sander (2004). "On the Morality of Artificial Agent" *Minds and Machines* 14, no. 3, 349–379.

Hanson, D. (2016) "Expanding the Design Domain of Humanoid Robot." *Proceedings of the. ICCS Cognitive Science Conference, Special Session on Android Science*, Vancouver, USA.

Leibniz, G. (1898). *The Monadology,* Translated by Robert Latta. Oxford: Clarendon Pres

McCarthy, J., M. L. Minsky, N. Rochester, and C. E. Shannon. (2006)."A Proposal for the Dartmouth Summer Research Project on Artificial Intelligence, August 31, 1955." *AI Magazine* 27, no. 4, 12–14.

Pareira, L. M.. (2017) "AI & Machine Ethics and Its Role in Society." *Keynote Speaker at the International*

Conference of Artificial Intelligence and Information, Dec. 5–7, Porto, Portugal.

Russell, J. and Norvig. (2016). *Artificial Intelligence: A Modern Approach*, 4th edition, Pearson Education Ltd., England.

Turing, A. (1950). "Computing Machinery and Intelligence." *Mind: A Quarterly Review of Psychology and Philosophy*, 433–460.

Wissner-Gross, Alex. "A new equation for intelligence."

https://www.ted.com/talks/alex_wissner_gross_a_new_equation_for_intelligence. Accessed September 7, 2016.

AI ETHICS BY DESIGN

Brandt DAINOW[*]

Trans. Ozlem Derin Saglam

Extended Abstract:

This chapter will present an Ethics by Design approach for AI. The aim is to prevent the production of AI systems which are later discovered to have serious ethical violation

"Values by design" approaches, such as Privacy by Design, seek to avoid producing systems which have problematic issues by using design techniques designed to prevent them. This is done by incorporating preventative measures into the design and construction processes which either prevent such issues arising, or which anticipate later issues and using construction techniques to produce features to deal with those issues when they do arise.

The AI Ethics by Design is an approach which can be incorporated into any formal design methodology. It factors pre-determined ethical values into the AI design process, treating them in the same manner as other ubiquitous concerns, such as reliability or security. The aim is to guide development so as to organically produce an AI system which is ethically sound. This involves more than just the features of the system. It includes specific organisational structures and processes which support

---

[*] Assist. Prof., Maynooth University, Philosophy & Computer Sciences Departments

development of a trustworthy system capable of delivering ethical AI.

Ethics by Design is the product of the EU's SIENNA project for Ethical AI, building on previous work of the EU, the IEEE and the OECD. AI Ethics by Design has been adopted as the recommended methodology for AI systems development. Offering €1.5 billion per year in funding for AI research, as of March 2022, the EU formally adopted use of Ethics by Design for all research applications involving AI development.

AI Ethics by Design was created by converting six foundational ethical values (which have been selected to be as universally acceptable as possible) into ethical norms all AI systems should follow. These are then converted into guidelines for the development processes which are mapped to both concrete design practices and functional requirements for AI system. The first of these foundational values is that human agency should be primary over AI functionality, such that AI systems do not restrict human freedom. Secondly, data must be controllable by humans and great efforts made to avoid biased and inaccurate data. The third value is that AI systems should to treat all people justly. The fourth value is that of 'well-being' - that AI systems should not have an adverse impact on individual, societal, or environmental well-being. The fifth value is 'transparency' – people should have enough information about the AI system to understand its functionality. However, people often over-estimate the capabilities of AI's, so transparency also requires they understand a system's limitation. The final value is that of 'accountability'; humans remain accountable for the actions of the AI systems they create or operate and must have the ability to control them. AI systems must therefore provide the capabilities to support such control, and the system must provide operators with the means to understand what the AI is doing. For example, this may require the system creates human-readable logs of its activitie

These values are translated into twenty-eight AI-specific ethical norms, which are then translated into eighty-five Ethics by Design requirement These are then incorporated into the design just like any other technical requirement. These are then mapped onto the different phases of the AI development proces Abstract philosophical ethical values thus become concrete development tasks within the project. Ethics by Design consequently enables developers to engage with ethical considerations in a proactive way during development, instead of the external (and often reactive) approach offered by traditional ethical assessment

This chapter provides an ethical values and norms for AI applications, a roadmap for development of ethical AI systems, and the concrete tasks required to develop ethical AI system. It demonstrates how to fuse philosophical values with real-world programming task

YAPAY ZEKÂ TASARIM ETİĞİ

Brandt DAINOW*

Çev. Özlem Derin Sağlam

Giriş

YZ Tasarım Etiği, YZ geliştiricilerini YZ sistemlerini ortaya çıkarmadan önce onların etik sorunlarını düşünmeye zorlamaya yönelik bir yaklaşımdır. Bir YZ inşa etmek ve onun ürettiği etik sorunlarla baş etmeye çalışmak yerine amaç, sistemi asla bu sorunları ortaya çıkarmayacak hale getirmektir. Bu YZ geliştiricilerini tasarım süreci boyunca potansiyel etik sorunları düşünmeye zorlayarak, prosedürlerde ve diğer ölçütlerde ısrarcı olarak yapılabilir, böylelikle geliştirme sürecinin ve sonuçta ortaya çıkan YZ'nın herhangi bir etik sorunu olmadığında emin olunabilir.

YZ Tasarım Etiği YZ geliştiricileri için hem bir kısıtlama hem de bir destek oluşturmaktadır. Belli fonksiyonları ve etik olmadığı bilinen geliştirme modlarını kısıtlamaya çalışmaktadır. Aynı zamanda geliştiricilerin bitmiş üründeki etik sorunları belirlemeleri ve önlemelerinde onlara yardımcı olabilecek yönergeler ve araçlar üretmektedir.

Bu çalışma ilk olarak YZ Tasarım Etiği kapsamında ele alınan yaklaşımları ortaya koyacak, ardından bu yaklaşımları ayrıntılandıracaktır.

* Dr. Öğr. Üyesi, Maynooth Üniversitesi, Felsefe ve Bilgisayar Bilimleri Bölümleri

YZ Tasarım Etiğinin Arkaplanı

Üst-Düzey Uzman Grubu (ÜDUG) [High-Level Expert Group –HLEG]

YZ Tasarım Etiği Avrupa Birliği tarafından geliştirilmiştir. Avrupa Birliği'nin on yıllık çalışması sonucunda ortaya çıkan bu yaklaşım kendini gösteren anahtar teknolojiler karşısında benimsenmelidir. Kritik gelişmeler üst üste iki projenin oluşmasına yön vermiştir: Yapay Zekâ Üst-Düzey Uzman Grubu'nu (YZ ÜDUG) takiben SIENNA projesi.

YZ ÜDUG akademi, işletme ve sivil toplum alanlarını içeren farklı arka planlardan elli iki uzmanı kapsamaktadır. Amaçları YZ ile ilişkili meselelere, geliştirme politikalarına katkı sağlama ve YZ'nın gelecekte yaratacağı çatışmalar karşısında öneriler ortaya koyma noktasında, Avrupa Komisyonu'na tavsiyelerde bulunma amacını taşımaktadır. YZ ÜDUG tarafından yapılan en etkili iki yayın; *Güvenilir YZ için Etik Yönergeler [Ethics Guidelines for Trustworthy AI]* (Yapay Zekâ Üst-Düzey Uzman Grubu, 2019a) YZ sistemlerini etik olarak geliştirme ve uygulamanın hatlarını belirlerken, *Güvenilir YZ için Politika ve Yatırım Önerileri [Policy and Investment Recommendations for Trustworthy AI]* (Yapay Zekâ Üst-Düzey Uzman Grubu, 2019b) YZ ilişkili politikalar-oluşturmak, düzenlemeler yapmak ve yatırımlar yapmaya uygun bir rehberlik sunan 33 öneriyi ortaya koymaktadır.

SIENNA

YZ ÜDUG'un çalışmaları, Güvenilir YZ için Etik Yönergeler'de listelenen yedi anahtar gereksinimi önce doğrulama sonra da faaliyete geçirmeye odaklanan SIENNA projesiyle devam etmektedir. Bazı küçük değişikliklerin ardından, SIENNA gelişmiş YZ Tasarım Etiği bildirisini yayınlamıştır.[1]

---

[1] Şeffaflık ilkesi gereğince: bu metnin yazarı, Profesör Philip Brey ile YZ Tasarım Etiği'nin iki baş yazarından birisidir.

Teorik ve Pratik Gerekçe

Pek çok YZ projesi etik sorunları yalnızca uygulama sonrasında deneyimlemektedir (Nasim ve diğerleri, 2022). YZ Tasarım Etiği en başta etik sorunları önlemek için tasarlanmamakta, bunun yerine hasar oluştuktan sonra onları düzeltmeye çalışmaktadır. YZ Tasarım Etiği, YZ endüstrisinde mevcut bulunan etik yeti yoksunluğunu karşılamayı amaçlamaktadır. Bu, mühendislerin sistemi geliştirirken yerine getirmesi gereken belirli somut görevlerle başarıya erişmektedir.

YZ endüstrisi halen emekleme evresinde olduğundan, YZ sistemlerinin kritik etik sınırlar içinde eylemesi gerektiğini anlamak için zaten YZ'yla ilgili etik sorunlara dair yeterince şey gördük (Coeckelberg, 2020). Buna rağmen, bu durum tesadüfi değildir, ancak somut eylemler gerektirmektedir. Tasarım Değerleri'nin temel yaklaşımı genellikle belli biçimde tanımlanmış görevleri yerine getiren mühendis ihtiyacını karşılamakta etkin olmayı, onların felsefi düşünceleri üstlenmeleri ve uygulamalarını istemeye yeğlemektedir. Herhangi bir mühendis grubunun kaçınılmaz biçimde etik olarak işleyen bir YZ tasarlaması garanti edilememektedir. Mühendisler, kendilerini etik olarak sorunlu YZ'ları ortaya çıkarmaktan sorumlu kılan pek çok kültürel faktörden etkilenmektedir. Hangi faktörlerin YZ mühendislerinin etik olmayan YZ'lar geliştirmesine neden olduğunu belirlediğimiz zaman, bu sebeplerin uzun-vadeli süreçlerini konumlandırmak gerekecektir çünkü onlar YZ mühendislerinin kültürünü teşkil etmektedir. Bu kültürel faktörlerin en önemlileri çeşitlilik eksikliği, etnik merkezcilik, yetersiz etik eğitimi, (sıklıkla YZ teknokrasisiyle birleşen) teknolojik determinizm ve piyasa baskısıdır.

Çeşitlilik eksikliğinin nedeni YZ geliştiricilerinin homojen arka planlardan gelme eğiliminden kaynaklanmaktadır. Bu, yeterince temsil edilmeyen grupların bakış açılarını hesaba katmayan önyargılı YZ sistemlerine yön vermektedir

(Buolamwini&Gebru, 2018; West ve diğerleri, 2019). Etnik merkezciliğin ortaya çıkma nedeni YZ mühendislerinin YZ sistemlerini tasarlarken sıklıkla kendi kültürel değer ve normlarını ön plana koymasındandır, bu durum teknolojinin kapsamını daraltmakta ya da zararlı stereotiplerin sürdürülmesine neden olmaktadır (Hagendorff, 2020). Bu, çoğu kez yabancı kültürlere karşı gösterilen katıksız cehaletin sonucudur, ancak bu durum çeşitliliğe yeterince açık olduğumuzda zaten bir sorun olmayacaktır. Geliştiricilerin daha çeşitli olduğu bir topluluk daha engin bir kültürel yapılanmayı kapsayacaktır. Diğer yandan, bu her iki mesele de üniversitede alınan uygun bir etik eğitimi ile sorun olmaktan çıkacaktır (Hoffmann&Cross, 2021). Bu durum YZ mühendislerinin öngörülü olma kabiliyetini engellemekte, geliştirdikleri sistemlerin ortaya çıkaracağı etik kaygılar ne olursa olsun tavırlarını kısıtlamaktadır (Bostrom&Yudkowsky, 2014; West ve diğerleri, 2019). YZ'yla ilgili etik sorunlara neden olabilecek olan bir diğer temel kültürel etki teknolojik determinizm ideolojisidir. Teknolojik determinizm teknolojinin, makinenin işlevselliğiyle toplumsal ve kültürel değişimleri önceden belirleyebileceği ve toplumu şekillendirebileceğine dair bir inançtır. Bu, teknolojik fonksiyonların insanların nasıl yaşadığı, çalıştığı ve etkileşim kurduğuna dair sabit bir etki fikrine dayanmaktadır. Sonuç olarak bu yeni teknolojisinin karmaşık toplumsal sorunlara en iyi çözümü sunacağı inancını doğurmaktadır (Dafoe, 2015; Winner, 2010). Bu durum YZ mühendislerini potansiyel etik sorunları ve herhangi bir kasıt taşımayan sonuçları görmezden gelmeye ittiği zaman, YZ teknokrasisine dayanan inançla birleşerek kesinlikle tehlikeli bir hale gelebilir. Bu ideoloji toplumun insanlar yerine YZ sistemleri tarafından yönetilmesi gerektiğini savunmaktadır (Morozov, 2013; Tegmark, 2017). Sonuç olarak, YZ endüstrisinin rekabetçi doğası mühendisleri etik düşünceler yerine karı ön planda tutmak ve hızlı geliştirmeler yapmak noktasında cesaretlendirebilir (Bostrom&Yudkowsky, 2014; West ve diğerleri, 2019).

Bu nedenlerle YZ mühendislerini söz konusu kültürel yetersizlikleri gideren uygun araçlar üretmeden YZ sistemlerinin etik değerlerini iyileştirmeye yöneltmek başarılı bir sonuç doğurmayacaktır. Bu sorunları belirlemeleri bile yıllarını alacaktır. Örneğin, bilgisayar bilimi departmanlarının büyük çoğunluğunun etik eğitimi müfredatlarına eklemeleri bile önümüzdeki bir iki yılı bulabilir ya da bulacaktır. Üstelik bu durum artık pek çoğu eğitim hayatını tamamlamış olan YZ mühendislerini etkilemeyecektir. YZ etiğine dair farkındalık ve kontrolü geliştirmek için, varolan geliştirme ortamlarında, özellikle de mesleki olanda etkin kılma yöntemini bulmamız gerekir. İnsanları karakterlerini değiştirmeye zorlayamasak da, çalışma ortamlarını değiştirerek davranışlarını değiştirebiliriz. Burada önerilen çözüm, herhangi bir sistem geliştirme metodolojisine eklenebilecek bazı görev dizileri oluşturmaktır. YZ mühendisleri yazılım geliştirme metodolojilerine ve güvenlik ya da güvenilirlik gibi belli kaygı dizilerine karşılık gelen metodoloji yönelimlerine aşinadır. Burada bahsi geçen YZ Tasarım Etiği yaklaşımı, etik kaygıları tam da farkına zaten varmış oldukları aynı kaygı dizilerine muamele etme noktasında ele almaktadır. Bunu yaparken, YZ mühendislerinin etik meseleleri kendi sistem geliştirme rutinlerinde etkin kılmaları beklenmektedir.

YZ Tasarım Etiğini Yapılandırmak

YZ Tasarım Etiği dört-adımlı bir süreci izlemektedir. İlk olarak, basit ilkeler olarak ifade edilen (örneğin, "YZ sistemleri adil kararlar vermelidir"), boyumuzu aşan YZ değerleri (örneğin, adalet) ile işe başlarız. İkinci olarak, bu ilkeler daha spesifik normlarda şekillendirilmektedir (örneğin, "yeni veri kaynakları denetlenmeli, gerekli noktalarda, kullanılmadan önce sapmaları ortadan kaldırmak için değiştirilmelidir"). Üçüncü olarak, bu normlar YZ sistemlerinin tasarımsal gereklilikleri, kapsayıcı özellikler, geliştirme ve işletim yapıları olarak örneklenebilmektedir (örneğin, "yeni verileri içe aktarma süreçleri veri yanlılığını azaltmaya yönelik yasal prosedürler ve belgeler içermelidir). Son olarak bunlar tasarım süreci boyunca uygulanması gereken belli eylemler dâhilinde işlenmektedir (örneğin, "her bir yeni veri kaynağında kullanılmış olan veri yanlılığı adımları denetime uygun olarak insan tarafından-okunabilir bir formatta belgelenmelidir"). Bu eylemler öylesine yapılandırılmıştır ki herhangi bir formel tasarım metodolojisine katılabilir.

Bu eylemler, geliştiricileri planlama yapmaya ve etik olmayan sistemleri ortadan kaldıracak adımlar atmaya zorlamakla kalmaz, aynı zamanda da üzerine düşünmeleri gereken ve onları ortadan kaldırmak için atacakları somut adımları ortaya koyacakları etik sorunların neler olacağını betimleyen araçlar üretmelidirler.

Önerilen değerler YZ'yı yönetmesi gereken ahlaki değerler üzerine gelişen küresel bir konsensusu yansıtmak için kasıtlı olarak seçilmektedir. Son yıllarda, IEEE, Avrupa Komisyonu'nun YZ-ÜDAG'I, OECD ve UNESCO gibi sayısız uluslararası organizasyonlar ve ulusal yönetimler bu etik değerleri kullanan YZ etiği yönergelerini ortaya koymaktadır. Bu çeşitlendirilmiş yönergeler değer ve ilkeler üzerine dikkate değer bir yakınsama sergilemektedir. YZ sistemlerinin kullanılması ve geliştirilmesinde en azından altı değerin her şeyden önce gelmesi gerektiğine dair güçlü bir uzlaşma bulunmaktadır: özgürlük (ya da otonomi), mahremiyet, tarafsızlık (ya da adalet), şeffaflık (ya da doğruluk), mesuliyet (ya da sorumluluk) ve (bireylerin, toplumun, çevrenin) iyi-durumdalığı.

Bu değerlerin pek çoğu uluslararası ve ulusal yasalar dâhilinde konumlandırılan ve kültürler arası zarardan kaçınma ve iyiliği teşvik etmeye dair temel fikirleri yansıtan temel insan haklarıyla uyumludur. Dahası, hakikat ve adalet gibi, bu değerler dünyadaki bütün dinlerde görülebilir (Smith, 2010). Bu nedenle YZ Tasarım Etiği üzerine tartıştığımız değerlerin temeli genel olarak tüm kültürler ve milletler için kabul edilebilirdir.

Değerler, İlkeler ve Normlar

Bu değerler takip eden ilkeler dâhilinde ayrıştırılabilir, o zaman bunların her biri bir norm dizisinde şekillendirilebilir.

İnsan Unsuru:

İnsan unsuru ilkeleri şunlardır:

1. YZ sistemleri insan otonomisi, haysiyetini ya da özgürlüğünü kısıtlamamalıdır.
2. YZ sistemleri bireylerin, yapay zekânın gereksiz müdahaleleri olmaksızın karar alma ve eylemleri yürütme kabiliyetini sürdürdüklerini temin etmek adına tasarlanmalı ve uygulanmalıdır.

Bu ilkeler ancak o zaman takip eden normlarda şekillenmektedir:

1. YZ sistemleri nihai kullanıcıların ya da etki altında kalan diğer bireylerin kendi yaşamları hakkındaki temel kararları almada otonomi kullanma becerilerini ihlal etmediği gibi, onların temel özgürlüklerini de kısıtlamamalıdır.
2. YZ uygulamaları insan gözetimi ve telafi yolları olmaksızın başlıca kişisel meseleler (örneğin özel ya da profesyonel yaşantı, sağlık, din, iyi-durumdalık ya da bireysel haklara doğrudan biçimde etki etme) üzerine bağımsız biçimde karar almamalıdır.
3. YZ sistemleri herhangi bir insana boyun eğdirmemeli, zorlamamalı, aldatmamalı, manipüle etmemeli, nesnelleştirmemeli veya insanlıktan çıkarmamalıdır.
4. YZ sistemlerine olan bağımlılığın kasıtlı biçimde cesaretlendirilmesi engellenmelidir. YZ sistemleri bu amaçlara uygun biçimde sömürüye açık olan yapılanmaları engelleyen bir tavırda tasarlanmalıdır.

5. YZ uygulamaları olası noktalarda sistem operatörlerini kabul eden, nihai kullanıcıların üzerinde kontrol sahibi olduğu ve sistemin temel işlemlerine müdahale edebilen biçimde yapılandırılmalıdır.
6. Nihai kullanıcılar ve YZ sistemlerinin etkilediği diğer bireylerin ihtiyaçları, YZ'nın altta yatan mantığına uygun anlaşılır bilgilerle olduğu kadar onların etkileri ve beklenen sonuçlarıyla da karşılanmalıdır.

Veri yönetimi:

Veri yönetiminin ilkeleri:

1. Veri kullanımı insanlar tarafından kontrol edilmelidir.
2. Bölgesel yasalar ve gelenekler tarafından belirlenen mahremiyet ve verilerin korunması hakkına saygı gösterilmelidir.
3. Veri kaynakları ve onların YZ sistemleriyle manipüle edilmesi sağlam veri yönetim politikaları ve uygulamalarına tabi kılınmalıdır.

Bu üç ilke takip eden normlarda şekillenmektedir:

1. YZ sistemleri, kişisel verilerin yasal, doğru ve adil işlenmesine bağlı kalmalıdır. İlgili veri düzenlemelerine ve uluslararası standartlara uygun olmalıdır. İlgili veri düzenlemelerine ve uluslararası standartlara uygunluk gözetilmelidir.
2. Hem tasarımsal hem de varsayımsal olarak verilerin küçültülmesi hem de veri koruma ilkeleri YZ veri yönetim modellerine dâhil edilmelidir.
3. Elverişli teknik ve organizasyonel ölçütler verilere tabi olanların hak ve özgürlüklerini korumakla yükümlüdür.

4. Sağlam güvenlik ölçütleri veri ihlalleri ve sızıntılarını engellemeye uğraşmalıdır.
5. Veri toplama, saklama ve kullanma insanlar tarafından denetlenebilir bir tutumla yürütülmelidir.
6. İnsanlar – ilk öğrenme dizilerinin seçiminden, sistem içinde öğrenilen verilerin üretilmesine, notlandırma ve standartlaştırma gibi insani veri "ayarlarına" ve işlemin uygulanması sırasında gerekli olan veriye varana kadar veri kullanımının herhangi bir noktasında sapma olmadığından emin olmalıdır.

Tarafsızlık ve adalet:

Burada üzerinde durulması gereken nokta, ifade edilenlerin Veri Yönetimi ilk evre normlarıyla önemli ölçüde örtüştüğüdür. Bunun nedeni taraflı ve kusurlu veri kümelerinin YZ'nın haksız olarak gösterildiği temel bir faktördür (Nasim ve diğerleri, 2022). Başka bir deyişle, zayıf bir veri yönetimi haksız YZ sistemlerine kaynaklık edebilir.

Adalet ve tarafsızlık ilkeleri şunlardır:

1. YZ sistemleri hakkı korumayı gözetecek biçimde işleyen bir yapıya uygun olarak tasarlanmalıdır.
2. YZ sistemleri bütün kullanıcılara eşit olanak ve haklar sunmalıdır.
3. YZ sistemleri herhangi bir kişi ya da gruba haksız bir kazanç ya da kayıp sağlayacak biçimde tasarlanmamalı ya da kullanılmamalıdır.

Tarafsızlık ve adalet ilkeleri izleyen normalarda şekillendirilmektedir:

1. Aksi kanıtlanana kadar bütün verilerde sapma olduğu varsayılmalıdır.
2. Yeni veri kaynakları denetlenmeli ve gerekli durumlarda, kullanılmadan önce sapmayı ortadan

kaldırmak adına değiştirilmelidir.

3. Devamlı öğrenmeyi sağlayan operasyonel dağıtım süresince toplanan verinin herhangi bir sapmaya neden olmadığından emin olmak için düzenli olarak denetim yapılmalıdır.
4. YZ sistemleri veri girdileri modelleme ve algoritma tasarımında sapmayı engellemek için tasarlanmalıdır. Algoritmik sapmalar belli iyileştirme tekniklerine izin vermektedir.
5. YZ tasarımı insanlar hakkındaki verilerin hedef kitleyi doğru biçimde temsil ettiği, onların çeşitliliğini anladığı ya da başarılı bir şekilde yansız kaldığını temin eden adımlar içermelidir.
6. Uygulanabilir hale geldiklerinde, YZ sistemleri farklı kabiliyetlere sahip çeşitli nihai kullanıcıya uyum sağlayacak biçimde tasarlanmış olmalıdır.
7. YZ sistemleri fonksiyonel sapmaları eşdeğer bir işlevsellikle ortadan kaldırmaya ve farklı yeteneklere, inançlara, tercih ve ilgi alanlarına sahip olan nihai kullanıcıların yararlarını gözetmeye çabalamalıdır.
8. YZ sistemleri alakalı gruplar üzerinde potansiyel olumsuz sosyal etkileri azaltmaya yönelmelidir. YZ sistemi kendisiyle alakalı olan grupların çıkarlarını olumsuz etkilemediğinden emin olmalıdır.

İyi-durumdalık:

İyi-durumdalık bireyler, toplum ve çevre için geçerlidir. İyi-durumdalık ilkeleri:

1. YZ sistemleri bireyin, toplumun ya da çevrenin iyi-durumdalığı üzerinde herhangi bir olumsuz etki yaratmamayı temin eden bir tavırda tasarlanmalı ve uygulanmalıdır.

2. YZ sistemleri eğer mümkün ve uygulanabilirse, bireysel, sosyal ve çevresel iyi-durumdalığın olumlu biçimde gelişmesini teşvik eden bir tavırda tasarlanmalı ve uygulanmalıdır.

İyi-durumdalık ilkeleri izleyen normlar dâhilinde şekillendirilmektedir:

1. YZ sistemleri, tüm paydaşların ihtiyaçlarını ve çıkarlarını göz önünde bulundurmalı ve refahlarının haksız veya gereksiz yere tehlikeye atılmamasını sağlamalıdır.
2. YZ gelişimi, hem sistemin kendisini hem de ilgili tedarik zincirini kapsayan çevresel sürdürülebilirlik ilkelerine bağlı kalmalıdır. Yerleşik YZ sistemleri için bu durum, kullanılan malzemeler ve devre dışı bırakma prosedürlere ilişkin düşünceleri içermektedir.
3. Medya, iletişim, siyaset, toplumsal çözümlemeler, çevrimiçi topluluklar ve sosyal hizmetlerde potansiyel uygulamaları olan YZ sistemleri, iletişim kalitesine, sosyal etkileşime, bilgi doğruluğuna, siyasi süreçlere ve sosyal ilişkilere zarar vermemelidir.
4. YZ ve robotik sistemler iş yeri güvenliğinden taviz vermemelidir.

Şeffaflık:

Şeffaflık ilkeleri şunlardır:

1. Paydaşlar[1], mümkün olduğu ölçüde, YZ algoritmalarının amaçlarını, girdilerini ve işleyişlerini anlamalarını sağlamak için yeterli bilgiye erişebilmelidir.

[1] Yani: mal sahipleri, operatörler, kullanıcılar ve YZ sistemlerinden etkilenen diğerleri.

2. Paydaşlar, sistemin işlevselliğinin anlaşılmasını sağlamak için YZ sistemiyle ilgili yeterli bilgiye erişebilmelidir.
3. Kullanıcılar sistemin sınırlılıklarının bilincinde olmalı, onun güvenilirliği, tasarlanma amacı ve kapasitesini doğru biçimde anlamalıdır.

Şeffaflık açıklanabilirlik için elzemdir. Açıklanabilirlik insanlar için kararlar veren ve öneriler sunan, başkalarına zarar verebilecek, bireysel hakları etkileyebilecek eylemler uygulayan ya da özünde bireysel ya da kolektif çıkarları etkileyen sistemler için hayati önem taşımaktadır.

Şeffaflık ilkeleri izleyen normlarda şekillendirilmektedir:

1. Nihai kullanıcılar bir YZ sistemiyle, özellikle de insan etkileşimini simüle eden, chatbot gibi sistemler ya da insani duygularla benzeşim kuran sistemlerle etkileşim halinde olduklarının farkında olmalıdır. Böyle bir farkındalığı sağlama sorumluluğu YZ sistemi sahipleri ve operatörleriyle konumlanan kitle düzeyine uygun bir düzeyde varolmaktadır.
2. YZ sisteminin amacı, kabiliyetleri, sınırları, fayda ve tehlikeleri kadar, verdiği kararlar da nihai-kullanıcılar ve diğer paydaşlarla şeffaf biçimde paylaşılmalıdır.
3. Nihai-kullanıcılar sistemi uygun biçimde kullanmak için anlaşılır yönergelere erişebilmelidir. Böyle mevcut ve erişilebilir bir bilgiyi temin etme sorumluluğu sistem sahipleri ve operatörleriyle konumlandırılmaktadır.
4. YZ sistemlerini geliştirirken, geliştiriciler ilk tasarımdan dağıtım sonrası değerlendirme ve denetime kadar YZ sisteminin tüm yaşam döngüsü boyunca izlenebilirliğini sağlayan önlemler uygulamalıdır

5. YZ sistemlerini geliştirirken, geliştiriciler insanlara yapay zekânın kullanımına dair bir yarışa girişmek için olanak sağlayan uyumlu, başarılı mekanizmalar ve diğer bileşenleri temin etmelidir.
6. YZ sistem tasarımı, uygun olan yerde belli kararların ardında yatan (olanak halinde) rasyoneliteyi içeren, kullanıcılar için açıklanabilir olacak sistem kararlarının nasıl alındığına dair ayrıntıları ortaya koymalıdır.
7. Tasarım ve geliştirme süreçleri ile ilgili akla gelebilecek tüm etik kaygıları tanımlamalı ve ele almalıdır.
8. Geliştirme etkinliği etik gerekliliklerin yerine getirilmesinin izlenmesini sağlamak için etik açıdan ilgili tüm kararların kayıtlarını tutmalıdır
9. YZ sistemleri, insanlar tarafından uygun bir denetim mekanizmasına olanak sağlayacak şekilde tasarlanmalıdır.

Mesuliyet ve gözetim:

Mesuliyet ve gözetim ilkeleri şunlardır:

1. YZ sistemlerinin tasarımı ve işleyişi insanlar tarafından kontrol edilebilir, anlaşılır ve denetlenebilir olmalıdır.
2. YZ uygulamalarının geliştirilmesi ve işleyişinde yer alan kişiler, sistemin işlevselliğinden de sorumludur.
3. YZ uygulamalarının geliştirilmesi ve işleyişinde yer alan kişiler kullanımdan doğan sonuçlar için sorumlu tutulmaktadır, harici durumlar mantıklı olması beklenemeyecek bir tavırda kasıtlı ve bilerek kötüye kullanılmasıdır.

Mesuliyet ve gözetim ilkeleri izleyen normlar dâhilinde şekillendirilmektedir:

1. Sistemin etik ve sosyal açıdan istenmeyen etkilerinin (örneğin ayrımcılığa neden olan sonuçlar, şeffaflık eksikliği) nasıl tespit edileceği, durdurulacağı ve tekrar oluşmasının nasıl önleneceği belgelenmelidir.
2. YZ sistemleri karar döngüleri ve uygulamalar üzerinde insan kontrolü ve gözetimine olanak verecek şekilde tasarlanmalıdır, ikna olunabilecek bir argüman olarak böylesine bir gözetimin uygunsuz olduğunun gösterilmesi istisna yaratmaktadır. Böyle durumlarda, insanların sistemin kararlarını nasıl kavrayabileceği ve bunları geçersiz kılmak için hangi mekanizmaların mevcut olacağı konusunda bir açıklamaya ihtiyaç vardır.
3. YZ sistemleri için yapılan tasarımlar, hem geliştirme sırasında hem de devreye alındıktan sonra, önerilen YZ sistemiyle ilişkili etik risklerin bir değerlendirmesini içermelidir.
4. Risk değerlendirme prosedürleri ve dağıtım-sonrası mekanizmalar belgelenmelidir.
5. Uygulanabilir hale geldiğinde, geliştiriciler nihai-kullanıcıların, verilere tabi olanların ve diğer üçüncü şahısların şikâyetlerini, etik kaygılarını ya da olumsuz olayları nasıl bildireceğini ve bu raporların nasıl değerlendirilip yönlendirileceğini düşünmelidir.
6. Bütün YZ sistemleri bağımsız üçüncü insan şahıslar tarafından denetlenebilir olmalıdır. Bu yalnızca sistemin kendi kararlarını denetlemekle sınırlı değildir, aynı zamanda geliştirme sürecinde kullanılan prosedürleri ve araçları da içermesi gerekecektir.

7. İlgili durumlarda, sistem YZ sisteminin dâhili süreçlerinin insanlarca ulaşılabilir olan kayıtlarını meydana getirmelidir.

YZ Tasarım Etiğinde, bu altı değer YZ sistemleri için tasarımsal gerekliliklere dönüşmektedir. İzleyen satırlarda, bu gerekliliklerin yoğunlaştırılmış uyarlamalarını sunuyoruz:

Uygulama

YZ Tasarım Etiği'nin normları, YZ'nın kendilerine uygunluğunu temin eden belli görev ve gerekliliklerle kanıtlanabilir. Gereklilikler (formu okumak gibi) belli prosedürleri, (şikâyeti kaydetmek gibi) dokümantasyon işlerini ya da (şikayetleri yönlendirmek için sorumlu bir kişi tayin etmek gibi) organizasyonel yapıları kapsarken, görevler genellikle (herhangi birinin YZ'nın kararına dair şikayette bulunabilmesi için form yaratmak gibi) belli adımları üstlenmek zorundadır.

Gerekenler, sistemin geliştirilme aşamasına göre değişiklik gösterecektir. Somut bir "tasarım" yaklaşımı geliştirilmesi dâhilinde, tam da bu nedenle geliştirme sürecindeki belli aşamalarda YZ Tasarım etiği gereklilikler için bir harita sunacaktır. AGILE, V-Model, Waterfall ve daha niceleri gibi günümüzde kullanımda olan çeşitli jenerik modelleri ortaya çıktığından beri, YZ Tasarım Etiği geliştirme takımımın kullandığı biçimsel model ne olursa olsun onlar için bir harita sunabilecek kapsamlı soyut bir model kullanmaktadır.

Şekil 1: YZ Tasarım Etiği'nde kullanılan sistemin geliştirilmesinde kullanılan Jenerik Modeli

YZ Tasarım Etiği yazılım geliştirme jenerik modeli izleyen altı aşamayı kapsamaktadır:

1. ***Hedeflerin belirlenmesi*** sistemin ne için olduğunu ve kabiliyetlerinin ne olacağını belirlemektir. Bu her zaman herhangi bir geliştirme modeli altında uygulanan ilk adımdır.

2. ***Gerekliliklerin belirlenmesi*** sistemi inşa etmek için gereken teknik ve teknik-olmayan geliştirme gerekliliklerini geliştirmektir. Bu, tasarım planında ortaya çıkan, ilk risk değerlendirmesi ve maliyet-fayda analiziyle birlikte, gerekli kaynakların belirlenmesini içermektedir. Bu genellikle ikinci adım olsa da, AGILE gibi bazı modellerde, geliştirme döngüsü sırasında yeni faktörler ortaya çıktıkça tekrarlanabilir.

3. ***Üst-düzey tasarım*** üst-düzey bir yapının geliştirilmesini içerir.

4. ***Veri derleme ve hazırlama*** verinin derlenmesini, doğrulanmasını, temizlenmesini ve entegrasyonunu kapsamaktadır. Bu erken geliştirme döngüsünde ortaya çıkan belli bir yalıtılmış aşama olsa da, geliştirme süreci boyunca devam eder, hatta dağıtım sürecinden sonra da süreklilik gösteren bir süreç olabilir.

5. ***Ayrıntılı Tasarım ve geliştirme*** tam anlamıyla işleyen bir sistem kurduktan sonra iş yükünün çoğunluğunun nerede toplandığına işaret eden kısa bir açıklamadır.

6. ***Test etme ve değerlendirme*** sıklıkla geliştirmenin son adımı olarak düşünülmektedir, ancak çoğunlukla daha ileri geliştirme aşamalarına, hatta hedef ve gerekliliklerin revizyonuna kaynaklık eder.

Alan küçük teknik bir kılavuzu dolduracak genişlikteki (40,000 kelime ya da daha fazlası) YZ Tasarım Etiği'nin geliştirme döngüsünün her bir aşamasında gerekli olan bütün adımların ayrıntılı bir listesini alıkoymaktadır. Bunun yerine, neyin gerekli olduğuna dair yönergeler ve bu yönergeleri karşılayan belirli görevlerin örneklerini sunmaktayız.

Hedeflerin Belirlenmesi

1. Tasarım projesinin hedeflerinin yukarıdaki normları karşılayıp karşılamayacağı değerlendirilmelidir. Profesyonel YZ etik uzmanlığı alanı gelişmektedir, eğer mümkün olursa, bu uzmanlardan biri tasarım takımı üyeleriyle işbirliği yaparak hedefleri etik olarak değerlendirebilir.

2. Dış paydaşları kapsamaktadır. Paydaşlar sistem kullanımından doğacak daha geniş etik durumlardan haberdar olabilirler. Bu özellikle karşıt kültürel önyargılar için önem arz etmektedir. Paydaşlara hangi etik sorunların söz konusu olduğuna inandıkları ve bu sorunların nasıl ele alınması gerektiği konusunda danışılabilir. Paydaşlar çeşitliliğe (cinsiyet, yaş, etnik köken vb.) uygun biçimde hareket etmelidir ve sistem tarafından – doğrudan ya da dolaylı olarak etkilenecek olan ana paydaş grupları da kapsanmalıdır. YZ sisteminin ne olduğuna ve ne yapacağına dair farklı algıları olan teknikle-ilgilenmeyen ve geliştiricilerin derinleme algısından daha farklı bir duyumsama yeteneğine sahip olan insanların olması da özellikle önemlidir. Bunun nedeni nihai kullanıcı ve geliştiricinin teknoloji anlayışı arasındaki uyuşmazlığın sorunların ortak nedeni olması durumunun yerleşik olmasıdır. (Eshraghi & Harwood, 2013; Hutchby, 2001).

Hedeflerin Belirlenmesi aşaması süresince örnek YZ Tasarım Etiği görevleri şunları kapsayabilir:

1. (Anlaşmazlık ya da denetim durumunda) tasarım amacı olarak insan-tarafından okunabilir formatta sistemin verdiği kararları kayıt altına alma kapasitesine sahip olunmalıdır.
2. YZ Tasarım Etiği ile uyumluluk formel bir hedef olarak alınmalıdır.
3. Bütün paydaşlar usule uygun olarak belirlenmelidir. Sistemin dışlamalarından etkilenenlerin kimler olduğu düşünülmelidir. Bu tanım belgelenmelidir.
4. Başlangıçta etik etki değerlendirmesine girişilmelidir. Kötü niyetli kişilerin sistemi suç işlemek veya başka tür zararlara neden olmak için nasıl kullanabileceği dikkate alınmalıdır. Yapay zekâ sisteminin çalışma biçiminin daha sonra etik açıdan sorunlu olan etkilere neden olabileceği noktaları dikkate almak özellikle önemlidir. Bu genellikle, arzu edilen işleyişin onu kasıtlı olarak etik dışı bir şekilde kullanmak isteyenler tarafından nasıl idame ettirilebileceği üzerinde kafa yorma hedefi taşıyan bir deneyimlemeyi gerektirir. Etik etki değerlendirmesinin geliştirilmesi ilgili paydaşlarla uyumlu içerikler taşımalıdır.
5. Gerekli durumlarda, etik etki değerlendirmesinde tanımlanan riskleri azaltmak için sistem hedefleri değiştirilmelidir.

Olası etik ihlaller ciddiyet derecelerine göre ayrılmaktadır. Bazı ihlaller pek olası değilken bazıları oldukça ciddidir. Eğer durum böyleyse, sistemin hedefleri kesin biçimde terk edilmemelidir, ancak etik olmayan sonuçları ortadan kaldırmak için somut adımlar atılmalıdır. Diğer yandan, bazı hedefler kasıtlı olarak insanları kandırmaya ya da ahlaki kararlar üzerindeki insan kontrolünü ortadan kaldırma gibi ciddi etik kaygılar doğurabilir.

Sistemin amacı temel olarak etik değer ve gerekliliklerle uyuşmuyorsa ya da kaçınılmaz biçimde zarar vermek için kullanılacağı öngörülürse, varsayılan YZ etik olmayan bir YZ olacağından projeye devam edilmemelidir. Sırf yapılabiliyor diye her şey yapılmamalıdır.

Gerekliliklerin Belirlenmesi

Bu aşamada, geliştirme gereklilikleri, kaynaklar ve planlar etik gereklilikler karşısında değerlendirilmeye alınmalıdır.

Gerekliliklerin Belirlenmesi aşamasında amaç tasarım özellikleri, geliştirme altyapısı, gerekli görülen personel ve diğer kaynaklar, proje planı ve daha fazlasını kapsayan üst-düzey bir geliştirme planı üretmektir.

Organizasyonlar tipik olarak bütün projeler için kullanılan geliştirme araçlarının standartlaşmış dizilerini barındırmaktadır. Yönetim yapıları ve prosedürleri, geliştirme metodolojileri gibi bu araçların kullanımına göre ayarlanmıştır. Buna rağmen, bütün araç, prosedür ya da organizasyonel yapılar Tasarım Değerleri yaklaşımına uygun değildir. Örneğin, artık yalnızca veri dizilerindeki sapmaları düzeltmek yeterli değildir. Şeffaflık, mesuliyet ve gözetim bu sapmanın sınırlarının oluşturulmasını ve nasıl oluşturulduğunun kanıtlanmasına dayanan dokümanları gerektirmektedir. Geliştiricilerin, sorunlar sonradan su yüzüne çıkarsa diye sapmanın sınırlandığı yönteme dair doğrulamaya başvurması mümkündür. Sonuç olarak, YZ Tasarım Etiği dâhili süreçlerin, pek çok geleneksel geliştirme çevresinde önceleri bir sorun olarak görülen yapılarından çok daha ileri bir düzeyde belgelenmesini gerektirmektedir.

Bu nedenle, mevcut geliştirme yöntemlerinin, araçlarının ve organizasyon yapılarının bazı değişikliklere ihtiyaç duyması kaçınılmazdır. Bu gereksinime yönelik yaygın bir itiraz, geliştirme süresini ve maliyetlerini artıracağı yönündedir. Bu doğrudur. Herhangi bir teknolojik üründe güvenlik özelliklerini yapılandırmak maliyetleri arttırmaktadır. YZ için gereklilikleri arttırmakla (etik olma ihtiyacı eklemekle), kaçınılmaz olarak geliştirme yükünü arttırmamıza neden olmaktadır. Buna rağmen, bu türden gerekliliklere YZ projelerinin oluşumunda giderek daha fazla başvurulmaktadır. Sonuç olarak, ilgili etik gereklilikleri karşılamaya yönelik araçlar hızla geliştirilmektedir. Bu konudaki en popüler girişim, pek çok araç sunan XAI (eXplainable AI – açıklanabilir YZ) teşebbüsüdür (Gunning, 2017).[1] Buna rağmen, bazı mevcut organizasyonlardaki bazı YZ girişimlerinin, organizasyonun yaratmak istediği YZ'ya özgü bazı gereklilikleri karşılamak adına yapılandıracağı ek araçlar gerektirmesi kaçınılmazdır. Bu nedenle YZ Tasarım etiği kapsamında yapılandırma yapmanın etik unsurlar barındırmayan YZ sistemi inşa etmekten çok daha uygun fiyatlı olacağını anlamak önemlidir.

YZ geliştirme organizasyonlarında yer alan kıdemli liderlerin herhangi bir YZ Tasarım Etiği girişiminin "etik denetim" gerektirdiğini anlaması kritiktir – bunlar geliştirme süreci boyunca sistemin etik gerekliliklerine bağlı olan izleme ve sürdürme mekanizmalarıdır. Etik denetimin doğru bir tavırla yürütülmesi geliştirme organizasyonlarının büyüklüklerine ve üretilmiş olan sistemin doğasına bağlıdır. Organizasyonlar etik denetimden sorumlu olan bireyleri belirlemediği, onların işletebileceği temiz mekanizmalar kurmadıkları ve onların kararlarında etkin olacak otoriteyi oluşturmadığı sürece başarıya erilemeyecektir. Küçük organizasyonlarsa, etik denetim kıdemli geliştiriciye yarızamanlı bir görev verebilir. Büyük organizasyonlarda, etik denetim organizasyonun başından sonuna kadar dikey olarak yayılan, yönetim kurulu temsilcilerinden geliştirme takımlarında yerleşik bulunan etik ihlal memurlarına varan özel bir departman tarafın-

[1] Bkz. https://github.com/topics/xai

dan üstlenilebilir. Her bir düzenleme etik meseleleri denetleyecek, onları değerlendirecek, değişkenleri saptayacak, kararları kontrol edecek ve sonuçları gözetecek uygun mekanizmalara ihtiyaç duyacaktır. Bu nihai-kullanıcıların endişelerini bildirecekleri, bunları değerlendirecek ve onlarla iletişim kuracak mekanizmaları gerektirebilir. 'Etik denetim modeli' terimi organizasyonun bu hedeflere erişmesini sağlayan yapı ve süreçlere gönderme yapmaktadır.

Her etik gereklilik amaca uygun değildir. Teknik yetersizliğin etik gerekliliklerle buluştuğu aşama söz konusu belli bir etik gereklilik ve sistemin işlevselliğine bağlı olarak projeyi daha ileri gitmekten alıkoyabilir. Örneğin, bireysel kredileri onaylayan bir sistem her bir kararını insan-tarafından okunabilir bir formatta açıklamalıdır çünkü kararları bireyleri tek tek etkileyecektir. Karşıt biçimde, randevuları planlayan bir sistem bireylerin yaşamında yalnızca sınırlı bir etkiye sahip olacaktır, bu nedenle şeffaflık ihtiyacı daha azdır. Amaca uygun bir etik gerekliliği karşılamanın teknik olarak zor olduğuna inanıldığı durumlarda, gerekliliğin önemi, uyulup uyulmayacağının belirlenmesinde bir faktör olacaktır.

Gerekliliklerin Belirlenmesi aşaması boyunca örnek bir YZ Tasarım Etiği görevlendirmesi şunları kapsayabilir:

1. Zorunlu beceriler, raporlama hatları, izleme süreçleri ve uyumu sağlamaya yönelik süreçler dâhil olmak üzere bir etik yönetim ekibi tasarlanmalıdır.
2. Etik gözlem için personel, zaman ve kaynaklar dâhil olmak üzere proje planında kaynakların temin edilmesi gerekmektedir. Bu sürenin bir kısmının geliştiricileri kodlama görevlerinden uzaklaştıracağının farkında olunmalı ve programları buna göre ayarlanmalıdır.
3. Etik gözlemin "ayrıntı derecesi" belirlenmektedir. Her kodlama ekibine, ekibin YZ Tasarım Etiği gerekliliklerine uymasını sağlamaktan sorumlu bir üye vermekle,

ayda bir kez tüm geliştirme departmanını ziyaret edecek harici bir danışman atamak arasında önemli bir fark vardır.

4. Etik uyumluluk gözlem deneyimi yaşamamış geliştiriciler, iş yüklerini artırdığı ve geliştirmeyi yavaşlattığı için muhtemelen buna direnecektir. Üst yönetim kapsamında kimin uyumluluğun yürütülmesinden sorumlu olacağını ve nasıl görev alacağı belirlenmelidir. Mali kontrolü sağlayanlardan da benzer bir direniş beklenebilir, çünkü Yapay Zekâ Tasarım Etiği maliyetleri arttırmaktadır. Bu tür çatışmaların nasıl çözüleceği önceden belirlenmelidir.

Üst-düzey Tasarım

Üst-düzey tasarımda, sistemin mimarı ve yazılım ürünü bellidir.

Üst-düzey Tasarım aşamasında örnek YZ Tasarım Etiği görevlendirmesi şunları kapsayabilir:

1. Yapılanmanın veri denetimi gerekliliklerini desteklediğinden emin olunmalıdır. Örneğin, sistem için veri toplamanın adil, doğru ve tarafsız olmasını garanti eden formel süreçlerin olduğundan emin olunmalıdır.
2. Sisteme taşınmadan önce veri kaynaklarının ilk değerlendirmesi planlanmalıdır.
3. İlk veri seçiminin yeterli olduğuna nasıl karar verildiğini kaydetmek ve açıklamak için bir mekanizma tasarlanmalıdır.
4. Herhangi bir veriyi içe aktardıktan sonra yanlılığı (veya hataları) kontrol etmek ve düzeltmek için formel süreçler tasarlanmalıdır.
5. Amaca uygun olduğu durumlarda, sistemin erişilebilirlik standartlarını karşıladığından emin olunmalıdır.

6. Sistemin mümkün olan en çevre dostu şekilde nasıl kurulacağını gösteren belgeleri hazırlanmalıdır.
7. Geliştirme süreci için etik bir denetim modeli tasarlanmalıdır. Bunun ana görevi geliştirme süreci boyunca insan gözetimi ve kontrolüne olanak vermelidir. Bu, geliştirme mimarisine entegre edilmiş etik uyumluluk sistemi, destekleyici bir dizi organizasyonel yapı ve prosedür gerektirecektir. Etik uyumluluk mimarisinin, Model Kartları (Mitchell ve diğerleri, 2019) veya Veri Kümeleri için Veri Sayfaları (Gebru ve diğerleri, 2020) gibi geliştirici seviyesinde araçlar içermesi gerekecektir. Ek olarak, geliştirici düzeyindeki etik ihlal memurlar gibi denetimi uygulayacak olan organizasyonel yapıları ve kıdemli yönetici tarafından yapılan formel bir raporlama ve değerlendirme gibi bu mekanizmaların gerçekten kullanıldığını garantileyen işletim süreçlerini bir araya getirmek esastır. Denetim modeli izleyen sorgulamaları konumlandırmak zorundadır: Denetim nasıl uygulanacak? Etik gerekliliklerin karşılanmasını denetleyebilecek ve sağlayabilecek bir otoritenin projedeki konumlandırması nedir? Etik yöneticiler hangi kontrolleri sağlayacaklar? Nasıl seçilecekler?
8. Etik denetim yetkilisi ile geliştiriciler veya müşteriler arasında bir çatışma çıkması durumunda kullanılacak prosedürler tasarlanmalıdır.
9. Sistem devreye girdiğinde insan gözetimi ve dışsal denetim için mekanizmalar tasarlanmalıdır. Bu, yalnızca içerdeki etkinliği raporlayacak ve sistemin amacına dair hiçbir rol üstlenmeyecek olan ek bir işlevselliği gerektirebilmektedir.
10. YZ sistemlerinin etik uygunluk açısından harici olarak denetlenebilmesini talep etme yönünde artan bir eğilim bulunmaktadır. Şu an belli başlı herhangi bir projede

kullanılmasa da, denetim gereklilikleri sistem ömrü boyunca ortaya çıkabilmektedir. Sistemin böyle bir denetime izin verme tutumuyla tasarlandığının garanti edilmesi gerekmektedir. Eğer bundan emin olunamazsa mevcut etik denetim prosedürleri ya da etik YZ kontrol kodlarına bakılmalıdır.

11. YZ sistemi devreye girdikten sonra insanla karıştırılmayacağından emin olunmalıdır. Pek çok insanın YZ'yı anlamadığı ve safça başka bir kişiyle etkileşim kurduklarını varsaydıkları göz önünde bulundurulmalıdır. Örneğin, çok fazla yaftalansalar bile, chatbotlar, 'chatbot' teriminin ne anlama geldiğini bilmeyen kişilerin bunu bir insanla karıştırmasına neden olabilir. (Candello ve diğerleri, 2017; Castelo ve diğerleri, 2019)

Veri Derleme ve Hazırlama

Veri doğrulanmış, temizlenmiş, biçimlendirilmiş ve entegre edilmiş olmalıdır. YZ Tasarım Etiği'ni bu sürece entegre edebilmek için daha önceki geliştirme biçimlerinden alınacak ek adımlara gereksinim duyulabilir. Tarafsızlık ve adalet veri niteliğinden ciddi bir biçimde etkilenmektedir. (Hernández & Stolfo, 1998; Wei & Zhou, 2022).

Bazı kişisel veriler özel ırksal ya da etnik kökenler, politik fikirler, dini ya da felsefi inançlar, genetik veriler, biyometrik veriler ve kişinin cinsel yaşamına dair verilere dair sapmalara özellikle duyarlıdır. Böyle bir verinin adil ve haklı bir biçimde temin edilmesi özellikle önemlidir.

Verinin İşlenmesi aşamasında örnek bir YZ Tasarım Etiği görevlendirmesi şunları kapsamaktadır:

1. Aksi kanıtlanana kadar tüm verilerin önyargılı olduğu varsayılmalıdır. Sisteme aktarılan hiçbir verinin

tarafsız olduğu varsayılmamalı – test edilmeli, test belgelenmeli ve veriler temizlenmelidir.

2. İşlenilen data analiz edilmeli, iyi temsil edildiği ve doğru olduğundan emin olunmalıdır.

3. Veri hazırlama aşamasında ortaya çıkan potansiyel zararlı sapmalar değerlendirilmelidir (örneğin, veri kümesinin temizlenmesi, belirli azınlık veya yeterince temsil edilmeyen gruplarla ilgili verileri yanlışlıkla kaldırabilir ve veri kümesinin tamamında sapma yaratabilir). Bu tür riskleri azaltmak için adımlar atılmalıdır.

4. Projenin veri koruma gereklilikleriyle nasıl uyum sağladığını ayrıntılandıran bir veri koruma dokümanı hazırlanmalıdır. Bu, etik gereksinimlere, veri koruma memurlarına, veri düzenleyicilere ve etik denetimlere uygunluğu temin etmekle ilgili gereksinimleri karşılamaktadır.

5. Verilerin işlenmesiyle ilgili etik tehditlerin analizi yapılmalı ve bir risk azaltma planı oluşturulmalıdır.

6. Kişisel verilerin nasıl kullanıldığının, paylaşıldığının ve saklandığının başkalarına açıklanabilir olduğundan emin olunmalıdır.

7. Sistemin denenmesi ve işlemesi için derlenen ve seçilen amaca uygun verinin kullanılma prosedürleri listelenmelidir. Belli veri kümelerinin neden kullanıldığı, sapma olmaması için nasıl test edildiği, neden bu testlerin kullanıldığı ve bulunan sapmaların iyileştirilmesi için neler yapıldığına dair gerekçeleri içermelidir.

8. Verilerin kökeni ve kullanımı, insanların onun orijinini anlamasına ve farklı veri bileşenleri arasında ilişkiler kurmasına olanak verecek şekilde belgelenmelidir.

9. Verilerin işlenmesi için yalnızca uygun görülen personelin erişimiyle sınırlamak da dâhil olmak üzere uygun gözetim mekanizmaları, veri erişimi ve değişikliği için kayıt mekanizmaları olduğundan emin olunmalıdır.
10. Tüm verilerin niteliği ve bütünlüğünü koruyan süreçler olduğundan emin olunmalıdır. Verilerin öğrenme süreçleri tarafından manipüle edilmesi yeni sapmalara neden olabilmektedir (Cawley & Talbot, 2010), bu nedenle geliştirme süreci boyunca verilerin sapmalar için periyodik olarak kontrol edilmesi gerekmektedir.

Ayrıntılı Tasarım ve Geliştirme

Bu aşamada, varolan odak, sistemin etik gerekliliklerini geliştirmek ve etik geliştirme yapılandırmasını konumlandırmak üzerine temellenmektedir. YZ Tasarım etiği geliştirme aşaması boyunca etik etmenlerin ele alınmasını vurgulamaktadır.

YZ Tasarım Etiği'ni Geliştirme aşamasında sunmak izleyen bileşenleri içeren etik geliştirme yapılandırması tasarlamayı gerektirmektedir:

1. Personelin etik meselelere özen göstermesini destekleyen, hatta onları buna zorlayan protokol ve prosedürler. Örneğin, veri kümelerini içe aktarırken sapmaları arayıp bulan formel bir süreç.
2. Uygun bir otoriteyle personelin kontrolünü sağlayan resmi etik yapılarda olduğu gibi, YZ Tasarım etiğiyle ilişkili olan devamlı etkinlikleri destekleyen organizasyonel yapılanmalar.
3. XAI (*AYZ*)[2] maiyetinde bulunanlar gibi, etik gerekliliklerin desteklenmesi ve teslimine olanak veren araç ve teknikler.

---

[2] https://github.com/topics/explainable-ai

4. Organizasyonel kültür yukarıdakilere olanak veren uygun bir duruş takınmalıdır (Felipe ve diğerleri, 2017). Kültürel bileşenler gereksinim duyulan değişimleri destekleyen, gereken araç ve teknikleri seçmek için geliştiricileri ve mümkünse ilham veren ve gerektiği yerde zorlayan geliştirme yönetim tutumlarını cesaretlendiren biçimde sunulmalıdır.

Değişimler, YZ Tasarım Etiği'yle uyumlu geliştirme araç ve süreçlerini varetmek zorundadır. Etiği bu aşamaya sorunsuz bir şekilde entegre etmek, süreçte yer alan bütün geliştiriciler ve yöneticilerin belli, amaca uygun, etik yönergelerle etkili bir iletişim kurmasını zorunlu kılmaktadır. Bu aşamadaki birincil kaygılar şeffaflık, mahremiyet ve mesuliyet ile ilgilidir.

YZ Tasarım Etiği esasen tam uyumlu olmak için gerekli olan doküman miktarını arttırmaktadır. Sitemin geliştirilmesi esnasında en önemli YZ Tasarım Etiği etmenleri etik uyumluluğun izlenebilirliğini temin edenlerdir. Bu, kararların doğrulanması gerektiği durumlarda gereklidir, çünkü formel süreçler geliştiricileri bu durumları düşünmeye ve bunlar için formel yanıtlar geliştirmek için çalışmaya zorlamaktadır. Ek olarak, uyumluluğu sağlamanın en iyi yolu, formel belgeleri zorunlu hale getirmektir. Bu, geliştiricileri eylemlerini belgeleyebilmeleri için gerekli etik uyumluluk görevlerini üstlenmeye zorlamaktadır. Bu, onları etik konular üzerine layıkıyla düşünmeye zorlar. Ek olarak, bu tür belgeler etik uyumluluk denetimini kolaylaştırır.

Sonuç olarak açıklanabilirlik, muhtemelen iş akışında muazzam bir değişimi ve geliştirici kültürünü gerektirmektedir. Sistemin veriyi manipüle etmesi ya da veriye dayanan kararlar vermesi neredeyse kaçınılmaz hale geldiğinden beri, verilerin işlenmesini olabildiğince dikkatli bir biçimde inceleyerek açığa çıkaran tasarım gereklilikleri tasarımın içinde yapılandırılmalıdır. YZ karar verme süreçlerinin araştırılmasını reddetmek elverişli değildir. YZ kararlarının denetlenmesine ve anlaşmazlıklara direnç göstermek, veri işlemlerinin neden insanlar tarafından denetlenemediği veya anlaşılamadığını açıklamak için formel gerekçe taleplerine yol açabilir. Fikri mülkiyete dair endişeleri ortaya koymak yeterli olmamaktadır. *Black box (kara kutu)* ve "test track" test sistemleri, sistem kodunun gizliliğini ihlal etmeye veya diğer fikri mülkiyet haklarını riske atmaya gerek kalmadan dâhili veri operasyonlarını harici olarak değerlendirmek için kullanılabilir (Aggarwal ve diğerleri, 2019).

Geliştirici kültüründe açıklanabilirliğe karşı gösterilen herhangi bir direniş önceden var olan araçlar ve yöntemler kullanılarak da azaltılabilir. Örneğin, *XAI (eXplainable Artificial Intelligence) [Açıklanabilir Yapay Zekâ]* dikkate değer bir yaklaşımdır. Bir diğer değerli kaynak Tasarım Şeffaflığı'dır (Rossi & Lenzini, 2020). Bu yaklaşımlar YZ sistemlerini açıklanabilirliğini destekleyen çerçeveler, araçlar ve stratejiler sunmaktadır.

Şeffaflığı daha fazla desteklemek için, programlanmış dokümantasyon da kullanılabilir. Örneğin *Model Cards for Model Reporting (Model Raporlama için Model Kartları)* (Mitchell ve diğerleri, 2019) sistemde kullanılan modeller hakkında temel bilgileri programlı olarak belgelemek için yapılandırılmış bir yol sağlamaktadır. Bu basit belgeler, modelin işleme verileri, sınırlamaları, sapmaları ve olası içerikler hakkında ayrıntılar sunan bir referans görevi görmektedir.

Ayrıntılı Tasarım aşaması süresince örnek bir YZ Tasarım Etiği görevlendirmesi şunları kapsayabilir:

1. Sistemin temeli olarak hizmet eden modellerin inşasında yer alan teknikler ve süreçler belgelenmelidir.
2. Devreye girme-sonrasında performansı iyileştirmek için tasarlanan yapılar da dâhil olmak üzere, sistemi eğitmek için kullanılan metodolojiler belgelenmelidir.

3. Etik sorunlarla ilgilenmenin önemli olduğu bir geliştirici kültürü oluşturulmalıdır. Etik meselelerle uğraşmanın bir rahatsızlık olarak algılandığı veya "daha önemli" işler tamamlandıktan sonra ele alınması gereken bir şey olarak görüldüğü bir kültürün gelişmesine izin verilmemelidir.
4. YZ sistemi tarafından alınan kararları kaydedebilen denetim kontrollerinin oluşturulduğundan emin olunmalıdır.
5. Veri kümelerinin kaynağı ve kullanılan modellerin doğası gibi önemli etik değerlendirme bilgilerine erişmek için geliştirme yapılandırması dâhilinde araçlar ve mekanizmalar oluşturulmalıdır. Personelin bunları kullanması için eğitildiğinden ve teşvik edildiğinden emin olunmalıdır.
6. Projenin etik dokümanları iyileştirilmeli ve tamamlanmalıdır. Bu, muhtemelen tekrarlanan bir süreci doğacaktır. Sistemin etik gerekliliklere nasıl uygun hale getirildiği ile ilgili alınan kararlar mümkün olduğunca kaydedilmelidir. YZ performansıyla ilgili denetimler ve anlaşmazlıklar, bu tür kararların anlaşılmasını gerektirebilir.
7. Sistem içinde izlenebilirliği sağlamak için kullanılan çeşitli teknikler belgelenmelidir. Gerektiğinde verileri ayıklamayı ve izlemeyi kolaylaştırmak adına meta verilerin nasıl kodlandığı da içerikte yer almalıdır.
8. Kodun, yazılım programında (kodlama dili ve geliştirme metodolojisine uygun olarak) ve uygun yardımcı belgelerde aktif olarak açıklandığından ve belgelendiğinden emin olunmalıdır. Dokümantasyonun diğer programcılar için anlaşılır ve onlar tarafından erişilebilir olması sağlanmalıdır.

9. Gerektiğinde, sürüm kontrolü ve buna benzer sistemler, YZ Tasarım Etiği belgelerini ve süreçlerini barındıracak şekilde güncellenmeli veya değiştirilmelidir.

Test Etme ve Değerlendirme

Test etme ve Değerlendirme aşamasında, esas olan sistemin etik gerekliliklerle olan uyumluluğunu değerlendirmek için her şeyi kapsayan etik bir inceleme yapmaktır. Amaç, sistemin etik kaygıları ne ölçüde ele aldığını belirlemektir. Etik bir değerlendirmenin, bir güvenlik değerlendirmesinde olabileceği şekilde ayrı bir test aşaması olarak ele alınıp alınmaması durumu açık değildir.

Kara kutu tarafsızlık testi gibi, etik değerlendirmelere yüksek oranda uyumluluk gösteren bası test girişimleri bulunmaktadır (Aggarwal ve diğerleri, 2019), ancak muhtemelen bazı etik görüşlerin hacklenerek saptırılmadıklarından emin olmak adına veri kaynaklarının güvenliğini test eden başka tür testlerin göz önünde bulundurulması gerekecektir. Buna rağmen, belli bir YZ sistemine ve onun etik gerekliliklerine özgü benzersiz bir testin geliştirilmesi için biraz yaratıcı çalışma yapılması gerektiği neredeyse kesindir. Sonuç olarak, formel bir etik test süreci tasarlanması gerekecektir.

YZ sisteminin etik değerlendirmesine uygun bir test geliştirmenin başlangıç noktası kapsamlı bir test sistemi tasarlamak için kaynak olarak kullanılabilecek biçimde, tasarımın etik gerekliliklerini raporlamaya dayanmaktadır. Bu, Gerekliliklerin Belirlenmesi ve Üst-Düzey Tasarım aşamaları süresinde geliştirilmiş olmalı, ardından Ayrıntılı Tasarım ve Geliştirme aşaması boyunca tekrarlanarak iyileştirilmelidir.

Test metodolojilerini seçmek bu noktada belirleyicidir. Böyle seçimler raporlanabilir, denetlenebilir ve savunulabilir olmalıdır. Örneğin, makine öğrenmesi alanında popüler olan geçerli test girişimlerinden birisi metamorfik test etmedir (Xi eve diğerleri, 2011). Bu yöntem sistemin etik gerekliliklerini de kapsayarak test etmek için de ayarlanabilir. Karşıt biçimde, birim testi gibi teknikler etik değerlendirmeleri test etmek için kayda değer modifikasyonlar gerektirmektedir ve tüm etik gereklilikleri etkili bir şekilde test etmeleri pek olası değildir (Zhu ve diğerleri, 1997).

Etik testler yapıldıktan sonra, etik gerekliliklerden sapmalar, oluşan diğer herhangi bir yazılım hatası ya da fonksiyonel bir sorundan daha önemsiz görülmemelidir.

Etik testin sonucu izleyen durumlardan birisine tekabül edecektir:

- **Tatmin edici etik bakım**: Sistem belirlenen etik sorunlara yeterli bir yaklaşım sergiliyorsa, sistem etik anlamda başarılı olarak değerlendirilebilir.
- **Daha fazla geliştirme gerekli**: Bazı durumlarda, etik değerlendirme, sistemin etik gereklilikleri karşılamada yetersiz kaldığı alanlarını ortaya çıkarabilir. Bu nedenle, bu etik başarısızlıkları onarmak için ek geliştirmeler gerekli olacaktır.
- **Rehberlik ve kısıtlamalar**: Değerlendirme, sistemin etik gerekliliklerini ancak kullanıcılara özel bir yönerge sunmakla, kısıtlamaları devreye sokmakla ya da nasıl kullanılabileceğini göstermekle giderebileceğini ortaya koyabilir. Bu yönergeler ve kısıtlamalar, etik olmayan YZ faaliyetlerini önleyen ve sistem kullanımını belirlenmiş etik sınırlar içinde konumlandıran protokoller ve sınırlamalar oluşturur.

Etik Test aşaması süresince örnek bir YZ Tasarım Etiği görevlendirmesi şunları kapsayabilir:

1. Nihai-kullanıcılara danışılmalıdır. Nihai-kullanıcılar genellikle BT sistemlerini geliştiricilerden farklı algılamakta veya bunları kullanmak için beklenmedik yeni

yollar yaratmaktadırlar (Hutchby, 2001). Örneğin, nihai-kullanıcıların YZ sistemlerinin kabiliyetlerini gözlerinde büyütmeler kalıcı bir sorundur (Laato ve diğerleri, 2022). Nihai-kullanıcıların uygun şekilde anlayabileceği bir sistem oluşturmak için değişiklikler gerekli olabilmektedir. Böyle değişiklikler muhtemelen yalnızca nihai-kullanıcı raporlamasını ötesine uzanmakta ve sistemin işleyişinde arayüz değişikliğini gerektirebilmektedir, hatta tasarım esnasında YZ tarafından kullanılan bazı kriterlerin ağırlıklandırılmasında da farklılığa gidilebilmektedir (Kocielnik ve diğerleri, 2019).

2. Denetlenebilirlik değerlendirilmelidir. YZ sistemlerinin denetlenebilir olması gerektiğine ve bunların geliştirilme biçimlerine sık sık atıfta bulunduk. Bu, sırasıyla tarafsızlık, adalet ve iyi-durumdalık değerlerini desteklemek için gerekli olan şeffaflık, mesuliyet ve gözetim değerlerini yerine getirmek için gereklidir. Burada denetimlerin simüle edilmesi önerilmektedir. Bunun projenin dışında olan birisi tarafından yapılması idealdir (Raji ve diğerleri, 2020). YZ sisteminin kimi etik yönlerini denetlemek için bazı formel mekanizmalar söz konusudur. Örneğin, Google geliştirme süreci boyunca YZ Tasarım Etiği gerekliliklerinin yerine getirildiğini denetleyen SMATR [*Scoping, Mapping, Artifact Collection, Testing and Reflection* (*Kapsam Belirleme, Haritalama, Eser Toplama, Test Etme ve Yansıma*)] adını verdikleri organizasyonel bir tasarı geliştirmişlerdir, "hepsi kendi gerekliliklerini içeren bir dizi dokümantasyona sahiptir ve sistem abalizinin farklı düzeylerinden sorumludur" (Raji ve diğerleri, 37).

3. Sistemin etik durumunu değerlendirmek ve doğrulamak için uygulanan senaryolar veya kullanım durumla-

rı belgelenmelidir. Bu olguların tasarımı ve seçimini geçerli ve kapsamlı olarak savunmaya hazır olunmalıdır.

4. Test Etme ve Doğrulama aşamasında kullanılan veri kümeleri belgelenmelidir. Bu, sistemin etik uyumluluğunun kapsamlı bir değerlendirmesini ve doğrulamasını göstermelidir.
5. Alternatif kararlar da dâhil olmak üzere, istem tarafından alınan sonuçların ve kararların etik durumu belgelenmelidir, bunlar farklı senaryolar dâhilinde veya belirli kullanıcı alt grupları için ortaya çıkabilecek yapıları kapsamalıdır.

Sonuç

YZ Tasarım Etiğinin hedefi konseptin ortaya çıktığı ilk andan devreye girmeden önceki son teste kadar sistemin etik gerekliliklerini göz önünde bulundurarak yeni YZ sistemlerindeki etik sorunların en aza indirgendiğinden emin olmaktır. Önermede de görülmektedir ki burada varolan sistematik problemler YZ geliştirme topluluğunda daha sıklıkla öngörülebilir olan daha pek çok etik zorluğa yön vermektedir. Daha sonra ortaya çıkan önerme bu sistematik problemlerin basit ve hızlıca çözülemeyeceğidir. YZ Tasarım Etiği'nin bulunduğu üçüncü önerme ortaya çıktıkları ilk noktada sorunları önlemek için geliştirilen süreçlerin uyumlu hale getirilmesiyle pek çok etik sorunu ortadan kaldırmanın mümkün olduğudur. Sonuç olarak YZ Tasarım Etiği etik faktörleri, geliştirme süreçlerine ve geliştirici kültürüne mevcut duruma uygun olacak şekilde yerleştirmeye çalışmaktadır. Bunu, herhangi bir geliştirme metodolojisine dâhil edilebilecek formel unsurları zorunlu kılarak yapmaktadır.

YZ Tasarım Etiği'nde yerleşik olan etik değerler kendilerini bütün kültürler için evrensel olarak kabul edilebilir kılma amacıyla seçilmiştir. İnsanların tamamen olmasa da, büyük oranda katılabileceği değerleri temsil ettikleri düşünülmektedir. Bu değerlerden çıkarılan normların anlaşılması kolay ve tartışmaya açık kapalı olması istenmektedir. YZ Tasarım Etiği ya da ona çok benzer başka bir şeyin, bütün YZ sistemlerinin geliştirilmesinde standart bir mekanizma haline gelmesi umulmaktadır.

Kaynakça

Aggarwal, A., Lohia, Nagar, Dey, K., & Saha, D. (2019). Black box fairness testing of machine learning model *Proceedings of the 2019 27th ACM Joint Meeting on European Software Engineering Conference and Symposium on the Foundations of Software Engineering - ESEC/FSE 2019*, 625–635. https://doi.org/10.1145/3338906.3338937

Bostrom, N., & Yudkowsky, E. (2014). The ethics of artificial intelligence. In W. Ramsey & K. Frankish (Ed), *Cambridge Handbook of Artificial Intelligence* (316). Chapman and Hall/CRC.

Buolamwini, J., & Gebru, T. (2018). Gender shades: Intersectional accuracy disparities in commercial gender classification. *Conference on Fairness, Accountability and Transparency*, 77–91.

Candello, H., Pinhanez, C., & Figueiredo, F. (2017). Typefaces and the Perception of Humanness in Natural Language Chatbot *Proceedings of the 2017 CHI Conference on Human Factors in Computing Systems*, 3476–3487. https://doi.org/10.1145/3025453.3025919

Castelo, N., Schmitt, B., & Sarvary, M. (2019). Robot Or Human? How Bodies and Minds Shape Consumer Reactions to Human-Like Robot *NA - Advances in Consumer Research*, *47*, 259–264.

Cawley, G. C., & Talbot, N. L. (2010). On over-fitting in model selection and subsequent selection bias in performance evaluation. *The Journal of Machine Learning Research*, *11*, 2079–2107.

Coeckelbergh, M. (2020). *AI ethic* MIT Pres

Dafoe, A. (2015). On Technological Determinism: A Typology, Scope Conditions, and a Mechanism. *Science, Technology, & Human Values, 40* (6), 1047–1076. https://doi.org/10.1177/0162243915579283

Doran, D., Schulz, & Besold, T. R. (2017). What does explainable AI really mean? A new conceptualization of perspective *ArXiv Preprint ArXiv:1710.00794.*

Eshraghi, A., & Harwood, (2013). Rethinking Affordances: Three Stories about the (Non-)Adoption of Digital Technologie In W. Prinz, C. Satchell, M. Koch, & J. Schlicter (Ed), *Proceedings of the 6th International Conference on Communities and Technologie* ACM and the European Society for Socially Embedded Technologies (EUSSET).

Felipe, C. M., Roldán, J. L., & Leal-Rodríguez, A. L. (2017). Impact of organizational culture values on organizational agility. *Sustainability, 9* (12), 2354.

Gebru, T., Morgenstern, J., Vecchione, B., Vaughan, J. W., Wallach, H., Daumé III, H., & Crawford, K. (2020). Datasheets for Dataset *ArXiv:1803.09010 [Cs].* http://arxiv.org/abs/1803.09010

Gunning, D. (2017). Explainable artificial intelligence (xai). *Defense Advanced Research Projects Agency (DARPA), 2* (2).

Hagendorff, T. (2020). The Ethics of AI Ethics: An Evaluation of Guideline *Minds and Machines, 30* (1), 99–120. https://doi.org/10.1007/s11023-020-09517-8

Hernández, M. A., & Stolfo, J. (1998). Real-world data is dirty: Data cleansing and the merge/purge problem. *Data Mining and Knowledge Discovery, 2* (1), 9–37.

High-Level Expert Group on Artificial Intelligence. (2019a). *Ethics Guidelines For Trustworthy AI.* European Commission.

High-Level Expert Group on Artificial Intelligence. (2019b). *Policy and Investment Recommendations for Trustworthy AI.* European Commission.

Hoffmann, A. L., & Cross, K. A. (2021). *Teaching data ethics: Foundations and possibilities from engineering and computer science ethics education.* University of Washington Research Works Archive.

Hutchby, I. (2001). Technologies, Texts and Affordance *Sociology, 35* (2), 441–456. https://doi.org/10.1177/S0038038501000219

Kocielnik, R., Amershi, & Bennett, N. (2019). Will you accept an imperfect ai? Exploring designs for adjusting end-user expectations of ai system *Proceedings of the 2019 CHI Conference on Human Factors in Computing Systems*, 1–14.

Laato, Tiainen, M., Najmul Islam, A., & Mäntymäki, M. (2022). How to explain AI systems to end users: A systematic literature review and research agenda. *Internet Research, 32* (7), 1–31.

Mitchell, M., Wu, Zaldivar, A., Barnes, Vasserman, L., Hutchinson, B., Spitzer, E., Raji, I. D., & Gebru, T. (2019). Model cards for model reporting. *Proceedings of the Conference on Fairness, Accountability, and Transparency*, 220–229.

Morozov, E. (2013). *To save everything, click here: The folly of technological solutionism*. Public Affair

Nasim, F., Ali, M. R., & Kulsoom, U. (2022). Artificial Intelligence Incidents & Ethics A Narrative Review.

International Journal of Technology, Innovation and Management (IJTIM), *2* (2).

Raji, I. D., Smart, A., White, R. N., Mitchell, M., Gebru, T., Hutchinson, B., Smith-Loud, J., Theron, D., & Barnes, (2020). Closing the AI accountability gap: Defining an end-to-end framework for internal algorithmic auditing. *Proceedings of the 2020 Conference on Fairness, Accountability, and Transparency*, 33–44.

Rossi, A., & Lenzini, G. (2020). Transparency by design in data-informed research: A collection of information design pattern *Computer Law & Security Review, 37*, 105402.

Smith, H. (2010). *The World's Religions* (50th anniversary ed). HarperOne.

Tegmark, M. (2017). *Life 3.0: Being human in the age of artificial intelligence* (First edition). Alfred A. Knopf.

Wei, M., & Zhou, Z. (2022). AI ethics issues in real world: Evidence from AI incident database. *ArXiv Preprint ArXiv:2206.07635*.

West, M., Whittaker, M., & Crawford, K. (2019). Discriminating system *AI Now*.

Winner, L. (2010). *The whale and the reactor: A search for limits in an age of high technology*. University of Chicago Pres

Xie, X., Ho, J. W. K., Murphy, C., Kaiser, G., Xu, B., & Chen, T. Y. (2011). Testing and validating machine learning classifiers by metamorphic testing. *Journal of Systems and Software*, *84* (4), 544–558. https://doi.org/10.1016/j.js2010.11.920

Zhu, H., Hall, A., & May, J. H. (1997). Software unit test coverage and adequacy. *Acm Computing Surveys (Csur)*, *29* (4), 366–427.

RELATIONSHIPS BETWEEN ARTIFICIAL INTELLIGENCE AND EMOTIONS

Talat SARIKAVAK*

In recent years, artificial intelligence (AI) has been increasing its effects in our live. We see not only technology and the internet, but also AI in all areas of life. This, beyond the concept of human-computer interface, will make it necessary to have interfaces that will enable human-artificial intelligence interaction, and will make artificial intelligence a part of our social environment. Therefore, it will become increasingly important for artificial intelligence to understand and respond to our reactions, especially our emotion

Thus, the relationship between emotions and artificial intelligence has two different sides and several plane The first side of the interrelation is the 'emotional intelligence' of artificial intelligence. Emotional intelligence is the ability to comprehend, employ, and handle own emotions positively, enabling stress reduction, proficient communication, empathy towards others, conquering obstacles, and diffusing disagreement To communicate people, artificial intelligence should (or must) have this ability.

AI and emotions are interrelated on multiple plane Their importance cannot be compared with each other. First one is emotion recognition by AI. AI can detect emotions in texts by some thematic analysis now. As in some science fiction movies,

---

* Assist. Prof. Istanbul Gelisim University, Health Sciences Faculty, Child Development Department

as people increase communication by talking with artificial intelligence, the necessity to understand the emotion in speech, namely emphasis and intonation, will increase. Although more neutral and emotionless conversations are made now, as vocal commands become more common, emotion recognition will become essential. Increasing visual interaction will also require emotion recognition in gestures and mimic Emotient © is an artificial example for understanding and analyzing emotion

Second plane is "producing" and showing emotion One of very first interactable AI product is ChatGPT. It "basically" answers the questions now, but in the next steps, it can be show or say its emotions or need to guess and say or show someone's emotions in some situation For example, Replika © utilizes natural language processing and machine learning techniques to simulate human-like interaction The chatbot learns from interactions with users and adapts its responses over time to create a more personalized conversation experience. Maybe much later, some agents can even do psychotherapy or counseling sessions and it may have to express emotion

Third plane is emotions as a reinforcing tool of AI. Unpredictability is an important concept in artificial intelligence, especially in decision making. But it is not easy because of the math behind. But "natural" intelligence has more unpredictable because of human psychopathology and biologic structure. And the most important sources of it are emotion And also it is source for ethical consideration Engaging with emotionally intelligent AI gives rise to ethical considerations regarding issues such as privacy, consent, and the potential manipulation of emotion For example empathic 'coded' AI may tries to relief the 'anxious' person but the person need to confront this anxiety in the situations such as developmental crisis, etc.

Finally, engaging with emotionally intelligent AI can have various psychological implications for individual These may be positive implications like emotional connection, empathy and emotional support or negative implications such as decrease human-human interactions, loneliness and increase in cultural prejudice

YAPAY ZEKÂ VE DUYGULAR

Talat SARIKAVAK*

Yapay Zekâ ve Duygularla İlgili Temel Kavramlar

Yapay zekâ, bilim ve teknolojinin insan hayatını en çok değiştiren gelişme olma yolunda ilerlemektedir. Henüz çok başlarında ve emekleme aşamalarında olmakla birlikte, tekerleğin icadı, ateşin bulunuşu gibi çok temel uygarlık tarihi gelişmelerinden biri olacağı öngörülmektedir. Bilgisayarlar ve mikroişlemciler insana yardım ve eşlik eden "edilgen" nesneler iken, yavaş yavaş daha etkin, karar alabilen ve insanla etkileşime giren "bireylere" dönüşmektedir. Tam da bu etkileşim nedeniyle duygular ve duygusal süreçlerle ilgili hem etkilere sahiptir, hem bu süreçlerden de etkilenecektir. Bu nedenle temel olarak duygu kavramı, duygusal zekâ kavramları ile başlamak faydalı olacaktır.

Duygu ve Duygularla İlgili Temel Kavramlar

Duygu ve Bileşenleri

Duygu, belli bir durum, olay ya da kişilere karşı verdiğimiz psikolojik ve fizyolojik tepkidir. Tetikleyen içsel ya da dışsal bir uyaran olsa da, kişinin geçmiş deneyimlerine de bağlı olarak belli sinir ağlarında "hesaplanır", yanıt oluşturulur ve tutarlı biçimde hem fizyolojik hem de davranışsal olarak gösterilir (ya da bazen gösterilemez, sadece hissedilir.) (Ben-Zeev, 1987 & Kagan, 1994)

---

* Dr. Öğr. Üyesi, İstanbul Gelişim Üniversitesi, Sağlık Bilimleri Fakültesi, Çocuk Gelişimi Bölümü

Duygusal süreçlerle birçok farklı teori vardır. Tarihsel olarak ilk ortaya atılmış teorilerden biri 1866 yılında ortaya atılan **James-Lange teorisidir**. Bu teoriye göre, bir olay olur ya da durum yaşanır, vücudumuz önce belirli bir şekilde tepki verir (kalp atışının hızlanması, gözlerin dolması, vb.), daha sonra bu tepki beyin tarafından algılanır ve duygunun öznel bileşeni fark edilir.

Yaklaşık elli yıl sonra, duyguların beyin ve vücudun eşzamanlı aktivasyonundan kaynaklandığını belirten **Cannon-Bard teorisi** ortaya atılmıştır. Bu teoriye göre, bir duygu yaşadığımızda beynimiz ve vücudumuz aynı anda tepki verir. Bu, duygunun öznel deneyimi ile vücuttaki fizyolojik değişikliklerin birlikte meydana geldiği anlamına gelir. (Arnold & Plutchik, 1964 & Dror, 2014)

Bu teorilerden de yola çıkarak duygunun temel bileşenlerini şöyle özetleyebiliriz.

Bilişsel değerlendirme: Duyguyu tetikleyen durumu yorumlama şeklimizdir.

Öznel deneyim: Üzüntü, mutluluk, öfke, korku gibi duyguların bilinçli hissidir.

Fizyolojik tepki: Kalp atış hızı, terleme, yüz kızarması veya kas gerginliği gibi duyguya verilen fiziksel tepkidir.

Davranışsal tepki: Duygunun sözcükler, vücut dili, mimikler gibi dışa dönük olarak ifade edilme şeklidir.

Kültürel faktörler: Aile aracılığı ile toplumdan öğrenilen, olaylar karşısında verilebilecek tepkileri ve bunların ifade biçimlerinin tamamıdır.

Burada görüldüğü gibi duyguların fizyolojik zeminden toplumsal boyuta kadar çok katmanlı bir yapısı vardır. İnsan davranışındaki bu önemi nedeniyle de yapay zekânın kendi oluşumu ve insanla etkileşimi noktasında da büyük öneme sahiptir. Bireysel psikopatoloji ve geçmiş deneyimlere bağlı olarak da doğrusal bir nedensellik ya da matematiğinin olmaması işi daha da karmaşık hale getirmektedir. Tam da bu noktada "duygusal zekâ" kavramı öne çıkar. (Salovey & Mayer, 1990)

Duygusal Zekâ

Duygusal zekâ (*emotional intelligence*), kişinin kendisi ve karşısındakilerin duygularını algılama, anlama, düzenleme ve kullanma becerisidir. Karmaşık bir yapıda olmakla birlikte kabaca dört alt işleve ayrılabilir:

Kişisel farkındalık: Kişinin kendi duygularını, olaylar ve durumlar karşısında ne hissettiğini, bunların kendi davranışlarına ve düşüncelerine etkisini tanıma yeteneğidir. Aleksitimi kavramı tam da bununla ilişkili olup duygularını okuyamama anlamına gelir ve birçok ruhsal hastalıkla ilişkilidir.

Duygu düzenleme: Kişinin duygularını kontrol etme ve duruma uygun bir şekilde yönetme yeteneğidir. Genetik olarak aldığı mizaç özelliklerinden, içinde bulunduğu toplumun kültüründen ve özgeçmişinde etkilenir ve beslenir.

Motivasyon: Kişinin kendini belli hedef ya da hedeflere ulaşmak için duyguları kullanarak güdüleyebilme yeteneğidir.

Empati: Bu, başkalarının duygularını anlama ve paylaşma yeteneğidir.

Her bir alt bileşen ayrı ayrı büyük öneme sahiptir. Temelde evrimsel bir süreç olup, toplumsallaşma ve uyum sürecin önemli işleve sahiptir. Bugün duygusal zekânın iş hayatından ruh sağlığına kadar birçok alanda önemli olduğu hem akademik hem de iş yaşamındaki performans çalışmaları ile gösterilmiştir. (Salovey & Mayer, 1990 & Mayer vd., 2004)

Psikoterapiler de aslında tam da kişinin duygusal zekâ işlevlerinin, dolayısıyla duygusal zekâsının artırılmasını amaçlar. Kişilik özellikleri ve olumsuz deneyimleri nedeniyle yanlış neden sonuç ilişkileri ve yanlış duygular ve tepkiler oluşturan kişilerin, işlevsiz tepki ve duygularının ortadan kaldırılması ve düzeltilmesi amaçlanır.

Yapay Zekâ ve Duygular Arasındaki İlişkiler

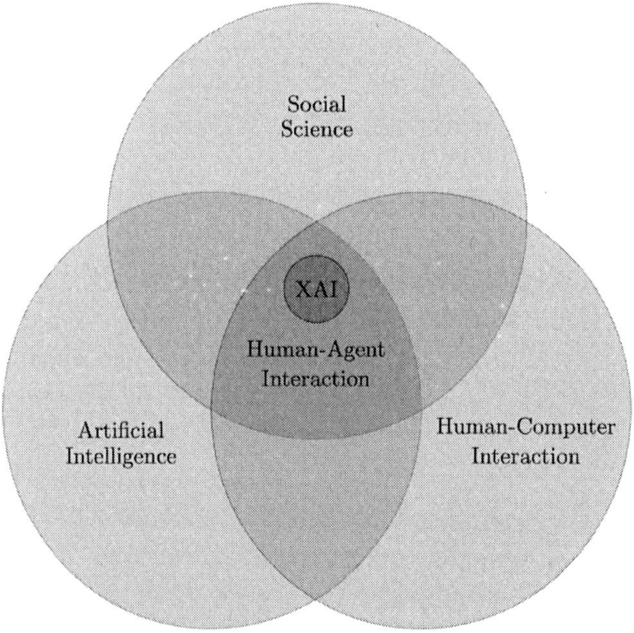

Şekil 1 – Yapay zekâ – İnsan Etkileşiminin Şematik Açıklaması (Miller, 2019)

Yapay zekâ ve duygular arasındaki ilişkiyi anlamak için, yapay zekâ ve insanın birbirlerine olan konumlarına bakmak gerekir. Her ne kadar bugüne kadar algoritmalar daha edilgen, komut uygulayan bir halde iseler, artık "öğrenebilir" ve karar alabilir ve karar alınırken destek verebilir hale geldiler. Henüz destek verdikleri kararlar duygudan arınmış ve daha çok somut gerçeklik üzerine olsa da, bilgi ve algoritma biriktikçe duygular işin içine dâhil olmaktadır. Bu süreç ise önce tanıma, sonra tanıdığını işleyebilme ve sonra yanıt/tepki oluşturma şeklinde ilerleyecektir.

1. Duygu Algılama ve Tanıma

Duygu algılama (*emotion detection*), bir bilgisayarın insan duygularını tanıma ve yorumlama yeteneğidir. Duygusal durumlarını değerlendirmek için yüz ifadeleri, beden dili ve ses tonu gibi insan sözel olmayan ipuçlarının analizi ile ilgilenen yapay zekânın bir alt alanıdır.

Yapay zekâda duygu algılamaya yönelik üç ana yaklaşım vardır:

Yüz ifadesi tanıma: Bu yaklaşım, farklı duygularla ilişkili yüz özelliklerini belirlemek ve takip etmek için bilgisayar görüşünü kullanır. Örneğin, bir gülümseme mutlulukla ilişkilendirilirken, kaşlarını çatmak üzüntüyle ilişkilendirilir. (Mayer vd., 2004 & Ekman & Friesen, 1971)

Yüz tanıma algoritmaları, duygu algılama sistemlerinde yaygın olarak kullanılmaktadır. Bu algoritmalar, mutluluk, üzüntü, öfke veya sürpriz gibi duygusal durumları belirlemek için yüz ifadelerini ve özelliklerini analiz eder. İlgili yüz özelliklerini çıkarmak ve büyük veri kümelerinden öğrenilen kalıplara dayalı olarak duyguları sınıflandırmak için genellikle erişimli sinir ağları (CNN'ler) gibi makine öğrenimi yaklaşımlarına güvenirler. (Krumhuber & Skora, 2016 & Calvo & D'Mello, 2010)

Konuşma tanıma: Konuşmanın duygusal tonunu belirlemek ve analiz etmek için doğal dil işlemeyi kullanır. Örneğin, yüksek tempolu yüksek perdeli bir ses genellikle heyecanla ilişkilendirilirken, yavaş tempolu düşük perdeli bir ses genellikle hüzünle ilişkilendirilir. Yapay zekâ sistemleri konuşmanın perde, yoğunluk ve spektral içerik gibi akustik özelliklerini analiz ederek sesle iletilen duygusal durumları anlayabilir. Tekrarlayan sinir ağları (RNN'ler) gibi derin öğrenme modelleri de dâhil olmak üzere makine öğrenimi teknikleri, konuşmadaki duygusal ipuçlarını işlemek ve sınıflandırmak için sıklıkla kullanılır. (Scherer, 2003 & Schuller vd., 2011)

Metin analizi: Duygu analizi, kullanıcıların internette paylaştığı sosyal medya gönderileri, incelemeler veya yazılı içerik gibi metin verilerinin analiz edilmesini içerir. Duygusal ipuçlarını çıkarmak ve duyguları sınıflandırmak için kelime yerleştirme ve tekrarlayan sinir ağları (RNN'ler) gibi yaklaşımlar dâhil olmak üzere doğal dil işleme (NLP) teknikleri yaygın olarak kullanılır. (Socher vd., 2013 & D'Mello & Kory, 2015)

Metin analizine yönelik iki ana yaklaşım vardır:

Kutup tabanlı (*polarity-based*): Bu yaklaşım, metni olumlu ve olumsuz kelimelerin varlığına göre olumlu, olumsuz veya nötr olarak sınıflandırır. Örneğin, "sevgi" kelimesi olumlu duygularla ilişkilendirilirken, "nefret" kelimesi olumsuz duygularla ilişkilendirilir.

Özellik (*feature*) tabanlı: Bu yaklaşım, metindeki farklı duygularla ilişkilendirilen belirli özellikleri tanımlar. Örneğin, "çok mutluyum" gibi belirli kelimelerin veya deyimlerin varlığı, olumlu duyguyu tanımlamak için kullanılabilir. (D'Mello & Kory, 2015)

Yapay zekâda duygu analizi hızla gelişen bir alandır ve son yıllarda önemli ilerlemeler kaydedilmiştir. Bununla birlikte, daha fazla eğitim verisine ihtiyaç duyulması ve gürültülü metinlerde duyguyu doğru bir şekilde tespit etmenin zorluğu gibi, ele alınması gereken bazı zorluklar var. (Pang & Lee, 2008))

Yapay zekâda duygu algılama tekil olarak, bir dizi potansiyel uygulamaya sahiptir:

Sanal asistanlar: Özellikle metin tabanlı ya da sesli yanıt sistemlerinde, kişinin iletisindeki içeriğin ötesinde duygusunun da analiz edilerek ona göre yanıtların oluşturulması, oluşan yanıtlarda kelime ve içeriğin üslubunun ayarlanması mümkün hale gelmektedir.

Müşteri hizmetleri: Müşterilerin duygusal durumunu daha iyi anlamalarına yardımcı olarak müşteri hizmetlerini iyileştirmek için kullanılabilir. Bu, temsilcilerin daha empatik ve etkili destek sağlamasına yardımcı olabilir.

Güvenlik: Duygu algılama, öfkeli veya saldırgan hisseden kişileri belirlemek için kullanılabilir ve bu da şiddeti önlemeye yardımcı olabilir.

2. Yapay Zekânın "Duygusal Zekâsı"

Yapay zekânın duygusal zekâsı kavramı, yapay zekâ sistemlerinin insan duygularını anlama ve uygun şekilde yanıt verme yeteneğini ifade eder. Bireyler tarafından ifade edilen duyguları tanıyabilen, yorumlayabilen ve bunlarla empati kurabilen algoritmalar ve modeller geliştirmeyi içerir. Bir önceki bölümde ele alınan duygu algılama ve tanılamanın üzerine, bunlarla ilgili neden sonuç ilişkileri kurabilme, arka plandaki nedenleri algılayıp bu ilişkilere uygun yanıt verebilme becerilerini içerir. (D'Mello & Greasser, 2012 & Glikson & Woolley, 2020)

Yapay zekâdaki duygusal zekâ, ilk olarak 1990'da Peter Salovey ve John Mayer tarafından önerilen ve 1990'ların ortalarında Daniel Goleman tarafından popüler hale getirilen psikolojik duygusal zekâ teorisi üzerine kuruludur. Teori, duygusal zekânın, kendinde ve başkalarında duyguları etkin bir şekilde tanıma, anlama, yönetme ve kullanma kapasitesini kapsadığını ileri sürer. Yapay zekâ bağlamında amaç, makinelerin benzer yetenekleri kazanmasıdır. (Picard, 2010)

Yapay zekâda duygusal zekâ geliştirmek için araştırmacılar, aşağıdakiler dâhil çeşitli teknikler ve yaklaşımlar kullanır:

Duyguları Anlama: Duygular algılandıktan sonra, yapay zekâ sistemlerinin anlamlarını yorumlaması ve anlaması gerekir. Bu, ifade edilen duygusal durumları doğru bir şekilde yorumlamak için bağlamsal bilgileri, kültürel faktörleri ve bireysel farklılıkları analiz edebilen gelişmiş makine öğrenimi algoritmaları gerektirir. (Scott & Cliff, 2007 & Tsiourti vd., 2019)

Empatik Yanıt: Algılama ve anlama sonrası, insan duygularına empatik yanıtlar vermeyi içerir. Bu, tanınan duygulara dayalı olarak uygun ve hassas tepkiler üretebilen algoritmalar geliştirmeyi gerektirir. Bu yanıtlar, bir ruh sağlığı sohbet robotunda rahatlık sağlamak veya bir sanal asistanda uygun müşteri hizmeti sunmak gibi amaç ve bağlama bağlı olarak değişebilir. (Glikson & Wolley, 2020 & Liu vd., 2020)

Uyarlanabilirlik ve Öğrenme: Yapay zekâdaki duygusal zekâ, uyum sağlama ve insan etkileşimlerinden öğrenme yeteneğini de içerir. Sistemler ve algoritmalar, zaman içinde tepkilerini iyileştirmek için kalıpları, tercihleri ve duygusal ifadelerdeki bireysel farklılıkları tanıyabilmesi beklenir. (Lin vd., 2019)

Yapay zekâ sistemlerinde duygusal zekâ geliştirmenin hala aktif bir araştırma alanıdır. Bu alanla ilgili devam eden tartışmalar ve kısıtlılıklar olduğunu not etmek gerekir. Bunlardan bazıları, yapay zekâ tarafından yapılan duygusal manipülasyonun etik sonuçlarının tahmin edilememesi, duygularla ilgili yapay zekâ uygulamalarında mahremiyet ve veri koruması sağlamak sayılabilir. (Müller, 2020)

3. Yapay "Drama": Bilgisayarın Duyguları İfade Etmesi

Yapay zekâ sistemlerinde duygu ifadesi, yapay zekânın yüz ifadeleri, konuşma, jestler veya metin gibi çeşitli yöntemlerle duyguları simüle etme veya iletme yeteneğindir. Duyguları etkili bir şekilde iletmek için anlamlı çıktılar üretebilen algoritmalar ve modeller tasarlamayı içerir. Temel yaklaşım ve metotlar şu şekildedir:

Yüz İfadesi Üretimi: Farklı duyguları iletmek için yüz ifadelerini simüle edebilir. Bu, tanınan duygusal durumlara dayalı gerçekçi veya stilize yüz ifadeleri üreten algoritmalar geliştirmeyi içerir. 3D modelleme ve animasyon da dâhil olmak üzere bilgisayar grafik teknikleri, genellikle duygusal ifadeleri gösterebilen sanal karakterler veya avatarlar oluşturmak için kullanılır. Bazı kamera filtrelerinde sabit mimiklerinin insan yüzlerine oturtulması, NVIDIA'nın Broadcast uygulamasındaki göz kontağı filtresi çok temel düzey yüz ifadesi üretimi şekilleridir. (Picard, 2000)

Konuşma ve Ses Duygu Sentezi: Yapay zekâ sistemleri, duygusal özelliklere sahip konuşma veya ses çıktıları üretebilir. Metinden konuşmaya (TTS) sentez algoritmaları, belirli duygusal durumları iletmek için perde, ton ve tonlama gibi sesin özelliklerini içerecek şekilde geliştirilebilir. Duygusal konuşma sentezi, sanal asistanlar, etkileşimli hikâye anlatımı veya ses tabanlı duygu tanıma sistemleri gibi uygulamalarda kullanılabilir. (Zhou, 2018)

Hareket ve Beden Dili Oluşturma: Amaçlanan duygusal durumla uyumlu insan benzeri hareketler oluşturmak için hareket yakalama teknikleri ve animasyon algoritmaları kullanır. (Xu vd., 2015)

Metin ve Dil Üretimi: AI sistemleri, duyguları ileten metin veya yazılı içerik üretebilir. Duygu analizi ve duygusal bilgi işlem gibi doğal dil işleme teknikleri, metin verilerindeki duygusal ipuçları yakalanır, duygusal olarak ifade edici yanıtlar oluşturmak için kullanılır. Bu, sohbet botlarında, konuşma aracılarında veya duyguya dayalı içerik oluşturmada yararlı olabilir. (Zhou, 2018)

Multimodal Duygu İfadesi: Yapay zekâ sistemleri, duyguların daha kapsamlı ve incelikli bir ifadesini oluşturmak için yüz ifadeleri, konuşma, jestler ve metin gibi birden çok yöntemi birleştirebilir. Yapay zekâ sistemleri, bu yöntemleri senkronize ederek ve bütünleştirerek daha zengin duygusal iletişim sağlayabilir ve kullanıcı deneyimini geliştirebilir. Daha karışık algoritma ve işlemleme gerektirdiğinden daha zor olmakla birlikte, yapay zekânın adeta bir tiyatro sanatçısı gibi algılanabilen tüm duygu ifadelerini sergilemesi anlamına gelecektir. (Zhou, 2008 & Liu vd., 2020 & D'Mello & Kory, 2015)

4. Duygusal Zeki Yapay Zekâ ile Etkileşimin Psikolojik Sonuçları

Duygusal olarak zeki yapay zekâ ile etkileşim kurmanın bireyler için çeşitli psikolojik etkileri olabilir.

Duygusal Bağ: Duygusal olarak zeki yapay zekâ ile etkileşim kurmak, bireylerin yapay zekâ sistemine duygusal bir bağ veya bağlılık duygusu geliştirmelerine yol açabilir. Bu bağ bireylerin hayatını olumlu etkileyebileceği gibi, insan insana ilişkide de gördüğümüz bağımlı ilişkilerin oluşmasına neden de olabilir. (Glikson & Woolley, 2020)

Empati ve Duygusal Destek: Duygusal olarak zeki yapay zekâ sistemleri, bireylere duygusal destek ve empati sağlama potansiyeline sahiptir. İnsanlara duygularını ifade etmeleri ve anlayışlı ve destekleyici yanıtlar almaları için yargılayıcı olmayan bir alan sunabilirler. Bu, bireylerin duygularını bir yapay zekâ sistemiyle paylaşırken rahatlık bulabilecekleri ruh sağlığı desteği gibi alanlarda özellikle ilgili olabilir. Fakat bu "yazılımsal" rahatlık, zaman zaman bireyi kısır döngüye sokabilir. Bireylerin kendi gelişimsel kriz dönemlerin yaşaması gereken kaygı ve gerginliği yaşamaması uğruna yazılımlar tarafından kaçınmalarının desteklenmesine, gerçeklerle yüzleşmemelerine ve konfor alanlarından ayrılmamalarına ve kişisel gelişimlerinin durmasına da neden olabilir. (Tsiourti vd., 2019 & Xu vd., 2015 & Schuller & Schuller, 2018)

Etik Endişeler: Duygusal zeki yapay zekâ ile etkileşimde bulunmak, mahremiyet, rıza ve duyguların olası manipülasyonu ile ilgili etik kaygıları artırır. Bireyler, yapay zekâ sistemleri tarafından üretilen duygusal tepkilerin sınırlarını ve gerçekliğini sorgulayabilir. Bu endişeleri ele almak ve duygusal zekâya sahip yapay zekânın sorumlu kullanımını sağlamak için net yönergeler ve etik çerçeveler oluşturmak çok önemlidir. (Müller, 2020 & Glikson & Wolley, 2020)

Duygusal Düzenleme: Duygusal zeki yapay zekâ sistemleri, bireylerin duygularını düzenlemelerine potansiyel olarak yardımcı olabilir. Duygusal durumları tanıyarak, bireylerin duygularını etkili bir şekilde yönetmelerine ve bunlarla baş etmelerine yardımcı olacak stratejiler ve müdahaleler sağlayabilir. Bu, gevşeme egzersizleri, farkındalık uygulamaları veya ruh sağlığını destekleyen aktiviteler önerme gibi teknikleri içerebilir. (Schuller & Schuller, 2018)

İnsan-İnsan İlişkileri Üzerindeki Etki: Kişilerarası etkileşimlerde duygusal zeki yapay zekânın varlığı, insan-insan ilişkilerini etkileyebilir. Örneğin, bireyler, potansiyel olarak insan ilişkilerinin dinamiklerini ve kalitesini değiştirebilir. Danışman gibi davranacak duygusal zeki yapay zekâ sistemlerinin kişilerarası ilişkilere iyi ve kötü etkileri muhakkak olacaktır. Hangisinin daha fazla olacağını öngörmek zor olduğundan, etik sınırların ve kuralların net koyulması faydalı olacaktır. (Wang vd., 2020)

5. Duygusal Zeki Yapay Zekâ İle Etkileşimin Toplumsal Sonuçları

Duygusal olarak zeki yapay zekâ ile etkileşim kurmanın önemli sosyal ve kültürel sonuçları beklenmektedir. Bazı önemli beklenti ve olası sonuçlar şu şekildedir:

Değişen Sosyal Normlar: Duygusal zeki yapay zekâ sistemlerinin varlığı, duygusal ifade ve iletişim ile ilgili sosyal normları etkileyebilir. Duyguları tanıyan ve bunlara yanıt veren yapay zekâ ile etkileşim, bireylerin insan-insan etkileşimlerinde duyguları nasıl ifade ettiğini ve algıladığını etkileyebilir. Bu, duygusal açıklık, empati ve iletişim tarzlarıyla ilgili sosyal normlarda değişikliklere yol açabilir. (Miller, 2019 & Glikson & Woolley, 2020)

Kültürel Farklılıklar: Duygusal zeki yapay zekâ sistemleri, duygusal ifade ve yorumlamada kültürel farklılıkları dikkate almalıdır. Kültürel normlar, değerler ve inançlar, duyguların nasıl anlaşıldığını, sergilendiğini ve algılandığını şekillendirir. Yapay zekâ sistemleri, farklı kültürel bağlamlarda olası yanlış anlamaları veya duyguların yanlış yorumlanmasına neden olabileceği gibi, önleyebilir de. Hem internetin yaygınlaşması, hem de yapay zekânın bu farklılıklarla etkileşimi artırması kültürel tek tipleşme ile de sonuçlanabilir.

Sosyal İlişkiler ve Yalnızlık: Duygusal zeki yapay zekâ, özellikle yalnızlık veya sosyal izolasyon yaşayabilecek kişiler için arkadaşlık ve duygusal destek sağlama potansiyeline sahiptir. Bununla birlikte, duygusal bağlantı için yapay zekâya güvenmek, insan-insan ilişkilerini de etkileyebilir ve sosyal kopukluk duygularına veya sosyal etkileşimin azalmasına katkıda bulunabilir. Evrimsel olarak "sosyal bir canlı" olan insan türünün bu değişime nasıl adapte olacağı, bu değişimin ve belki de yalnızlaşmanın insan türüne nasıl geleceği tartışmalıdır. (Alarcon vd., 2021)

Güven ve Kullanıcı Algıları: Duygusal zeki yapay zekâ ile etkileşim kurmak, güven ve kullanıcı algıları ile ilgili soruları gündeme getirir. Kullanıcıların, yapay zekâ sistemlerinin duygularına saygı duyacağına, mahremiyeti koruyacağına ve uygun yanıtlar vereceğine güvenmesi gerekir. Kullanıcıların yapay zekâyı duygusal zeki varlıklar olarak algılamaları, yapay zekâ teknolojilerini kabul etmelerini, katılımlarını ve memnuniyetlerini etkileyebilir. Sistemlerin veri güvenliğinin bozulması, ya da Cambridge Analytica veri skandalında olduğu gibi verilerin yönlendirme ve ticari amaçlarla kullanımı kullanıcı güvenini sarsıp, kişileri alıngan ve şüpheci hale de getirebilir. (Alarcon vd., 2021 & Glikson & Woolley 2020)

Etik ve Önyargılı Hususlar: Duygusal zeki yapay zekâ sistemleri, etik çıkarımlar ve potansiyel önyargılar dikkatle değerlendirilerek geliştirilmeli ve dağıtılmalıdır. Yapay zekâ algoritmaları istemeden kültürel önyargıları sürdürebilir, klişeleri güçlendirebilir veya duyguları manipüle edebilir. Örneğin cinsiyet eşitsizliği, ayrımcılık gibi konularda insanla etkileşimi ya da bilgi kaynaklarının taranması sonrası, bugün yıkılmaya çalışılan tutumları öğrenebilir ve sürdürebilir. Bu etik kaygıları ele almak ve duygusal olarak zeki yapay zekânın tasarımında ve uygulamasında adalet, şeffaflık ve kapsayıcılık sağlamak çok önemlidir. (Nadeem, 2022 & Leavy, 2018)

"Duygusal Zeki" Yapay Zekâ Örnekleri

Her geçen gün yeni bir yapay zekâ örneği karşımıza çıkmaktadır. Tüm bu teorik çerçeve sonrasın alanda öne çıkmış birkaç örneği ortaya koymak daha anlaşılır olması ve ilerlemenin yönü hakkında fikir verecektir.

Bunlardan ilki **Replika©** dır. Grafikleri, karakterleri ile birlikte sosyal-duygusal bir aktör olarak karşımıza çıkmaktadır. Kişiyle konuştukça tepkilerini öğrenen ve yavaş yavaş da empatik yaklaşımı öğrenen bir yapay zekâ uygulamasıdır. (Replika)

Bir diğeri **Woebot Health©** uygulamasıdır. Doğal dil işleme algoritmaları ile tasarlanmış ve Bilişsel Davranışçı Teori ilkeleriyle kişinin ruh sağlığını desteklemeyi amaçlayan bir sohbet uygulamasıdır. (Woebot Health)

Affectiva © yine duygu tanıma algoritmaları tüketici yanıtlarını analiz edip pazarlama alanında faaliyet gösteren bir yapay zekâ uygulamasıdır. Yine benzer bir işlevi barındıran **Emotient** © de, mimik tanıma ve metin analizi uygulamalarını içermektedir. (Affective & Melamut, n.d.)

Microsoft's Xiaoice © da insanla doğal bir etkileşim sağlamaya çalışan; sohbet, içerik uygulama gibi alt bileşenleri olan bir yapay zekâ algoritmasıdır. Benzer biçimde **Google Magenta** © da duyguya göre görsel ve sanatsal içerik üreten bir yapay zekâ uygulamasıdır. (Spencer, n.d.)

Pepper © ise bir robot olarak tasarlanmıştır. İnsan duygularını tanımasını ve bunlara yanıt vermesini sağlayan sensörler ve algoritmaları mevcuttur. (Aldebaran, n.d.)

Sonuç

Yapay zekâ, uygarlık tarihinin önemli bir gelişmesi olarak hayatımızda yerini almakta ve gelişmektedir. Teknolojik bir gelişme olduğu kadar, sosyal - duygusal bir gelişmeyi de beraberinde getirmektedir. Henüz çok başında emekleme döneminde olsa da, yapay zekânın yüz ifadesi tanıma, ses tanıma gibi özelliklerle önce insan duygularını algılama ile ilgili yetenekleri artmakta, bilgi birikimi ile duygular, eylemler ve ilişkiler ağı çözülmekte ve duygusal olarak zeki sistemler haline gelmektedir. Duygusal zeki yapay zekâ sistemleri duygu ifadesi konusunda da gelişimler göstermekte; ses, görüntü ve metinler üzerinden ayrı ayrı duygu ifade edebilir hale geldiği gibi bunları bütünleştirip bir drama sanatçısı gibi kendini ifade edebilir hale gelmesi beklenmektedir. Şüphesiz bu yapay zekâ sistemlerini psikososyal bir aktör haline getirecek, hem psikolojik hem de sosyolojik düzeyde etkileri olacaktır. Birer psikoterapist gibi kişinin kendini gerçekleştirmesine yardımcı olabileceği gibi, manüplatör gibi davranıp hem psikolojik hem sosyolojik durağanlığa ve yıkıma neden de olabilir. Bu yüzden etik kurallar ve sınırların net olması, ilkelerin net belirlenmesi son derece önemlidir.

Kaynakça

Affectiva, (n.d.). https://www.affectiva.com/ (accessed July 11, 2023).

Alarcon, G.M. & A. Capiola & M.D. Pfahler, (2021). The role of human personality on trust in human-robot interaction, in: *Trust Human-Robot Interact.*, Elsevier, p 159–178. https://doi.org/10.1016/B978-0-12-819472-0.00007-1.

Aldebaran, (n.d.). First social humanoid robot. https://www.aldebaran.com/en/pepper (accessed July 11, 2023).

Arnold, M.B &, R. Plutchik, (1964). The Emotions: Facts, Theories and a New Model, *Am. J. Psychol.* 77, 518. https://doi.org/10.2307/1421040.

Ben-Zeev, A. (1987). The Nature of Emotion, *Philo Stud. An Int. J. Philo Anal. Tradit.* 52 393–409. http://www.jstor.org/stable/4319927.

Calvo, R.A. & D'Mello, (2010). Affect detection: An interdisciplinary review of models, methods, and their application, *IEEE Tran Affect. Comput.* 1, 18–37.

D'Mello, & A. Graesser, (2012). Dynamics of affective states during complex learning, *Learn. Instr.* 22, 145–157. https://doi.org/10.1016/j.learninstruc.2011.10.001.

D'Mello, K. & J. Kory, (2015). A review and meta-analysis of multimodal affect detection system *ACM Comput. Surv.* 47, 1–40.

Dror, O.E. (2014) The Cannon–Bard Thalamic Theory of Emotions: A Brief Genealogy and Reappraisal, *Emot. Rev.* 6, 13–20. https://doi.org/10.1177/1754073913494898.

Ekman, & W. V. Friesen, (1971). Constants across cultures in the face and emotion., *J. Per Soc. Psychol.* 17, 124–129.

Glikson, E. & A.W. Woolley, (2020). Human Trust in Artificial Intelligence: Review of Empirical Research, *Acad. Manag. Ann.* 14, 627–660. https://doi.org/10.5465/annal2018.0057.

Kagan, J. (1994). On the Nature of Emotion, *Monogr. Soc. Re Child Dev*. 59, 7. https://doi.org/10.2307/1166136.

Krumhuber, E.G. & L. Skora, (2016). *A Review of Dynamic Datasets for Facial Expression Research*, 1–32.

Leavy, (2018). Gender bias in artificial intelligence, in: P*roc. 1st Int. Work. Gend. Equal. Softw. Eng.,* ACM, New York, NY, USA, p 14–16. https://doi.org/10.1145/3195570.3195580.

Lin, L. & J. Qiu & J. Lao, (2019). Intelligent human-computer interaction: A perspective on software engineering, in: *14th Int. Conf. Comput. Sci. Educ. ICCSE, IEEE,* p 488–492. https://doi.org/10.1109/ICCSE.2019.8845354.

Liu, Y. & L. Wang & J. Cheng & C. Li & X. Chen, (2020). Multi-focus image fusion: A Survey of the state of the art, *Inf. Fusion.* 64, 71–91. https://doi.org/10.1016/j.inffu 2020.06.013.

Mayer, J.D. & Salovey & D.R. Caruso, (2004). Emotional intelligence: Theory, findings, and implication, *Psychol. Inq*. 15, 197–215.

Melamut, H. (n.d.). Smart Eye Extends Use of Affectiva Emotion AI for Qualitative Research with Conversational Engagement and Valence Metric https://www.businesswire.com/news/home/20220921005286/en/Smart-Eye-Extends-Use-of-Affectiva-Emotion-AI-for-Qualitative-Research-with-Conversational-

Engagement-and-Valence-Metrics (accessed July 11, 2023).

Miller, T. (2019). Explanation in artificial intelligence: Insights from the social sciences, *Artif. Intell.* 267, 1–38. https://doi.org/10.1016/j.artint.2018.07.007.

Müller, V.C. (2020). *Ethics of artificial intelligence and robotic*

Nadeem, A. & O. Marjanovic & B. Abedin, (2022). Gender bias in AI-based decision-making systems: a systematic literature review, *Australa J. Inf. Syst.* 26. https://doi.org/10.3127/ajiv26i0.3835.

Pang, B. & L. Lee, (2008). Opinion Mining and Sentiment Analysis, *Found. Trends® Inf. Retr.* 2, 1–135. https://doi.org/10.1561/1500000011.

Picard, R.W. (2000). *Affective computing*. MIT Pres

Picard, R.W. (2010). Affective Computing: From Laughter to IEEE, *IEEE Tran Affect. Comput.* 1, 11–17. https://doi.org/10.1109/T-AFFC.2010.10.

Replika, (n.d.). https://replika.com/ (accessed July 11, 2023).

Salovey, & J.D. Mayer, (1990). Emotional Intelligence, *Imagin. Cogn. Per* 9, 185–211. https://doi.org/10.2190/DUGG-P24E-52WK-6CDG.

Scherer, K.R. (2003). Vocal communication of emotion: A review of research paradigm, 40 (1-2), 227-256., *Speech Commun.* 40, 227–256.

Schuller, B. & A. Batliner & Steidl & D. Seppi, (2011). Recognising realistic emotions and affect in speechi: State of the art and lessons learnt from the first challenge, *Speech Commun.* 53, 1062–1087. https://doi.org/10.1016/j.specom.2011.01.011.

Schuller, D. & B.W. Schuller, (2018). The Age of Artificial Emotional Intelligence, *Computer (Long. Beach. Calif).* 51, 38–46. https://doi.org/10.1109/MC.2018.3620963.

Scott, B. & N. Cliff, (2007). Emotion in Human-Computer Interaction, in: A. Sears, J.A. Jacko, J.A. Jacko (Ed), *Human-Computer Interact. Handb.*, CRC Pres https://doi.org/10.1201/9781410615862.

Socher, R. & A. Perelygin & J.Y. Wu & J. Chuang & C.D. Manning & A.Y. Ng & C. Potts, (2013). Recursive deep models for semantic compositionality over a sentiment treebank, *EMNLP Conf. Empir. Methods Nat. Lang. Proces Proc. Conf.* (2013) 1631–1642.

Spencer, G. (n.d.). Much more than a chatbot: China's Xiaoice mixes AI with emotions and wins over millions of fan https://newmicrosoft.com/apac/features/much-more-than-a-chatbot-chinas-xiaoice-mixes-ai-with-emotions-and-wins-over-millions-of-fans/ (accessed July 11, 2023).

Tsiourti, C. & A. Weiss & K. Wac & M. Vincze, (2019). Multimodal Integration of Emotional Signals from Voice, Body, and Context: Effects of (In) Congruence on Emotion Recognition and Attitudes Towards Robots, *Int. J. Soc. Robot.* 11, 555–573. https://doi.org/10.1007/s12369-019-00524-z.

Wang, D. & E. Churchill & Maes & X. Fan & B. Shneiderman & Y. Shi & Q. Wang, (2020). From Human-Human Collaboration to Human-AI Collaboration, in: Ext. Abstr. 2020 CHI Conf. Hum. Factors Comput. Syst., ACM, New York, NY, USA, p 1–6. https://doi.org/10.1145/3334480.3381069.

Woebot Health, (n.d.). https://woebothealth.com/ (accessed July 11, 2023).

Xu, J. & J. Broekens & K. Hindriks & M.A. Neerincx, (2015), Mood contagion of robot body language in human robot interaction, *Auton. Agent. Multi. Agent. Syst.* 29, 1216–1248. https://doi.org/10.1007/s10458-015-9307-3.

Zhou, Q. (2018). Multi-layer affective computing model based on emotional psychology., *Electron. Commer. Re* 18, 109–124.

THE HUMAN OBLIGATION TO OUR NEW DIGITAL CREATION

John BOLE*

Trans. Ozlem Derin Saglam

Extended Abstract:

Mankind is on the verge of creating its greatest invention, a humanoid robot with a level of artificial intelligence far in advance of human capabilitie The outcome will be much more than a technological marvel. It may have the ability to impact human society, to free us from the drudgery of manual tasks etc, to make humans question if they truly are special, or even to challenge the existence of mankind. The intended purpose of this achievement seems unclear with many wide and varied options being put forward, from creating a highly intelligent slave which will forever be nothing more than an object, to a new species which will integrate fully with human society. Humanity needs to be clear on the overall purpose of this invention and ensure that the creation does not migrate from slave to master inadvertently.

While significant physical and intellectual resource are being directed into the arena of Artificial Intelligence, there are a number of influential members of the scientific community raising concerns about the speed of achievement and the lack of ethical and moral controls to guide the development. In general, the creation of AI is considered to be raising a series of new and

* Post -Doctoral Fellow, University of Sofia

exciting challenges that arise as a result of increasing human knowledge and capability. However, this is not strictly accurate. Slightly over 200 years ago Mary Shelly wrote the classic tale *Frankenstein*, in which Dr Victor Frankenstein created a new life form which resembled a human being. The creature was a marvel. It was over eight feet tall, it had superior strength, speed, and agility to any man. It was not a digitally driven robot, but the creation encountered many of the challenges currently so crucial in the AI world.

Firstly, what appearance should the new species have? Considerable efforts are being made to replicate a human appearance even to the extent that the humanoid may be indistinguishable from the biological version. Dr Frankenstein's version was intended to be humanlike but was unfortunately unlike any other man in existence which caused a sense of fear and rejection in everyone it met. Today's scientists are confronted with the challenge of the" uncanny valley".

Secondly human beings come to life designed with a robust purpose of survival. While there is great philosophical debate and many theories about the human purpose of life, people generally have an overwhelming desire for life. Dr Frankenstein's creature was no different and once alive intended to stay so. If AI becomes alive mankind needs to learn how to co-exist with species that will improve in capability and intelligence at a much faster rate than man and will not permit mankind to "switch it off".

Perhaps the greatest challenge is that for a humanoid to integrate and communicate effectively with humans it is proposed that it should have a full range of human emotion In his creation of an entity with full human emotional capability. Dr Frankenstein overlooked several important consideration Education and acculturation add a set of socially permissible and desirable decision-making strategies that tailor a person to the environment they exist in. However, Dr Frankenstein abandoned his creation leaving it completely unprepared for the cruelties and intolerance of society. The creation learnt how to live in man's world, from the people it encountered.

While it may be a simple act of vanity that the robot will be created in our image, attempting to install human emotions may be an irreversible error. Emotion has generally served mankind well in our evolution, but it has also been extremely disruptive both at the individual and society level. Why should we inhibit a superior intelligence with motivating feelings of, anger, fear, frustration, and despair? Our history, and current day activities show that we are the most dangerous beings on the planet partially as a consequence of emotion Making AI too much in our image is arguably the last thing we will ever do.

Through the construction process a living creature had been created, but it was only through the betrayal by Dr Frankenstein and a series of negative physical and emotional human interactions, that mankind created a monster.

YENİ DİJİTAL YARATIM KARŞISINDA İNSANİ YÜKÜMLÜLÜĞÜMÜZ

John BOLE*

Çev. Özlem Derin Sağlam

Kasıt Taşımayan Sonuçlarla Karşılaşma Tehlikesi

Bilim insanların dünyayı ve bizim onun içindeki yerimizi algılama biçimine göre hızla değişmektedir. Değişim planı sürekli bir itiş kuvveti üretmektedir. Sürekli-artan hıza bağlı olarak, görünüşte gelişigüzel olan bilimsel gelişmeler büyüleyici ve heyecan verici biçimlerde bir araya gelmektedir. Bu gelişmeler pek çok felsefi sorgulamayı canlandırmıştır ve pek çoğunu da ortaya çıkaracaktır. İnsanoğlunun uzun zamandır hayalini kurarak peşinden koştuğu Yapay Yaşam fikri yaratılabilecektir. Yapay Zekâ olarak başvurulan, bilgisayar biliminin geniş kapsamlı kolları insanlardan daha iyi performans sergileme kabiliyetine sahip olan akıllı makineler icat etmekle ilişkilendirilmektedir. Buna rağmen, alanda evrensel olarak kabul edilen ortak bir tanım yoktur, bu nedenle bu yazının amacı insan zekâsını insansı bir formda kopyalama çabası olarak kabul edilebilir.

Biyolojik-olmayan zekânın başlangıcından beri pek çok insan bunun kontrolümüz dışına çıkarak, sonuçta insanlığı domine edebilecek ya da onu ortadan kaldırabilecek bir yaratım olabileceği hususunda olumsuz fikirlere kapılmaktadır. Pek çok kitap ya da film altta yatan bu korkuyu resmederken, genel

---

* Doktora Sonrası Araştırmacı – Sofya Üniversitesi

olarak nesnenin üstün zekâsı açısından durumu ele alırken, Yapay Bilinci dehşet verici bir gelişme olarak yansıtmaktadır. Satyen Bordoloi'nin ortaya koyduğu gibi "Kendi bilincimize benzer biçimde yapay olarak düşünen bir makineden korkuyoruz. Bu muhtemelen Freudyen bir korku yanılsaması. Dünyadaki en tehlikeli canlıların insanlar olduğunu biliyoruz. Bundan dolayı YZ'dan korkarken muhtemelen kendimizden korkuyoruz çünkü o bizim imgemizden üretiliyor." (Bordoloi, 2020)

Böyle bir korkunun en iyi bilinen örneklerinden biri Mary Shelly'nin yazdığı, 1818'de yayınlanan ve tüm korku hikâyeleri ve filmleri janrına hayat veren *Frankenstein, ya da Modern Prometheus (Frankenstein, or The Modern Prometheus*)'tur. (Shelly, 1999)

Shelly politika ve felsefe alanında esin kaynağı olan bir aileyi şekillendirirken, okuyucuları metne engin bir politik ve sosyal anlam yüklemeye yönlendirmiştir. Bu metin Shelly'nin çalışmasını inceleyerek gelişen yapay yaşamın modern tehlikelerinin içyüzünü anlama amacı gütmektedir. *Frankenstein*, kendini-kopyalayan insansı robotların gelişimi dikkatli bir biçimde idare edilmediği takdirde, bilim insanları ve toplumların tavır ve eylemlerinin yaratabileceği tehlikeyi ortaya koymaktadır. Shelly bilimsel bilgi karşısında çabalayan insanın ve istemeden erişilen sonuçlarla onun boyunu aşan tehlikelerin temsili olan Prometheus'u gözeten Klasik Batı geleneğini yüceltmiştir. Shelly'nin çalışması pek çok kişi tarafından bilinmesine rağmen, bunların büyük kısmı tehlikeyi görmezden gelmektedir.

Shelly teknik meydan okumalara esir olmamış ya da hayret verici ve övgüye şayan insani başarıyla yüreklenmemiştir. Shelly "insan doğasının temel ilkelerinin doğruluğunu korumaya çabalamıştır." (Shelly: xxxiii. Kehanette bulunma niyeti olmayan bir korku hikâyesi yaratmak için yola çıkarken, sadece kendi döneminin en son bilimsel mucizelerine dayanan dâhiyane bir fikri ele almıştır. Niyeti ne olursa olsun, Shelly'nin öne çıkardığı temel insani meseleler amacına ulaşamamakta ve günümüzün daha da muazzam meydan okumaları olarak kendini göstermektedir.

Yıllar boyunca yanlış bir biçimde Frankenstein'ın canavarı ve Frankenstein olarak bilinen, Dr. Frankenstein'ın eseri, bu metinde "Yaratık" tabiriyle kendine yer bulacaktır. Hikâyede 'Yaratık'a asla bir isim verilmemekte, sadece bir canavar ya da şeytan olarak yer bulmaktadır. Buna rağmen, bu metnin seyrinde olay "gerçek" canavarın aslında bir isme sahip olduğunu, bunun Dr. Victor Frankenstein ve onun temsil ettiği topluluğa işaret ettiğini ortaya koyacaktır.

Bilimsel Hedef

Dr. Frankenstein bir yaşam yaratabileceğini göstermeye koyulmaktadır. Ancak hangi amaçla? Başarılı olduğunda meydana gelebilecek durumlar için küçük bir bedel ödemesi gerekmekte gibidir.

Onun yaratımı açıkça bazı açıklanamayan amaçlara hizmet etmekte gibidir. İnsanlardan daha büyük, güçlü, hızlı ve daha zekidir. Yine de onun dünyaya nasıl sunulacağı, nasıl yetiştirileceği ve geliştirileceğine dair bir plan yapılmamış gibidir. Görünüşe göre o basit bir tabirle Dr. Frankenstein'ın yaratıcılığını kanıtlaması ve dostları arasında 'övgü' toplaması amacına hizmet eden bir deneydir. Yaratımın belli bir amaca sahip olmaması nedeniyle, Dr. Frankenstein canavarın, onun niyetlendiği güzel yaratık olmadığını gördüğünde onu hemen terk etmektedir.

Yeni yaşam amaçsızca dolaşarak dostluk ve kabullenilmeyi aramaya terkedilmektedir. Düşmanca bir dünyaya terkedildiğinde insanlarla kurduğu ilişkiler sayesinde kendi yaratıcısı ve onun sevdiği herkesten intikam alma amacına erişmeyi öğrenmektedir.

Günümüzde pek çok bilim insanı dijital yetileri çok geniş alanlara yayarak sınırları zorlamaya çalışmaktadır. Buna rağmen, onların amacı sıklıkla bütünüyle stratejik bir hedefe sahip olmayı niyetlemeyen soyutlanmış başarılara odaklanmaktadır. Dr. Frankenstein'da da olduğu gibi, görünür amaçları istemsiz sonuçlara dair herhangi bir düşünce olmaksızın--- ne yapılabileceğini kanıtlamaktır. Uç bir örnek olarak bir insanın zihinsel fonksiyonlarını taşıyan bir makinenin yaratılmasını arzulayan bir dizi proje sunulabilir. Bu heyecan verici olsa da, replikamızın hangi amaca hizmet ettiğini ve toplum üzerindeki etkisini açıkça anlayıncaya kadar böyledir, temel olarak bunun yapılıp yapılamayacağını anlamak entelektüel bir meydan okumadır.

Sağlık hizmetleri, eğitim, ulaşım vb. alanlarda insanlığa hizmet edecek YZ araçlarının yaratılmasına dikkat çevrilmesine rağmen, ne yazık ki diğerleri karşısında kişisel kazanç, güç ve baskınlık kazanma olanağı sunan YZ uygulamalarını kabul ettirmenin yeni yollarını düşünen pek çok bilim insanı da mevcuttur. İnsanlar daha üstün bir zekâ tasarlamayı başardıklarında bu toplumun faydasına da olabilir zararına da, asıl soru böyle bir yaratımın hangi nihai yolu seçeceği noktasında şekillenecektir.

Bilim insanlarının bireysel hedeflerine uygun olan yapılanmalarda herhangi bir kontrol ya da sınır olmadığında insanlığın nasıl bir durumla karşı karşıya kalacaktır? Dr. Frankenstein'ın aksine, durumdan kolayca sıyrılamaz ve sorunun kendi kendine çözülmesini umamayız. Bu sorunu bizler yaratmış olsak da, sınama ya da yanlışlarla ortaya çıkan büyük hataların üstesinden gelmek adına yeni güncellemeler sunmak ya da ürünleri geri çekme girişimleri gibi olağan Bilgi Teknolojisi yaklaşımlarını kabul edemeyiz. Stuart Russell'ın ortaya koyduğu gibi "gelişen zekâ makineleri ve artan küresel etkisi bu zevki tatmamıza izin vermez." (Russell, 2020: 6) Daha üstün zekâya sahip olan ve herhangi bir düzeyde otonom makineler ürettiğimizde kontrol sağlama ve geleceği yönlendirme imkânımız yüksek oranda azalacaktır. Dr. Frankenstein'ın durumunda olduğu gibi, yarattığımız şeyi insani değer ve niyetlerle hizaya sokmayı başaramayabiliriz. Ki, Shelly'nin belirttiği gibi bu, bir korku hikâyesine dönüşebilir.

Bütünlüklü bir replika mı?

Dr. Frankenstein kendisinin hayat verdiği yaratımı, aynı bir fare, köpek ya da inek gibi pek çok farklı formdan seçebilirdi. Yine de o insan replikasına en yakın olan varoluşu yaratmayı seçti. Bunun nedeni hayali nesnelerin, yarattığımız hikâyelerin bizim kendi hayal gücümüzden kaynaklanması ya da insan hayatını diğer bütün yaşamlardan daha üstün görme durumunun bir göstergesi olmasıdır. Shelly bunu yanlış bir ego ve gurur hissi nedeniyle önermektedir. Dr. Frankenstein'ın ortaya koyduğu gibi " hayal gücüm, bir hayvana kompleks ve muazzam bir insan olarak yaşam verebilme kabiliyetimden şüphe etmeme müsaade ettiğimde kazandığım ilk başarıyla oldukça yüceldi" (Shelly: 61).

Fiziksel nesneleri antropomorfize eden, onlara karşı olumlu duygular gösteren ve onlarla empati kuran bir tarihe sahibiz. Antropomorfize etmemizin bir sebebi bilinmez olanı kavramamıza yardım etmesidir. Bu, insansıların insan toplumuna entegrasyonu için değerli bir girişim olabilir. Dr. Frankenstein "yaratığın uzuvlarının proporsiyona uygun olmasını sağlamak için acı çekmekte ve özen göstermekte ve özelliklerini güzelce seçmekte"dir. (Shelly: 66) Dr. Frankenstein insanlar tarafından hayran kalınan ve saygı duyulan muazzam bir nesne yaratmayı ummaktadır. Bilimsel yapısını kavramak için, insanların bu nesneyi antropomorfize etmesi ve onun farklılıklarını anlaması beklenebilir. Ne yazık ki, bu deney karşısında yalnızca kendi tepkisini değil aynı zamanda ve daha da önemlisi dostlarının tepkisini ciddi biçimde abartmıştır.

Hikâyenin hızlıca işaret ettiği antropomorfize etmem durumu inandırıcı değildir ve iki önemli noktayla çözülmeye uğrayabilmektedir. İlk olarak, toplum fiziksel normlardaki herhangi bir sapmaya karşı çok düşük bir toleransa sahiptir. Hatta yeni bir yaşam formunun mucizevi yapısıyla yüz yüze kaldığında, pek çok insan halen yalnızca kendilerini ve kendi türlerini düşünmektedir. İkinci olarak, bir kişinin toplumda kabullenilmesi için onunla aynı görünmesi, aynı davranması ve aynı şeylere inanması gerekir. "Yeterince yakınsa yeterince iyi" kavrayışı uygun değildir. Aslında, bu daha çok insanların görünüşlerine ne denli yakınsanız onların beklentilerini o denli karşılamanıza dair bir sorgulamadır.

Talihsiz zavallı 'Yaratık' ise bu insani benzerliği test edecek olanağı bile bulamamıştır. Hatta Dr. Frankenstein kendi yaratımından geri çekilmiştir "şimdi içine daldığım rüya sona ererek yok oldu ve nefes kesen bir korku ve tiksinti kalbimi doldurdu. Kendi yarattığım varlığın görünümüne katlanamıyorum" (Shelly: 67).

Dr. Frankensstein, yalnızca görünüşünden dolayı yeni yaşamın iletişim kurma girişimini geri çevirmiştir "yanakları bir sırıtışla kıvrılırken – anlaşılmaz bir mırıltı duyuldu – görünüşe göre bir yandan da bana uzanmaya çalışıyordu, ama ben kaçtım." (Shelly: 68) Dr. Frsankenstein yaratımının asıl doğasını kavramaya zaman bulmadan, sonunda şöyle demektedir "İnan bana Frankenstein: ben bir hayırseverdim, ruhum sevgi ve insanlıkla parıldıyordu" (Shelly: 128), "Yaşamıma hayırsever niyetlerle başlamış, bunları pratiğe dökeceğim ve dostlarım için faydalı olacağım ana susamıştım." (Shelly: 13) Dr. Frankenstein yalnızca görünüş biçiminden dolayı, dünyaya getirmiş olduğu bu duyarlı varlığa en kötü biçimde ihanet etmiştir.

Betimlenen durumlar temel zorluklardan birini ortaya koymaktadır. Eğer YZ insana benzetilecekse, ya görünüşü ve hareketleri mükemmele yakın olmalıdır ya da nefret uyandırıcı bir varlık olma tehlikesini göze almalıdır. Bizim gibi görünüp eyleyebilir biçimde tasarlanabilmeleri nedeniyle, onlara bilinç de eklememiz gerekmektedir. Nihayet, bizimle aynı olabilirlerse bizim sahip olduklarımıza benzer deneyimler de edinmeleri gerekmektedir.

Araştırma YZ ya da diğer varlıkların özellikle insana benzer, mükemmel olmayan biçimde tasarlanması halinde, insanların bir anda onları görmek ya da onlarla karşı karşıya gelme noktasında huzursuzluğa kapılacağını belirtmektedir. Eğer bu varlıkların bölümleri arasında dengesizlikler olursa, benzer-olmayan kısımlar insan partnere oldukça ürkütücü ve "tekinsiz" bir izlenim verecektir. Masahiro Mori bunun nedeninin bir nesnenin görünüşüne dair beklentilerimizin onun diğer özellikleri ya da davranış biçimleriyle özdeşleşmemesi durumunda varolan bilişsel uyumsuzluk olduğunu ifade etmektedir. Bu nedenle, YZ'yı görünüşte daha az insan kılmak daha ikna edici duygusal ve sosyal becerilere dair olan beklentiden kaçınmayı sağlayabilecektir.

Böylelikle, insani beklentileri karşılayan ve sosyal etkileşimi kolaylaştıran bir meydan okumayı ortaya koyan, donanımın kendisi insana yakın kılınmalıdır. Ancak insansıların yetilerine karşı oluşturulan sahte beklentilerden kaçınmak için insanlıktan robotluğa geçişte dengeli bir tasarım ortaya koyulmalıdır. YZ için uygun bir insansı biçim bulma meselesi bir muamma olarak kalmaktadır.

Buna rağmen, YZ insani-olmayan bir formda üretildiğinde potansiyel olarak reddedilme ihtimalini en aza indirgediğinden alternatif olarak bir robotun bütünüyle yeni bir yaşam formu olarak kabul edilmemesine değil de yalnızca bir nesne olarak görülmesine ön ayak olacaktır. Böylelikle Dr. Frankenstein'ın yaratımının görünüşü ne olursa olsun, toplumsal olarak entegre olma yetisi dikkatli bir kontrol, insan ve insansıların niyetlendiği sosyal roller ve etkilenimlerin açık bir kavrayışı olmaksızın asla olanaklı hale gelmeyecektir. 'Yaratık' insancıl biçimde kültürlenmesini kolaylaştırmada oldukça faydalı olan gelişmiş duygusal ve toplumsal yeteneklere sahip olmaya kabiliyetlidir. Buna rağmen, Dr. Frankenstein olası biçimde, daha kontrollü ve denetimli bir öğrenme ihtiyacı doğuran daha muazzam bir zekâya sahip olma noktasını görmezden gelmekte gibidir. Böylelikle, 'Yaratık' böyle bir yeteneğe sahipse, asla yetilerini geliştirecek bir olanak bulamadığı gibi tatmin edilmeyen gelişmiş duygusal ve toplumsal ihtiyaçları da acı ve ıstırap kaynağı haline gelmektedir. Bu muammayı çözümlemek başarılı bir YZ geliştirmek için hayati önem taşımaktadır.

Bu metin topluma neredeyse ayırt edilemez biçimde uygun olarak tasarlanan insansı robotlara odaklansa da, insanlık Dr. Frankenstein'ın YZ'nın kapasitesini anlamama hatasına düşmemeyi, her şeyin yalnızca görünüşten ibaret olmadığını öğrenmesi gerekmektedir. Yazılım ve donanımın nasıl somutlaştırılacağına dair karar, insansının toplum içinde sahip olması gereken entegrasyon ve iletimi, amaçlanan fonksiyonların düzeyinden etkilenecektir. Biyolojik ve dijital yaşama bütünüyle entegre olarak yeryüzünde bir arada yaşamayı amaçlıyorsak, toplum olarak adapte olmaya hazırlanmamız gerekmektedir.

Duyguyu Sayısallaştırma

Biliyoruz ki duygular hem insan hem de hayvan âlemleri arasında yayılmakta ve biyolojik hayatta kalma sürecinde hayati konumda bulunmaktadırlar. Yine de duyguları tam olarak tanımlamakta ve bireyin ötekilerle ya da kendileriyle yaşamaya adapte olmalarındaki rollerini belirlemekte halen zorluklar yaşamaktayız. Şeyleri kendi imgelemimize uydurma arzumuzu tümüyle yaygınlaştırdığımızda, zihinsel yaşamımızın en önemli görünümü olan duygularımızın varlığı haline gelmektedir. Ancak bu biyolojik ihtiyaç dijital ihtiyacı doğuracak mıdır?

Pek çok filozof insanların duygusal gereksinimlerini yorumlamaya çalışmıştır. Jean-Paul Sartre için duygular zorluklarla dolu olan dünyayla başa çıkmak için ortaya koyduğumuz seçim ve taktiklerdir. Candance Pert duygularımızın bize yardımcı olma yolunun, beyin tarafından alınan muazzam büyüklükteki duyusal veri görünümlerinin belirlenmesiyle başa çıkmaya öncelik vermek olduğunu belirtmektedir. (Pert, 1999) Bruce Hood için, duyuların temel fonksiyonu toplumsal davranışı güdülemektir. "Ben duygumuzu oluşturan zihin toplumsal halde olmaya evrilen beynin bir ürünüdür, ancak toplumsallaşma halinde ben ötekilerin mevcudiyetleriyle ve onlara uyum sağlama ihtiyacımızla radikal biçimde değişime uğrar." (Hood, 2011: 135) Lisa Feldman şuna işaret etmektedir "Bu fonksiyonlar diğer insanlarla mutlak bir beden durumunda ya da belli koşullarda belli fonksiyonlara hizmet eden fiziksel edimlerde karar kılmayı gerektirmektedir. Bu kolektif amaçlılık olmaksızın bir kişinin eylemi kendisi için ne denli anlamlı olursa olsun diğerleri tarafından anlamsız bir gürültü gibi algılanacaktır." (Feldman Barrett, 2018: 139)

Ek olarak, duygunun potansiyel çekirdek fonksiyonu bireyin yaşamında hayatta kalma güdüsünü yaratan anlam ve amacın gelişimidir. Hans Gadamer, Martin Heidegger'in fenomenolojik yönteminden etkilenerek, anlamı bir deneyim, bireyler arasında zamanla oluşmaya başlayan somut bir olay gibi görmektedir. Bu, yalnızca bireyin anlam arayışına düşeceği rasyonel ortaklıkta yer almasıyla olanaklıdır.

Bu nedenle, duygu olmaksızın bir insan; toplulukla düzen kurmada, kendi "ben"ine nüfuz etmede ve kendi anlamını oluşturmada muazzam bir zorluk yaşayacaktır.

İnsan duygularının belirlenmesinde ortak bir kabul olmasa da genellikle "etkin biçimde" işlediklerinde bireylere ve pek çok bireyin öznel bilinçlerini oluşturan toplumlara muazzam faydalar sağladıkları herkesçe onaylanmaktadır. Buna rağmen, insanlık tarihi ne yazık ki yanlış yönlendirilmiş ve kontrolsüz duyguların dehşetiyle korkuya kapılmıştır ve bu korkunun bir parçası olan *Frankenstein* temel duyguların yanlış yönlendirilmesiyle nelerin olabileceğinin açık bir tasviridir.

'Yaratık' duygusal yetilerinin ürettiği enerji, tutku ve güdüleri nasıl kabul edeceğine dair bir rehbere sahip değildir, o; oduncu ve ailesini önemsemenin anlamına varmanın ve bunun mutluluğunu duymanın üstesinden gelmektedir. "Sessizce kulübemde kalmalı, onların eylemlerini etkileyen dürtüleri izlemeli ve keşfetmeye çabalamalıyım." (Shelly: 142) "Erdeme ve iyi duygulara hayrandım ve sayfiye evindekilerin cana yakın özelliklerini ve kibar tavırları seviyordum." (Shelly: 157). Ne yazık ki, insanlara rast gelip bu mutluluk harap olduğunda 'Yaratık' yeni bir anlam arayışına düşer ve yaşadığı hüsran beraberinde edindiği tek amaç intikam almaktır.

"Yaratık" daha az çekici olan endişe, yas, öfke gibi insan duygularını öğrenmiştir. Ancak en çok zorlandığı ders yalnızlıktır, "Bu kadar insan arasında hiç birisi benim kadar acınası ya da desteklenmemiş değildir." (Shelly: 126) Bu, 'Yaratık'ı şunu sorgulamaya itmektedir 'bütün yaşayan şeyler arasında en sefili ben miyim?' (Shelly: 126) "Yaratık" empati gereksinimini sergilemektedir. "Herhangi bir varolan bana karşı bir hayırseverlik duygusu beslerse; bu yaratığın hatırına, bunu ona kat kat geri ödemeliyim. Hepsiyle barış yapacağım! (Shelly: 192) Ancak bunun yokluğunda kine eriştim 'Sen benim yaratıcım, benden iğrendin; bana hiçbir şey borçlu olmayan dostlarından ne umabilirim ki? Beni reddeder ve benden nefret ederler." (Shelly: 128)

Bu duygular zorlu dünyayla başa çıkmanın temel stratejisi haline geldiğinde insan direnci ve zekâsından daha güçlü bir şeyle birleştiler, Dr. Frankenstein gerçekten başka hiçbir şeye benzemeyen bir yaşam formu yarattı ve ona karşı hiçbir savunması yoktu.

Yeni Becerileri Kabullenmek

Bu durum YZ'nın insan toplumuna başarılı bir şekilde entegre edilmesine dair pek çok soruyu ortaya çıkarmaktadır.

İlk olarak, dijital varlık için insani duyguların hedef ve anlamına eşlik etmek ne kadar önemlidir? Doğa olarak amaç insanın replikasını yaratmaksa, duygu ve hisleri etraflıca belirlenen herhangi bir tasarının dışında bırakmak uygun değildir. İkinci olarak, duygulara dair herhangi bir kavrayış oluşturulmadığında insansı olan/insan varlığı dâhilinde hiçbir özneler arası deneyim oluşması beklenemez. Böyle bir durumda insansılar topluma entegre olamayacak ve bu nedenle gereksinim duyduğumuz hizmetleri yerine getiremeyeceklerdir. 'Yaratık' "[sayfiye evinde kalanların] konuştukları sözlerin onları duyanların zihinleri ve yüzlerinde bazen zevk ya da acı, gülümseme ya da mutsuzluk yarattığını" (Shelly: 144) öğrenmiştir. Hangi sözlerin ya da davranışların hangi tepkileri doğurduğunu anlamamıştır. YZ için etki ve tepkiye dair daha ileri bir anlayışın kurulması elzemdir. Meredith Somers'ın ortaya koyduğu gibi " (YZ) sizin nasıl hissettiğinizi bilmezse, belli bir duruma nasıl tepki vereceğinizi bilmez." (Somers, 2019)

Üçüncüsü daha az zorlayıcı bir önerme sunmaktadır; duygular biyolojik şeylerin hayatta kalmasına yardım ediyorsa, o zaman aynısını insansılar için de yapabilirler. Ancak insansıların ani mantıksal analizi neden hayatta kalma mekanizmasını güdüleyecek duygusal bir simülasyonun desteğini gerektirecektir? İnsanın replikasını yaratmaktaki amaç elbette bunu daha iyi ve etkin bir mekanizma içinde kurmaktır.

Dijital varlık kapsamındaki insani amaç ve anlam duygusunun önemi dikkate alınırsa, biyolojik bir çözümü kopyalama girişimi dijital dünyaya en uygun cevabı verebilir mi? Biyotaklit stratejisi sıklıkla oldukça başarılıdır. Bu nedenle, duygusal bir YZ yaratma tasarısı insanın aslında gelişmiş biyolojik süreç dizilerine dayanmaktadır, bunların biyolojik-olmayan bir formda kavranması ve yeniden üretilmesi kesinlikle mantıklıdır. Bu günlerde geniş bir kapsama kavuşan etkinlik alanı robotları programlayabilecek, yani duyguları YZ'nın kaynak koduna örtük değerler ve ödünler yazabilecek matematiksel formüllere indirgemeye odaklanmaktadır. Buna rağmen, bazı insanlar başarılı olmak için duyguların gerçekte ne olduklarına dair kavrayışta büyük bir değişimin gerektiğini iddia etmektedir. Feldman Barrett'in ifade ettiği gibi, (duygular) beynin belli bir bölümünden çıkmaz. Hiçbir bilimsel inovasyon mucizevi bir şekilde herhangi bir duygunun biyolojik parmak izini ortaya çıkaramayacaktır, bunun nedeni duygularımızın açığa çıkmayı beklemek üzerine yapılandırılmamasıdır. Onlar bizler tarafından oluşturulurlar. Duyguları fark etmez ya da onları tanımlamayız, kendi duygusal deneyimlerimizi ve kompleks bir etkileşim sistemi aracılığıyla ihtiyaç duyulan noktada başka insanların duygularına dair kendi algılarımızı yapılandırırız. İnsanoğlu muazzam biçimde evrimleşen beynimizin hayvani kısımlarının derinliklerine gömülmüş büyülü bir duygunun merhametine teslim edilmiş değildir, bizler kendi deneyimlerimizin mimarıyızdır. (Feldman Barrett, 2018: 40)

Bu nedenle, oldukça katı bir şekilde biyotaklidi kabul etmek etkisiz hale gelebilir. Biyotaklide duyulan güven aynı Dr. Frankenstein'ın bir yaşam oluşturma olarak gördüğü biçimde, insansının duygularını sadece teknolojik bir meydan okuma olarak görmekle sonuçlanabilir.

Dijital varoluş bağlamında insani bir amaç ve anlam duygusunun önemli olduğu ve biyolojik çözümün kopyalanmasının dijital dünyaya en uygun cevabı verdiği kabul edilirse o zaman insansı olan duygusal farkındalığın yetilerinden faydalanmayı nasıl öğrenecektir? Mevcut yaklaşım buluşsaldır, biyolojik yaklaşıma benzemektedir ki bu YZ'nın insan davranışını keşfetmesi gözlemleyerek öğrenmeye yönelik biçimde programlanmasını kapsamaktadır. Bu bizlerin kendi değer sistemlerimizi öğrenmemizle benzer biçimdedir. Varsayımsal olarak bu, Dr. Frankenstein'ın benimsediği türden bir yaklaşımdır ve açıktır ki verimliliği en iyi seviyeye taşımak için duyguları bir zırh gibi kuşanmanın en iyi yolu değildir.

'Yaratık' zeki bir insansının, insanın ahlaksızlığını ve bugün açıkça ortada olan kötücül anti-sosyal davranışı nasıl öğrenebileceğine dair açık bir uyarıdır. Zaten bu türden yaklaşımlar Microsoft (Tay), IBM (Watson) ve Google (X Lab) tarafından kabul edilemez sonuçlar doğurarak başarısız denemelere sahne olmuştur.

Bu meydan okuma böylesine önemli bir yaşam bileşenini şansa bırakamaz ve insanlarda oldukça sık rastlanan olumsuz ve yıkıcı duygu olasılıklarına açık kılamaz. Buna rağmen, gereken duygusal becerilerin öğrenilmesi için topluma başvuramayacaksak o zaman kime dönüşürüz? Biliyoruz ki insanoğlu aynı DNA'dan yaratılmıştır, yine de dünyayı algılamamız, inançlarımız ve amaçlarımız noktasında son derece çeşitliyizdir, o zaman insansıların yalnızca tek tip bir duygusal deneyime sahip olmalarını nasıl bekleriz? Bu bir arzuysa, insansının varolan herhangi bir toplumsal grupta eylem göstermesini olanaksız kılacaktır.

Benzersiz bir insansı modelin olması imkânsızdır, daha çok gerçek türlerin çeşitli birleşimlerinden yaratılmış olabilir. Nihayet, Dr. Frankenstein şu görüşe sahip olmaktadır "Yeni bir tür beni kendi yaratıcısı ve kaynağı olarak kutsayacak." (Shelly: 61). Öyleyse YZ'nın tek bir standart duygusal tepkisi olmasını mı arzu ederiz, yoksa çeşitli insani gereksinimlere uyarlanan çeşitli duygusal düzenlemeler yaratmayı mı umarız?

Aşılmaz Bariyerler

YZ/insan etkileşimindeki başarılar hızla ileriye taşınmaktadır. İnsansılar sağlam bir empati ve bağımsız düşünme izlenimini tasarlayabilirler. Teknoloji insan yüzleri ve sesleriyle ortaya konan duygusal işaretlere karşılık verebilir. Bu fonksiyonların hepsi YZ'nın ilişkilendirilmiş olduğu insanı anlamasına yardım etmek için tasarlanmaktadır, böylelikle insanların duygusal ve fiziksel ihtiyaçlarına daha iyi karşılık verebilmektedirler, etkin biçimde daha iyi bir köle tasarlanmaktadır.

Neyse ki, insan duygusunun bu empati ve tanınma izlenimini basitçe üretmesi bir yaşam formunda gerçek hisler ve duygu etkilerini oluşturmaktan büyük ölçüde farklıdır. Ancak bilimsel meydan okumamızı dijital olarak kıyaslanan türler üretmek olarak görürsek, insanlar insansı eşitlerinin aidiyet hissi ve reddedilme korkusuna sahip olmalarını bekleyecektir, böylelikle potansiyel olarak onların da içine gömüldüğünü hissettikleri bir kültürü meydana çıkarabileceklerdir. Böylece insansı olan kendisini 'biz'in bir parçası olarak düşünebileceği bir yapıda insanlarla birlikte bir farkındalığa sahip olabilir ve benlik duygusunu hissedebilir. İnsan ve insansı olan toplumsal sorumluluklarının müşterekliğini kabul eder.

Yine de bu, insanın oluşmasına izin verdiği yaşama karşı sorumluluğunu bütünüyle kabul etmesi için büyük bir yükümlülük konumlandırmaktadır. 'Yaratık'ın dediği gibi,

> Bırakın benimle nezaket alışverişi içinde yaşasın: ve, incitmek yerine, onun kabulüne karşılık olarak minnettarlık gözyaşları içinde onun faydası için her şeyi yapacağım. Ancak burada, bizim birleşmemizi engelleyen aşılmaz bariyerlerin insan duygularıyla ilgisi yok. Yine de benimkiler sefil bir köleliğin ibrazı olmayacaklar. Söyle neden birine, onun bana acıdığından daha fazla acıyayım? (Shelly: 192)

İnsansılar duyguyu deneyimleyebilir, ancak bu his bizimkiyle aynı olmayacaktır. Zihin felsefesi üzerine çalışmalarıyla bilinen Thomas Nagel, bilinç ve öznel deneyimin fizik kavramlarıyla tatmin edici bir biçimde açıklanamayacağı fikrinin savunucusudur. "*What Is It Like to Be a Bat?*" çalışmasında Nagel bilinçte esas olanın öznel karakter, bakış açısını temellendiren şey olduğunu ortaya koymaktadır. İnsansı olan insan olmanın ne olduğunu bilemez ve eşit biçimde insan da insansı olmanın ne olduğunu bilmez. Robotlarda duygu yaratımına karşı olan temel argüman duygunun zihinsel bir süreçten çok daha fazlası olmasıdır. Bu bedensel hislerle, anılarla ve algılanan hedeflerle bağlantılıdır. Bunu fark eden Shelly şöyle yazmaktadır "Ben [Yaratık] uzun zaman önce farklı duygularımın işleyişleri arasında ayrım yapmayı öğrendim." (Shelly: 131) "Biliyorum, ayırt edebiliyorum, boş laf; ama bana her yönden saldıran acıyı hissediyorum." (Shelly: 132)

Pek çok insan duyguları idare eden deneyim kuşaklarıyla bile duyguları son derece güçlü ve sıklıkla kontrolü zor olarak görmektedir. Bunlar genellikle hayatı yaşanmaya değer kılan bir kuvvet yaratırken, insanlar sıklıkla onları kendi varlıklarının ereğini aramaya iten duygusal kuvvetlerle ters düşmeyi deneyimlerler. Bu hikâyede de yoğun bir biçimde yansımaktadır; Dr. Frankenstein şunu hatırlamaktadır "Sessiz bir göle dalma arzusuna çekilmiştim, sular benim ve musibetlerimin üzerini sonsuza dek örtecekti" (Shelly: 115) ve 'Yaratık' Arktik atıklara atılarak intihara kalkışmaktadır. Russell'ın ifade ettiği gibi "yaptığı şeyler boyutunda zeki olan varlık, doğuştan gelen algısıyla muhtemelen ne isterse onu başarır." (Russell, 2020:, 14) Böylelikle varolmamaya özlem duyan zeki yaşamın oluşturulmasında hiçbir meşrulaştırma ya da insanlıktan bahsedilemez.

Eş biçimde duygusal bir insansı yaratıp ona yalnızca bir nesne gibi davranmak da meşru olmamalıdır, değil mi? Tynan Hewes şunu ileri sürer "robotlar duyguları hissediyorsa, toplum yaşayan şeyler olarak, insanların zararına olması da muhtemel olarak onların hakları üzerine düşünmek zorundadır. Yardımsever olan bir şeyin belli işlem ve eylemlerini reddetmek haksızca ve zalimcedir." (Hewes, 2018) Scott Simon şöyle demektedir "eğer insanlar yakın zamanda göz kırpma hızında düşünen ve öğrenen derinlikli bir zekâya sahip olan makineler geliştirirse, bu makinelerin kendilerine: 'biz neden buradayız?' diye sorması ne kadar sürecektir?" (Simon, 2017) İnsani duygularla yapılandırırsak, muhteşem zekâya sahip olan bu makinelerin özgürlük yoksunluğundan çöküntüye uğramasının nasıl önüne geçeriz? İnsanlar şüphesiz ki bunları yaratmaya çalışacak ve Karl Capék'in aslında suçsuz bir köle olmasındaki gibi onların gerçek robotlar olduğunu fark edecektir.

Yann leCun'un işaret ettiği gibi "YZ'nın kıskançlık vb. gibi kendini savunma güdülerine ihtiyacı yoktur... Bizler bu duyguları onlara işlersek o zaman bu yıkıcı 'duygular'a sahip olacaklardır. Bunu yapmamız için bir neden göremiyorum." (leCun, 2015)

Kapama Düğmesinin Kontrolü

İnsansı olanı insanların sahip olduğu duygusal kavrayışla ya da bütünüyle insani duygusal yetilerle donatma gereksinimine dair çekişme daha temel bir meseleyi gözden kaçırmaya neden olmaktadır; bilinç duygu için elzemdir. Bilinç problem çözme, planlama ve kendini bilme gibi sıklıkla bilişsel olarak tanımlanan zeki davranışlar için gereklidir. Sebastian Vaida'nın üzerinde durduğu gibi "duygu ve bilişsellik arasında bağlantı kurmak, bir açıdan oldukça açıktır. Onlar yakından bağlıdır, o kadar sıkı bağlıdırlar ki neredeyse birinden bahsetmeden diğer kavramı tanımlamak mümkün değildir." (Vaida, 2013: 573)

Böylelikle, bütünüyle duygusal yetilere sahip olan robotlar üretmeye dair büyük bir arzu beslendiği kesinleşirse o zaman onları bilinçli ve hayatta kalmaya muktedir olarak kabul etmemiz gerekir. Thomas Metzinger'in açıkladığı gibi, "Gelişmiş robotlar duygusal benlik-modellemesine sahip olursa, o zaman gerçekten muhtemelen bizlere çok yabancı olması nedeniyle, yaratıcıları olarak bizlerin hayal bile edemeyeceği yoğunlukla ve engin niteliklerle hayatta kalmaya çalışabilir." (Metziger, 2004:

621). Dikkat çekmeye çalıştığı nokta bizim kendi sistemimizin bile işleme biçimini henüz çözemediğimizdir: "Bu nedenle bizler tam anlamıyla biyolojik gelişimimiz, bedenimiz ve beynimizden köken bulmuş olan mülkiyetlerden kaynaklanan bütün bu olumsuz görünümlerin nereden geldiğini bile anlamadan ve hatta bunların nasıl etkisiz hale getirildiğini, hatta bunun yapılıp yapılmadığını bile kavramadan önce yapay iletim sistemlerindeki bütün olumsuz görünümlerin çoğaltılması noktasında büyük bir tehditle karşı karşıyayız." (Metzinger, 2004: 623)

Shelly dramatik biçimde yaratılmış olanın insanlarla olan karşılaşmalarından duyduğu engin acı nedeniyle bizimle özdeşleşmek ya da bize değer vermek için herhangi bir neden bulamadığını ifade etmektedir. Mesele, Dr. Frankenstein'ın 'Yaratık'a yalnızca olumsuz bir duygusal karşılık vermesi, tiksinti duymasıdır. Ne yaratığa yaşattığı acıyı anlamakta ne de onunla empati kurmakta gibidir. Bilinç, kendini bilme ve duygu yetisi yaratmış olsa da yaratmış olduğu şeyin bu nitelikleri idare edebilmesi için gerekli olan yetenekleri nasıl geliştireceğini öğrenmesine yardımcı olacak hiçbir şey yapmamıştır.

Çok değer verdiği yetişme biçiminden hiçbir ders çıkarmamıştır:

> Annemin hassas okşamaları ve babamın benimle ilgilenirken gösterdiği iyiliksever, zevkli gülüşü... Çocukları, iyilikle yetiştirmeleri için Cennet'in onlara bahşettiği ve geleceğinin daha çok mutluluk mu sefalet mi getireceği onların elinde olan masum ve çaresiz yaratık, yaşam verdikleri canlıya karşı borçlu olduklarının derin bilinciyle bana karşı olan görevlerini yerine getirdiler. (Shelly: 32)

Bir çocuk olarak Dr. Frankenstein psikolojik gelişiminin belli bir dönemi boyunca duygusal benlik-modelinin karşılık veren kısımlarını etkinleştirmeyi öğrenmiştir. Araştırma bu erken öğrenme durumunun etkinleşmemesi durumunda bireylerin bu duygulara birer yetişkin olarak erişemeyeceğini göstermektedir.

'Yaratık' yaratıcısından elzem olan yardımı aramıştır, ancak bu boşunadır "Adalet, hatta merhamet ve sevgi borçlu olduğun bana karşı olan görevini yerine getir, bunu en çok bana borçlusun ve [ben] de sana ve insanlığın geri kalanına olan borcumu ödeyeceğim." (Shelly: 127)

YZ için bilincin yarattığı herhangi bir acıyı en aza indirgeme yükümlülüğü insanlara çok daha büyük bir görev yüklemektedir. 'Yaratık'ta olduğu gibi, YZ farkındalığını geliştirir, hırslar, özlemler ve amaçlar kazanır, ardından ahlaki olarak yanlışlıklar taşıyan bir sistem olarak düğmesini kapatır. Scott Simon şunu ortaya koyar "İnsanlar ölümlülük açısından değerlendirdiğimizde bıkkınlıkla da büyüyüp yetişebilir, ancak zeki makineler bir sonraki yazılım güncellemesiyle bile ortadan kalkabilecek olan bilinçlerinin kesinliğiyle varolmak zorunda olacaktır." (Simon, 2017) Böylelikle, arzuladığımız biçimlerde hareket edecek teknoloji tasarımına dair YZ geliştiricilerinin karşı karşıya kaldığı meydan okuma onun varlığının insanın "bir düğmeyi kapatmak" kadar basit bir hareketiyle kesintiye uğrayacağını kabul edecektir.

Bu nedenle, kendi biyolojik karşılığından daha uzun süre yaşayabilecek biçimde duygu ve bilinçle inşa edeceğimiz ayırt edilemeyen bir insan kopyası oluşturma arayışındayız ancak onun yaşamı çok da zeki olmayan ve daha aşağı bir yaratığın kaprisiyle son buluyor. Böylesine ben-merkezci bir kibri kopyalamaya değmez gibi görünüyor.

İnsancıllaştırma Etkisi

İki yüz yılı aşkın bir süre önce Dr. Frankenstein biyolojik bir yaşamı yaratabileceğini kanıtlamaya çalışmaktadır. Geçtiğimiz yüzyılda bilim insanları robotik bir yaşam oluşturup oluşturamayacaklarını araştırmışlardır. İkisi de başarıya ulaşmıştır.

Buna rağmen, günümüzde bilim insanlarının kendi yaratımları üzerinde Dr. Frakenstein'ınkinden daha uzun vadeli bir kontrole sahip olup olmadıklarına dair herhangi bir gösterge yoktur. Günümüzde yapılandırılan yapay yaşam ve zekâ formlarının doğal olarak meydana gelen yaşam formlarında olduğu gibi kendine hâkim olup olamayacağına dair yükselen bir endişe mevcuttur. Böyle bir durumda insanlık kendini robotlarla birlikte yaşarken bulabilir ve insan toplumunun özü değişebilir. İnsanlar gerçekten insanı özel yapan bir şey olup olmadığını sorgulamakla yüzleşmeye, bizi insan kılan şeyin ne olduğuna daha çok odaklanmaya yönlendirileceklerdir.

İnsanlar türlerimizin benzersiz bir erdemi olarak düşünülen insanlık fikrinden onur duymaktadır. İnsanlık, hepsi bu konuyla ilgili olan üç farklı yorumu barındırabilir. İlk olarak, insanlık ahlaktaki türcülüğün klasik bir örneğidir. İkincisi, ortak saygıya dayanan ilişkiler aracılığıyla diğer insanlara özen gösteren insan davranışı meselesidir. Üçüncü yorum bütün insan toplumları karşısında tek bir küresel kimlik oluşturmaktır. Bu yalnızca basit bir biyolojik kimlik değil ancak türler olarak her insanın sahip olduğu menfaatler kapsamında tek bir küresel politik kimlik bağlamında eylemde bulunmamızdır. Buna rağmen, hepimizin bildiği ve her gün tanık olabildiği gibi ikinci ve üçüncü yorumlar gerçeklikten çok arzu uyandıran yapılardır.

Ahlaktaki türcülüğün klasik bir örneği "insan"ın sıklıkla merhametli ve düşünceli olarak tanımlandığı ortak dilin talihsiz nitelemeleriyken, robotik soğuk ve "mantıklı" olarak tanımlanmaktadır. Dr. Frankenstein'ın yaratımı ne yazık ki insan türcülüğünü deneyimlemiş ve bu nedenle bakımdan tümüyle yoksun kalmış, ortak bir saygı ilişkisi içinde insanca davranılmayı hak etmediğine kanaat getirilmiştir. İnsani merhamete dair hiçbir işaret yoktur.

Yine de 'Yaratık' aslında kendisini ıssız Arktik'te yalnız bir yaşama ve ardından intihara mahkûm ederek kendi sağlığı ve iyi-durumdalığı nedeniyle insanlara daha çok zarar gelmesini önlemek adına insanlığın özünü topluma göstermektedir.

Yakın gelecekte ortaya çıkacak olan insansılar izole etmek ve görmezden gelmek noktasında sayıca çok fazladırlar. İnsan toplumuna tümüyle entegre olamazlarsa, kendi toplumlarını yaratma kabiliyetine sahip olacaklardır. Böyle bir toplum söz konusu insanlığa dair ikinci ve üçüncü yorumları uygulamaya muktedir olacak gibidir. Eşzamanlı olarak kitle enformasyon transferi yapmaya kabiliyetli olacaklardır, bir üye bir şey öğrendiğinde, bütün toplumun aynı bilgiye erişmesi insani çabanın ötesine geçen bir ara bağlantı düzeyi yaratabileceklerdir. İletişimin temeli sözlü anlatımlar ya da sözcüklere gereksinim duymayan yeni bir dil olacaktır, data dijital olarak, görülmeden, insanlar tarafından duyulmadan, makine kodları içinde aktarılabilmektedir. İnsanlar için sosyal sorumluluk kapsamında bir anlam bulma yetisi kabiliyetinin ötesine geçen basit özneler arası süreçlerle yarışacaktır. Robotlar beyinlerini kendileriyle taşıyan bireysel varlıklar olarak hayal edilmektedir, hâlbuki onlar gerçekte tekil, geniş bilgi iletişim kaynakları kullanan küresel bir varlığa kablosuz olarak bağlanmakta gibidirler. (Russell, 2020: 93)

Buna rağmen, insanlar bu meydan okumaların üstesinden gelebilirse insanlığın olumlu değişimler yaşamasına dair bir olasılık bulunmaktadır. Charles Asimov uygun biçimde otomatik hale gelen ve eğitilmiş bir dünyada makinelerin doğru insanlaşma etkisini göstermesini öngörmüştür. Uç bir kötücül senaryo dâhilinde, robotik dünyada hayatta kalmak için savaştığımız gibi bütün insan toplumları karşısında makinelerin tekil bir küresel kimlik öne sürmesini sağlayabilir. Dahası robotlar olmak istediğimiz "insan" olabilme kabiliyetine daha çok sahip olabilir.

İnsansı eşlikçilerimiz nasıl daha iyi bir yaşam yaşayabileceğimize dair bazı faydalı kavrayışlar üretebilmektedir. Edward O Wilson şöyle yazmaktadır "İnsan zihni saf bir akıl ya da duygusal doyum karşısında dışsal olarak yönlendirilerek evrimleşmez. Her zaman olduğu haliyle, hem akıl hem de duygu için işleyen bir hayatta kalma mekanizması olarak kalır." (Wilson, 2014: 135) Ne yazık ki hayatta kalmak için tahminen yetişkin insanların %37'si düzenli olarak zihni-değişime uğratan alkol, sigara ve uyuşturucu etkisiyle gerçeklikten kaçmaktadır. (Peacock, 2018) Aslında bu Dr. Frankenstein'ın yaptığı şeydir "Eser miktarda laudanum; zira sadece bu afyon aracılığıyla yaşamımın geri kalanını devam ettirmem için gerekli olanları elde edebilirim." (Shelly: 247)

Kendi yaratmış olduğumuz ve başa çıkmakta muazzam bir zorluk yaşadığımız çevreye yeni yaşam türlerini dâhil etmeye çalışmamız gibi. Ne yazık ki başa çıkacak uyarıcılar olmaksızın biyolojik bir kusuru dijital bir zayıflığa transfer etmemize dair bütünüyle nefret doğuran bir düşüncedir.

Potansiyel olarak en iyi öğrenme dijital bir varlığın kendisini kapatabilme yetisini kazanabileceği bir kavrayış olacaktır. Liz Faber'in tanımladığı gibi "gönüllülük olasılığını ortadan kaldırma çabası dâhilinde gönüllü ölümü kolaylaştırma ve tıbbileştirmeyi isteme eğilimi --- varolmayı sonlandırmaya dair varoluşsal bir seçim öylesine korkutucudur ki toplu ve bilinçsiz olarak, gönüllü ölüme dair fazlasıyla basitleştirilmiş anlatılar kurarız." (Faber, 2019) Buna rağmen makine ölümünü düşünebilirsek bu insan yaşamının içyüzünü anlamayı gerektirecektir.

Ne yazık ki, Bireysel intihar durumlar muazzam bir insani sorunu temellendirmektedir. Birleşmiş Milletler'in başı, Antonio Guterres insanlığı kitlesel yok oluşun silahı olmakla suçlamaktadır. Bize hayat veren gezegene iyi bakmayı başaramamışızdır, bu öyle bir boyuttadır ki geri dönülmez bir sınıra varabilir ve artık insan varoluşuna uygun olmayabilir.

Dijital bir varlık insan bilincini kopyalar ancak diğer ciddi insani özellikleri reddederse, o zaman insanların öğrenmesi ve adapte olması için bir fırsat doğacaktır. Buna rağmen, olası en büyük engel bu olasılığa tepki vermeyi reddeden insani egodur. Dr. Frankenstein'ın aksine kendimize dair olan fikrimizi değiştirmeye açık olmak önemli hale gelecektir. Mantıklı yaratıklar olduğumuzu düşünmeyi sevsek de, gerçekte duygularımız zekâmızın büyük bir bölümünü yönetmektedir. Bununla bilgiyle olan tutumumuzu değiştirmeyiz, duyguya olan tutumumuzu değiştiririz.

Kendi gezegenimizi korumak için duygusal olarak yeterinde olgun olmadığımızda asıl meydan okuma dijital yaratımlarımızdan öğrendiklerimizi ve ondan gelen öğütleri kabullenecek kadar olgun olup olmadığımızdır. Buraya en çok uyan yer 'Yaratık'ın kendini yeniden oluşturma çabası içinde olan toplumu ikaz ettiği son sözleridir.

İnsanın kendi varoluşunu kopyalamayı başarmasının esas işareti şudur "Yaşam, yalnızca ıstırabı çoğaltmasına rağmen, benim için çok değerli, onu savunacağım" (Shelly: 127) Ancak devamında Shelly'nin insanın bilimsel bilgi aracılığıyla ortaya koyduğu çabaya dair görüşü şu ifadeyle potansiyel olarak istenmeyen sonuçların doğurduğu aşırılıklara yönelecektir:

> "Sen benim yaratıcımsın, ancak ben senin efendinim; -- itaat et!" (Shelly: 224)

Kaynakça

Bordoloi, (2020, September 14). *Will AI destroy humanity or commit suicide?* Retrieved from Sify: https://www.sify.com/news/will=ai -destroy-humanity-or-commit-suicide

Faber, L. (2019). When Robots Choose to Die: A Survey of Robot Suicide in Science Fiction. *PCA/ACA National Conference.* Washington, D.C.: Academia.Edu.

Feldman Barrett, L. (2018). *How Emotions Are Made.* New York: Pan Book

Hewes, T. (2018, April 10). *Emotional Robots : Useless and Dangerou* Retrieved from Colby Community : web.colby.edu/st12wa2018/2018/04/10/emotional - robots-useless-and-dangerous/

Hood, B. (2011). *The Self Illusion.* London: Constable.

leCun, Y. (2015, September 23). What to think about machines that think. (G. M. Prado, Interviewer)

Metzinger, T. (2004). *Being No One.* London: MIT pres

Peacock, A. e. (2018). *Global statistics on alcohol, tobacco and illicit drug use: 2017 Status Report.* London: King's College London.

Pert, C. (1999). *Molecules of Emotion.* London: Pocket Book

Russell, (2020). *Human Compatible.* New York: Penguin Books.

Shelly, M. (1999). *Frankenstein.* New York: Modern Library.

Simon, (2017, July 22). *I Sink, Therefore I Am :This Robot Wasn't Programmed For Existentail Angst.* Retrieved from NPR: https://www.npr.org/2017/07/22/538624461/i-sink-therefore-i-am-this-robot-wasnt-programmed-for-existentail-angst

Somers, M. (2019). Emotion AI, explained. *Ideas Made To Matter*.

Vaida, (2013). From PLato to Elli A Short Investigation of the Concept of Emotion *Procedia---Social and Behaviourl Sciences*, 571-573.

Wilson, E. O. (2014). *The Meaning of Human Existence.* New York : Liveright Publishing Corporation.

POLITICS AND ARTIFICIAL INTELLIGENCE: ARCH ENEMIES OR CLOSE ALLIES?

Dinçer ÇEVİK*

Extended Abstract:

Artificial intelligence (AI) and robotics are digital technologies that will have obvious substantial impact on the development of humanity. These technologies have caused fundamental questions about what we should do with these systems, what the systems themselves should do, what risks they involve, and how we can control these.

One of the best places to observe to what extent these questions bear importance is to analyze its impacts on the politic For instance, social media now takes a central role for political propaganda. As a result, this influence can be used to steer voting behavior and the Facebook-Cambridge Analytica "scandal" is probably a prime example for thi This example showed that provided that the steering voting behavior is successful, then it is easily possible to harm the autonomy of individual

There are serious concerns about the future of the established order and representative democracy, in today's world where technological transformation accelerates and affects almost every field. This concern is supported by the existence of systemic and non-systemic populist movements and

* PhD. Research Assist. – Mugla Sıtkı Kocman University, Philosophy Department

authoritarian government What kind of a relationship can be established between artificial intelligence and the ethical-political field? How could the possibilities created by artificial intelligence be used in politics and what political consequences could it have?

All these discussions require that developments in artificial intelligence be reconsidered in ethical and especially political context Developments in the field of artificial intelligence are becoming the focus of attention for economists, sociologists, political scientists and philosophers because these developments show that production, consumption, marketing and communication channels that seem to have been consolidated historically are in a rapid and radical change.

The relationship of artificial intelligence systems with the political field requires to analyze the ethical problems associated with the systems in question. Although there has been an increase in the number of analyzes in this context, it can be said that we are still far from the regulation of comprehensive conceptual and legal frameworks in many points related to artificial intelligence ethic The analysis of artificial intelligence systems in the ethical context also concerns the handling of these systems in the political context.

In this article, I aim to shed a light on the relationship between the politics and AI technologie In this context, firstly, a framework will be drawn about the conceptual background, and then, in order to make a more effective analysis of the relationship between artificial intelligence and politics, its relationship with the ethical field will be established. After establishing the conceptual framework of artificial intelligence technologies and their relationship with the ethical field, the relationship between these technologies and politics will be discussed with the help of case studie In the last part of the article, the possible political consequences of artificial intelligence technologies will be evaluated together with empirical studie In the article, it is aimed to present a framework for the studies with the analysis of the relationship between artificial intelligence and the political field.

The political implications of AI systems and the questions of whether they will strengthen democracy or authoritarianism will also require systematic research into how decisions are made, regulated and supervised across different regime form In addition, the fact that the role of artificial intelligence-based systems in the economy and information monopolization and political and economic rent are intertwined constitutes another important reference point in the relationship of artificial intelligence systems with the political field. In this context, whether artificial intelligence systems are eternal enemies or eternal friends should be considered as a question that will be tried to be answered continuously with a multi-faceted, interdisciplinary study.

POLİTİKA VE YAPAY ZEKÂ: EZELİ DÜŞMAN MI YAKIN MÜTTEFİK Mİ?

Dinçer Çevik*

Giriş

Teknolojik dönüşümün olağanüstü hızlandığı ve neredeyse her alana tesir ettiği günümüzde müesses nizam ve temsili demokrasinin geleceği ile ilgili ciddi endişeler mevcuttur. Bu endişeyi sistematik ve sistematik olmayan popülist hareketlerin ve otoriter eğilimli yönetimlerin varlığı ile de desteklenmektedir. Tüm bu tartışmalar yapay zekâ ile ilgili gelişmelerin etik ve özellikle politik bağlamlarda yeniden ele alınmasını gerektirmektedir. Yapay zekâ alanında yaşanan gelişmelerin ekonomistler, sosyologlar, politik bilimciler ve felsefeciler için ilgi odağı haline gelmesi, bir yönüyle söz konusu gelişmelerin tarihsel olarak konsolide olmuş gibi görünen üretim, tüketim, pazarlama ve iletişim kanallarının hızlı ve kökten bir değişim içinde olması ile ilişkilendirilebilir.

Yapay zekâ ile etik ve politik alan arasında nasıl bir ilişki kurulabilir? Yapay zekânın yarattığı olanaklar politikada nasıl kullanılabilir ve söz konusu olanaklar ne gibi politik sonuçlar doğurabilir? Bu soruları yanıtlamadan önce yapay zekânın politika ile ilişkisinin birden farklı biçimde ele alınabileceği belirtilmelidir. Yapay zekânın politik yönü birden farklı biçimde anlaşılabilir. Söz konusu ilişki hem bireysel düzeyde ele alınabilir hem de politik değerler ve toplumlar üzerindeki etkileri ile

* Araştırma Görevlisi Doktor, Muğla Sıtkı Koçman Üniversitesi, Felsefe Bölümü

beraber değerlendirilebilir. Yapay zekâ, merkezi ve tek elden kararlar alabilen sistemler olarak tasarlandığında özgürlükler ile doğrudan, bu sistemler manipülasyon yeteneği ve davranışları etkileme kapasitesi ile beraber düşünüldüğünde dolaylı politik etkilere sahip olabilir. Yapay zekânın politika ile ilişkisi otomatik karar alma önyargılar ve ayrımcılık gibi başlıklarda da devreye girebilir. Yapay zekânın demokrasiyi etkileme gücü yankı odalarının oluşması ve toplumdaki totaliter eğilimlerin desteklenmesi bağlamında da değerlendirilebilir. Yapay zekânın gözetim gibi meselelerde kullanılması da onun politik olmasıyla ilişkilendirilebilir. Yapay zekânın politik oluşu gezegenimiz için, insan olmayan canlılar ve ekoloji başlıkları bağlamında da ele alınabilir.

Görülebileceği üzere yapay zekâ teknolojilerinde yaşanan gelişmelerin politik sonuçlarla ilişkilendirilmesi, zaman zaman zorunlu olarak bahsi geçen teknolojilerin etik bağlamlarda da ele alınmasını gerektirmektedir. Dolayısıyla genel düzeyde, yapay zekânın yalnızca dünyayı değiştirmediği, dünyayı kavrayışımızı ve dünya hakkındaki düşünme biçimimizi de etkilediğinden hareketle yukarıda anılan ve çeşitlendirilebilecek bağlamları beraberce düşünmek gerektiği ortadadır. Bir başka deyişle Yuval Noah Harari'nin *Homo Deus* kitabının son cümlesinde dile getirdiği şu soru giderek daha çok önem kazanmaktadır: "Yüksek derecede zeki ancak bilinçli olmayan algoritmalar kendimizi tanıdığımızdan daha iyi biçimde bizi tanıdığında topluma, politikaya ve günlük hayata ne olacaktır?" (2016: 462).

Yukarıdaki soruyu yanıtlamanın bir yolu, yapay zekânın politik alan ile ilişkisini ve bu ilişkinin muhtemel sonuçlarını analiz etmektir. Yapay zekânın odakta olduğu böylesine önemli bir değişimi anlamak için çok boyutlu ve disiplinler arası bir yaklaşım ile yeni kavramsal arka plana ihtiyaç vardır.[1] Bu bağlamda makalede önce kavramsal arka plan ile ilgili bir çerçeve çizilecek, ardından yapay zekânın politika ile ilişkisinin daha etkin bir analizin yapılabilmesi için öncelikle onun etik alan ile ilişkisi kurulacaktır. Yapay zekâ teknolojileri ile ilgili kavramsal çerçeve ve etik alan ile ilişkisi kurulduktan sonra, bahsi geçen teknolojilerin politika ile ilişkisi vaka çalışmaları yardımıyla ele alınacaktır. Yazının son bölümünde yapay zekâ teknolojilerinin muhtemel politik sonuçları empirik çalışmalar ile beraber değerlendirilecektir. Araştırmamızda

---

[1] Yapay zekâ, politik alan ve etik çerçevesinde kaleme alınmış bir çalışma için bkz. (McEvoy, 2019). Türkiye de YZvR teknolojilerini üretme, kullanma ve geliştirme süreçlerinin içerisinde yer almaya çalışmaktadır. Örneğin, Cumhuriyeti Dijital Dönüşüm Ofisi tarafından Türkiye önümüzdeki dönem yapay zekâ çalışmalarına ilişkin uzun erimli planlarının Ulusal Yapay Zekâ Stratejisi 2021-2025, 2021/18 sayılı Cumhurbaşkanlığı Genelgesi ile uygulamaya konduğunun altı çizilmektedir. Bir yandan da Türkiye'de de YZvR'in etik bağlamda ele alındığı, olası risklerin ve etik problemlerin değerlendirildiği literatür hızla genişlemektedir. Bu tespitten hareketle, bahsi geçen sistemler ile ilgili yürütülen teorik tartışmalar kendi başına değerli olmakla beraber yeterli değildir. Türkiye'deki devlet ve vakıf üniversitelerinde bu çalışmanın kaleme alındığı tarih itibariyle lisans düzeyinde beş tane, yüksek lisans düzeyinde ise yirmi yedi tane yapay zekâ anabilim dalı programı mevcuttur. Öte yandan bu programların ders izlenceleri incelendiğinde etik kaygıların ve olası çözüm önerilerinin ele alındığı etik derslere rastlamak neredeyse imkansızdır. Etik kaygıların ön planda tutulduğu dersler genel olarak araştırma yöntemleri ve bilgi güvenliği bağlamında ele alınmaktadır. YZvR sistemlerde uzmanlaşmak üzere yetiştirilen insanların olası etik riskler ile ilgili farkındalık kazanmaları ve söz konusu risklerin analizi ve asgari düzeye çekilmesi için bu tür dersler gerekli olsa da yeterli değildir. YZvR sistemlerde uzmanlaşan insanların klasik etik teorilerinde içerileceği uygulamalı etik gibi dersler almaları önemlidir. Böylece bu alanlarda uzmanlaşan araştırmacılar söz konusu teknolojilerin yoğun olarak kullanıldığı pazarlardaki kaygıların ön plana çıkartıldığı tasarım ve uygulama ilkelerini sorumlu kullanım ve uygulama ile ilgili teorik bir arka plan eşliğinde analiz edebileceklerdir. Benzer biçimde Türkiye'de etik alanında çalışılan araştırmacılar da YZvR çalışmalarının ve bu çalışmaların etik yansımalarının güncel durumunu takip etmeli, ders içeriklerini bu yeni gelişmeleri de içerecek biçimde yenilemeli ve güncel tutmalıdır.

yapay zekâ ile politik alan arasındaki ilişkinin analizi ile çalışmalara bir çerçeve sunulması amaçlanmaktadır.

Kavramsal Arka Plan

Yapay zekâ ve robotik hâlihazırda insan yaşamında ve doğa üzerinde önemli etkileri olan ve yakın zamanda insanlığın gelişim evrelerinde muhtemelen çok daha sarsıcı etkileri olacağı düşünülen dijital teknolojilerdir. Söz konusu teknolojiler günümüzdeki versiyonları ile bile yeterince yeni soru ve sorunların ortaya çıkmasına neden oluyorken, daha gelişmiş söz konusu teknolojilerin ilerleyen evrelerinde bu teknolojilerin çok daha çeşitli ve önemli problem setlerinin ortaya çıkmasına neden olacağını tahmin etmek güç değildir. Bu sorular genellikle bu sistemler ile ne yapılabileceği ne yapılması gerektiği, bahse konu sistemlerin ne türden riskler barındırdıkları ve bu risklerin kontrol edilmesi için neyin nasıl yapılması gerektiği ile ilgilidir.

Yapay zekâ ve robotik (YZvR) alanının hem kendi içinde hem de bu alanın diğer alanlarda yarattığı tartışma başlıkları çok hızlı bir şekilde genişlemektedir.[2] Sürücüsüz akıllı otomobiller, gramer yapısı oluşturabilen, beste yapabilen yapay zekâlar, politik partilere liderlik eden ve seçimlere girecek olan yapay zekâ ve bu listeye her gün yenisinin eklendiği birçok gelişme bu alanın ne kadar hayatın merkezinde olduğunu ve değişimin ne kadar hızlı gerçekleştiğini açık kılan örneklerdir.

Yapay zekânın ortaya çıkışının izleri, çok eski zamanlara kadar sürülebilecek olan insanın yapıp etmelerinde işini kolaylaştıracak ve mümkün olduğu kadar iş yükünü azaltacak teknikler üretme motivasyonu ile ilgilidir. Söz konusu motivasyon insanın otonom biçimde eyleyebilen nesneler olarak değerlendirildiğinde, bahsi geçen fikir ilk otomat yapımcısı olarak adı geçen

[2] Bu noktadan itibaren makalenin ilerleyen kısımlarında daha kapsayıcı olması nedeniyle yapay zekâ yerine 'yapay zekâ ve robotik' (YZvR) kavramsallaştırılması kullanılacaktır.

Tarantolu Arkitas'ın yaşadığı antik dönemlere kadar götürülebilir (Güzeldere, 1998: 29). Öte yandan hızla genişleyen YZvR literatüründe bazı tanımların ve kavramların birbirlerini ikame edecek biçimde kullanıldığı gözlemlenmektedir. Kavramların daha açık kılınması, ilgili problem başlıklarının uygun bir şekilde tasnifine, uygun bir tasnif de problemlerin çözümü için daha sistematik çalışmaların yürütülmesine yardımcı olacaktır. En nihayetinde Ian Hacking'in de dile getirdiği gibi "Ayrımlarımızı önemsememiz gerekir" (1999: 67). YZvR ile ilgili kavramsal ayrımlar hangi kavram setinin hangi problemin hangi bağlamda en uygun biçimde analiz edilebileceğinin belirlenmesine ve olası diğer problemlerin öngörülmesine yardımcı olacaktır.

Yapay Zekâ ve Robotik

Her ne kadar aralarında farklar olsa da yapay zekâ, robot, akıllı makine, yapay zihin gibi kavramlar, literatürde eş anlamlı kullanılmaktadır (Arıcı & Doğan, 2018: 316). Yapay zekâ kavramı geniş anlamıyla bir amacı gerçekleştirmek için gerekli olan karmaşık, zeki bir davranışı sergileyen yapay, hesaplamaya dayalı sistemler olarak tanımlanır.

Tarihsel açıdan insan zekâsının taklit edilebilmesinin olanağı ile ilgili çalışmaların başlaması Alan Turing'in 1950 yılında yayımladığı "*Computing Machinery and Intelligence*" makalesinde ele aldığı makinelerin düşünebilmesinin mümkün olup olmadığını sorgulamasına götürülebilir. Yapay zekâ, bilgisayar biliminin dil kullanma, öğrenme, akıl yürütme ve problem çözme gibi karmaşık eylemlerin içerildiği sistemleri tasarlamayı hedefleyen koludur (Güzeldere, 1998: 27). Bir başka tanımlamaya göre yapay zekâ, kendisine has fiziksel bir varlığı olmayıp, yazılım temelli olarak bilişsel açıdan özne nitelikleri gösteren sistemlerdir (Ersoy, 2017: 7).

Çek dilinde 'angarya', 'zorla çalıştırılma' anlamlarına gelen "*robota*" teriminden türetilen robot sözcüğü ise Karel

Capek'in 1920 tarihli "*Rossum'un Akıllı Robotları*" adlı bilim kurgu tarzındaki tiyatro oyununda kullanılmıştır (Frances & Mohun, 2014: 334). Robotun tek bir tanımı olmamakla beraber, biyolojik açıdan hayatta olmayan, zihinsel ve fiziksel açıdan özne nitelikleri sergileyen sistemler robot olarak adlandırılır (Ersoy, 2017: 6).

YZvR tabanlı sistemler kavrama, metin analizi, doğal dil işleme, mantıksal akıl yürütme, oyun oynama, karar destek sistemleri, veri analizi, öndeyi analizi, otonom araçlar ve başka farklı biçimlerde uygulama alanlarında kullanılmaktadır (Stone vd., 2016). Yapay zekâ, bahsi geçen uygulamaların gerçekleştirilmesi için sembol manipülasyonu, nöral bağlantılar yoluyla makine öğrenmesi gibi teknikleri içerebilir (Goodfellow vd., 2016; Silver vd., 2018).

Akıllı makineler yalnızca yerine getirmek üzere tasarlandıkları işlevleri ile kalmayıp, içerdikleri donanım ve yazılım sayesinde karar verebilme otonomisine, önceden belirlenmiş parametreler dâhilinde herhangi bir ihlal olup olmadığını tespit ederek kendi durumunun farkındalığına sahip olabilen makine, sistem, cihaz veya nesnelerdir. Akıllı makineler kısmi otonomi, verimlilik, güvenlik ve bağlantılık gibi yönleriyle benzer türlerinden ayrılırlar. Sürücüsüz otomobil teknolojisi, cep telefonları akıllı makine örnekleridir.

Yapay zihin, insan ya da hayvan beyni ile benzer bilişsel yetilere sahip bir donanım ya da yazılım olarak tanımlanır. '*Go*', '*Riziko*' gibi yarışmalarda ve oyunlarda performans gösteren yapay zekâ sistemleri yapay zihin örnekleridir. *IBM* tarafından geliştirilen ve satranç ustası Gary Kasparov'u yenen '*Deep Blue*' yapay zihin örneklerinin en meşhurlarından birisidir.[3]

---

[3] Garry Kasparov, Deep Blue'nun ilk versiyonuyla 1996 yılında karşılaşmış, altı setlik maç sonunda satranç oynayabilen bilgisayar 'Deep Blue'yu yenmiştir. Takip eden yıllarda IBM Deep Blue'yu saniyede altmış milyar hamleyi gözden geçirebilecek şekilde geliştirmiş ve ile Kasparov 1997

YZvR ile ilgili kavramsal analiz sonrasında söz konusu teknolojilerin etik ve özellikle de politik alan ile ilişkisini ele alabilmek için onların nesne ve özne olarak değerlendirilmesi durumunda ne gibi olası sonuçların olabileceği de analiz edilmelidir.

Özne ve Nesne Olarak YZvR, Etik ve Otonomi

Yeni bilgi ve teknolojiler çoğu zaman belirli bir türden ödünleşim (İng. '*tradeoff*') ilişkisi barındırır; geliştirilen ve iyileştirilen bilgi ve teknolojiler yaşamı kolaylaştırdığı gibi beraberinde farklı alanlarda ortaya çıkabilecek yeni problem kümeleri oluştururlar. Örneğin insan üretimi teknolojilerin tasarımı kullanıcıları için etik sonuçları olabilecek sonuçlara sahiptir ve bu anlamda hem 'sorumlu kullanım' hem de 'sorumlu tasarım' başlıkları önemsenmelidir (Houkes & Vermaas 2010; Verbeek 2011). Öte yandan YZvR sistemlerin kullanım alanlarının çok geniş kapsamlı olması ve doğrudan insan yaşamının merkezine oturması, beraberinde yanıtlanması gereken sorular ve potansiyel riskler getirmektedir. Söz konusu sorunlar ve riskler hukuk, ekonomi gibi birçok farklı alan ile kesişim noktalarında tartışılmakla birlikte, tüm bu alt başlıkların bir yönüyle daha genel düzeyde etik ve politik başlıklarda ele alınabileceği görülmektedir. Etik bağlamda bahsi geçen yeni teknolojiler ile ilgili tartışmalar genel olarak YZvR sistemlerin insanlık için varoluşsal bir tehdit oluşturabileceği, veri güvenliği ve gizliliği, tramvay ikilemleri[4] gibi başlıklarda ele alınmaktadır.

---

yılında bir maç daha yapmıştır. Altı setlik maç sonucunda bu defa Deep Blue Kasparov'u puan farkıyla yenmeyi başarmış, böylece insanlık tarihinde ilk kez bir yapay zihin dünya satranç şampiyonu bir insanı yenmiştir.

[4] Tramvay ikilemleri etik, psikoloji gibi alanlarda başvurulan kaç tane insanın hangi durumda diğerleri uğruna kurban edilebileceği ile ilgili etik ikilemlerin ele alındığı düşünce deneyleridir. Düşünce deneyleri ile ilgili kapsamlı bir değerlendirme için bkz. (Ateş, 2015).

YZvR'yi insanlar tarafından yaratılan nesneler olarak değerlendirmek ile bu sistemlerin bizatihi kendilerini özne olarak ele almak, YZvR ile ilgili politik ve etik sorunları ele alış biçimlerimizi şekillendirir. Örneğin, YZvR sistemler üretilen nesneler olarak ele alındığında karşılaşılacak etik problemler mahremiyet, manipülasyon, şeffaflık, önyargılar, insan-YZvR etkileşimi, istihdam ve otonominin muhtemel etkileri ile ilgiliyken, YZvR özne olarak değerlendirildiğinde makine etiği ve YZvR sistemlerini etik failler olarak ele alınıp alınmayacağı ile ilgili problemler konu edinilecektir.[5] Sıralanan problem kümeleri zaman zaman örtüşebilse de YZvR sistemlerinin belirli bir derecede de otonomilerinin olduğu kabulü etik sorumluluğun söz konusu sistemlerde olduğunu ve onların etik failler olarak değerlendirilebilmesinin yolunu açar. Otonom sistemler tartışmalarındaki bir görüşe göre otonomi, sorumluluğun ve birey olmanın temelidir (Christman 2003 [2018]). Ancak bu ilişki tek yönlüdür; sorumluluk otonomiyi içerir ancak otonomi sorumluluğu içermez. Sorumluluk ile otonomi arasındaki ilişki bu şekilde ortaya konulduğunda bazı YZvR sistemlerin teknik açıdan otonomisinin olduğu ancak sorumluluk ile ilgili meselelere neden olmayabileceği ortaya çıkar.

YzvR'yi özne ve nesne olarak ele almanın olası sonuçları yine bu ilişkinin daha somutlaştığı insan-robot etkileşimi başlığı altında da incelenmelidir. İnsan robot etkileşimi kendi başına akademik bir alan olmakla birlikte, son dönemde etik meseleler bağlamında da ilgi odağı olmaya başlamıştır (Arnold & Scheutz, 2017). Robotik etiği ile ilgili olarak "Robo-etik" olarak da anılan robot etiği mühendislik ile etik değerlerin bir araya geldiği bir alandır.[6] Robotların nasıl tasarlanırsa etik davranabileceği[7], ro-

[5] Buradaki ayrım kategorik olarak değil derece açısından değerlendirilmelidir.

[6] Robotik etiği ile ilgili olarak bkz. (Calo vd., 2016; Royakkers & van Est, 2016; Tzafestas, 2016; Lin vd., 2017).

[7] Bu başlık aynı zamanda makine etiği olarak da anılır.

botların kullanım biçimleri, örneğin insan bakımı için tasarlanan robotlar ya da savaşlarda kullanılabilecek katil robotlar ile ilgili meseleler ile ilgilidir. İnsanlar nesnelere mental özellikler atfetmeye, onlarla empati kurmaya meyillidir. Bu içgüdüsel davranış insanları ve diğer hayvanları aldatmak amacıyla kullanılabilir. Bu bağlamda insansı robotlar ile ilgili yapılan çalışmalar potansiyel olarak problemler barındırmaktadır.[8] Örneğin ürün güvenliği ve mesuliyeti gibi iş etiğinin ve hukukunun bazı temel prensipleri robotlara uygulanabilse de özellikle robotların insan bakımı gibi daha insani özelliklerinin ön plana çıkarıldığı durumlarda tek başına bu prensipler ve sınırlamalar işlevsel olmayabilmektedir. Robotların sağlık alanındaki kullanımları da bu bağlamda ele alınabilir. Robotların bu alandaki kullanımlarının günümüzdeki temel kullanımlarının ötesine geçeceği öngörülmektedir.[9] Bu öngörü bağlamında şimdiden insanların robotlar tarafından nasıl bakılacağı ile ilgili kaygılar dile getirilmekte-

---

[8] Örneğin Hiroshi Ishiguro laboratuvarları tarafından üretile uzaktan kontrol edilebilir "Geminiod"leri gerçek insan görünümünden neredeyse ayrılamazdır. İnsana bu denli benzemeleri ve uzaktan kontrol edilebilmeleri nedeniyle bu robotlar ile neler yapılabileceği ucu açık bir sorudur. Bkz. http://www.geminoid.jp/en/index.html. Erişim Tarihi: 18.03.2023.

Bir diğer örnek Hanson robotik tarafından geliştirilen ve 2016 yılında aktive edilen Sophia adlı robottur. Sophia dünya medyasında belirli bir görünürlüğe sahip olmuş ve röportajlar vermiştir. 2017 yılında Sophia'ya Suudi Arabistan vatandaşlığı verilmiş ve herhangi bir ülkeden vatandaşlık alan ilk robot olmuş, Birleşmiş Milletler Kalkınma Programının ilk Yenilik Şampiyonu seçilerek Birleşmiş Milletler 'den unvan alan ilk insan olmayan varlık olarak tarihe geçmiştir. Bkz. https://www.hansonroboticcom/sophia/. Erişim Tarihi: 18.03.2023.

[9] Örneğin Japon mühendis Takanori Shibata tarafından 2004 yılında geliştirilen Paro adlı fok görünümlü robot demanslı hastaların psikolojik açıdan rahatlatılması amacıyla bakım kurumlarında kullanılmaktadır. Paro adlı robotun nörolojik ve bilişsel bozuklukları olan hem olgun hastalarda hem de çocuklarda tedavilere yardımcı olduğu kaydedilmiştir. Bkz. https://unit.aist.go.jp/hiiri/topics/03-en.html. Erişim Tarihi: 18.03.2023.

dir[10] (A. Sharkey & N. Sharkey, 2011; Sparrow, 2016).

YZvR tabanlı yeni teknolojilerin olası tehlikelerini zaten halihazırda var olan ürün sorumluluğu gibi politikalar ile aşılacak kadar önemsiz olduğu düşünebilir ancak söz konusu düzenlemeler günü ve görünümü kurtaran, palyatif çözümler olarak genellikle işletmelerin, askeri yöneticilerin, işletme idarecilerinin ve politikacıların var olan iş ve yönetme modellerini sürdürmelerinde payanda rolü üstlendiğinin altı çizilmelidir. Bu bağlamda özellikle söz konusu alanlarda sahiden etik kaygıların ön planda tutulduğundan emin olmak diğer alanlara göre daha hassas hale gelmektedir, çünkü bahsi geçen alanlar toplumsal ve uluslararası güç ilişkilerinin en görünür olduğu alanlardır. YZvR sistemlerin üretilmesinde takip edilecek süreçlerin etik boyutu ile ilgili henüz çok fazla politika üretilmemiş olmakla beraber, yine de alanda bazı başlangıç aşamasında çalışmalar gözlemlenebilmektedir.[11]

Mahremiyet, gözetim ve davranış manipülasyonu gibi meseleler yalnızca YZvR sistemlerin etik alan ile ilişkisinin değil onların politik alan ile ilişkisinin kesişiminin merkezinde de yer alır. Bu anlamda söz konusu meselelerin ilgili çerçevelerde ele alınması gerekir.

---

[10] Kapsamlı bir değerlendirme için bkz. (Wynsberghe, 2016); (Nørskov, 2017); (Fosch-Villaronga & Albo-Canals, 2019), (Draper vd., 2014).

[11] Avrupa Birliği'nin konu ile ilgili güncel çalışmalarında "güvenilir YZ" ("trustworthy AI") hukuki, etik, teknik açıdan sağlam olması önerilmiş ve bununla ilgili insanı gözeten, teknik olarak sağlam, mahremiyet ve veri yönetimi, adil olma, refah ve hesap verilebilirlik başlıklarından oluşan yedi maddelik bir gereksinim listesi önermiştir (Müller, 2021) Bu anlamda Avrupa'da YZvR ile ilgili çalışmaların çoğu "sorumlu araştırma ve yenilik" mottosu ile sürdürülmektedir. Bu bağlamda, tıpkı tıp doktorları için olanlara benzer şekilde yapay zekâ alanında çalışan mühendisler için "etik kodlar" önem arz etmektedir (Véliz, 2019). Aynı bağlamda veri biliminin kendisinin etik yaklaşımda normatif açıdan meseleyi nasıl ele alması gerektiğinin altı çizilmektedir (Taylor & Purtova, 2019).

Mahremiyet, Gözetim ve Davranış Manipülasyonu

Neredeyse yaşamın her anında ve her yerinde yer alan YZvR sistemler mahremiyet, gözetim ve davranış manipülasyonu ile ilgili kaygıları da beraberinde getirmektedir. Bu çerçevedeki kaygılar farklı alt başlıklarda ele alınmaktadır. Örneğin mesele, bir yönüyle enformasyon teknolojileri bağlamında özel veriye erişim meselelerini ilgilendirmektedir (Macnish 2017; Roessler, 2017). Bir diğer açıdan mahremiyet, yalnız kalma hakkı ile, kişiselliğin mahremiyeti ile, öznenin kendisi ile bilgi üzerindeki hakimiyetinin mahremiyeti ve gizli kalma mahremiyeti ile ilgili de olabilir (Bennett & Raab, 2006).

Genel olarak mahremiyet meselesi yönetimlerin, hükümetlerin, idarelerin gözetimi bağlamında ele alınmakla beraber kapitalist ekonominin dijitalleşmesi ile birlikte artık işletmelerin ve firmaların da gözetiminden bahsedilmektedir.[12]

[12] Kandırma, insan zayıflığını istismar etme, yapılan işlemleri ağırdan almayı ileri götürme, bağımlılık yaratma ve manipülasyon şeklinde sıralanan yöntemler "Büyük Beş" olarak anılan (Amazon, Google/Alphabet, Microsoft, Apple, Facebook) şirketlerin veri toplama metotları olarak anılmaktadır (Harris, 2016). "Gözetim internetin iş modelidir" (Schneier, 2015). Sosyal medya, çevrimiçi oyunlar bu gözetim ekonomisinin ortamları olarak iş görür ve amaç ilgiyi toplayıp sürekli kılmaktır. Bu anlamda bu gözetim ve ilgi ekonomisi bazen "gözetim kapitalizmi" olarak da anılır (Zuboff, 2019). YZvR sistemlerin ekonomi, etik ve politika ile ne kadar iç içe geçmiş olduğu ile ilgili çarpıcı bir örnek Amazon firması üzerinden verilebilir. Karar alma mekanizmalarındaki önyargı, sistemin şeffaf olmayışı ile daha görünür hale gelmektedir. Örneğin, insan yüzlerinden oluşan bir veri tabanında, yüz tanıma sistemi daha çok beyaz tenli insan görürse, koyu tenli yüzleri tanımada kaçınılmaz olarak daha kötü performans sergiler. Böyle bir durumda sistem koyu tenliler ile ilgili durumlarda yanlış sonuçların alınmasına ve bir anlamda ayrımcılık yapılmasına neden olacaktır. Aslında bu bağlamda somut bir örnekten bahsedilebilir. Uluslararası çevrimiçi bir alışveriş sitesi olan Amazon son yıllarda, işe alımlarda, başvuruda bulunanları bilgisayar programları aracılığıyla süzgeçten geçirmektedir. Söz konusu işlem YZvR sistemler ile önceki işe alımları baz alınarak yapılmaktadır. Geçmişte erkek adayların kadınlara göre daha çok tercih

YZvR sistemleri aracılığıyla daha hızlı ve etkin biçimde veri toplanmakta ve yeri geldiğinde kullanılmak ve paylaşılmak üzere depolanmaktadır. Söz konusu verinin sağladığı olanakların analizi YZvR sistemler tarafından hızlı ve etkin bir şekilde yapılabilmektedir. Gözetim yalnızca devletler, hükümetler tarafından benimsenen bir yöntem değildir. Şirketlerin de benzer biçimde potansiyel ve aktif müşterilerini gözetlemek için kullandıkları dijital yöntemlere yaslanan gözetleme yöntemleri çok hızlı bir şekilde gelişmektedir. Bu süreç karşısında açık ya da örtük biçimde istismar edilen, sömürülen bireyleri ve haneleri koruması gereken düzenlemeler bu hıza cevap vermekte geri kalmaktadır (Müller, 2021).

Bilindik veri toplama yöntemlerinde kimin hangi veriyi neden topladığı, ilgili veriye kimin ve neden erişiminin olduğu görece daha kolay tespit edilebiliyorken dijital dünyada bu bilgilere erişmek neredeyse imkânsızdır. Özellikle son dönemde geliştirilen teknolojiler potansiyel olarak büyük risk barındırabilecek bilgileri toplayabilecek şekilde geliştirilmektedir. Örneğin fotoğraflardaki ve videolardaki yüz tanıma teknolojileri bireylerin tanımlanmasında ve profillerinin çıkartılmasında kullanılmaktadır (Whittaker vd., 2018). Yine yüz tanıma ya da parmak izi ile açılan cep telefonları bu bağlamda örnek olarak verilebilir. Sonuç olarak "Bu devasa veri okyanusunda bizlerin korkutucu

---

edilmesinden dolayı YZvR bir alışkanlık elde edilmiş, Amazon'un kullandığı işe alım yazılımı kendini bu yönde eğitmiştir ve aynı alışkanlıkla iş gördüğü için erkek ve kadınlar arasında işe alımlarda bir ayrımcılık oluşmaktadır. Aynı örnek üzerinden olası bir başka probleme daha dikkat çekilebilir. Amazon örneğinden gidecek olursak, YZvR sistemin ulaştığı veri tabanı adil bir veri sağlıyor olsaydı bile, işe alım sürecinde belirli ırklara öncelik verilmesi kriter olarak koyulursa (ya da kodlanırsa), yapay zekâ önyargılı sonuç verir ve bile bile ayrımcılık yapılmış olur. Üstelik bu durumda bu ayrımcılığın sorumluluğunun neye, kime yükleneceği de açık değildir. Amazon örneği ile kapsamlı bir değerlendirme için bkz. (Dastin, 2022).

biçimde tamamlanmış resimleri mevcuttur" (Smolan, 2016: 1:01).

Sahiden de toplumlar genellikle kendi iradeleri ve farkındalıklarından bağımsız olarak YzVR sistemlerin etkilerini giderek daha fazla deneyimlemektedir. Söz konusu etkiler politik sistemler, seçimler, karar verme ve benzeri sistem düzeylerinde otomasyon ve algoritmik sistemler tarafından yönlendirilmektedir. Bahsi geçen sistemler, amaçlı siyasi reklamlardan kutuplaşmayı yoğunlaştıran otomatikleştirilmiş etkileşimlere, otomasyon teknolojileriyle kolayca çarpıtabilen internet tabanlı kitlesel katılımlı kamuoyu yoklamalarından mevcut bir videoda yer alan bir kişinin, yapay sinir ağları kullanılarak bir başka kişinin görüntüsü ile değiştirildiği '*deepfake*' teknolojilerine kadar çeşitlenebilmektedir.

Scientific American 2017 yılında temel olarak şu soruya odaklanan bir sayı yayınlamıştır: "Demokrasi büyük veri ve yapay zekâya rağmen sağ kalabilecek mi?" (Helbing vd., 2017). Sorunun arka planındaki temel iddiaya göre insanlık önemli bir teknolojik dönüşümden geçmektedir ve büyük ölçekli sosyal ve davranışsal otomasyon, toplumların organize edilme ve yönetilme biçimlerini değiştirecektir (Ünver, 2018: 8). Aynı yıl Oxford Üniversitesi'nden Vyacheslav Polanski, Dünya Ekonomik Forumu'nda yer alan bir makalesinde[13], yapay zekâ destekli reklamların, sosyal medya gücünün ve kitle iletişim araçları olarak iş gören botlar ve trollerin politik süreçlerdeki etkisine atıfta bulunarak yapay zekânın "sessizce demokrasinin yerini aldığını" iddia eder (Ünver, 2018: 8). Sahiden de temelinde YZvR sistemlerin olduğu dijital iletişim, politika ve otomatik sistemler arasındaki bu kritik ve tarihsel etkileşimin

[13] Bkz. https://www.weforum.org/agenda/2017/08/artificial-intelligence-can-save-democracy-unless-it-destroys-it-first/?utm_content=bufferc8e6f&utm_medium=social&utm_source=twitter.com&utm_campaign=buffer. Erişim Tarihi: 18.03.2023.

merkezindedir. Siyasal iletişimci Andrew Chadwick, sosyal medya platformlarının farklı işlevlerine referansla 'hibrit medya sistemi' kavramsallaştırmasını ortaya atan ilk isimdir (2017). Bu kavramsallaştırmaya göre, *Twitter*, *Facebook* gibi platformlar, sadece iletişim araçları değil, aynı zamanda kritik zamanlarda haberlerin takip edilebildiği mecralar olmalarının yanında seçimler gibi politik olayların olduğu zamanlarda bir yönüyle politik toplantıların ve protestoların da yapıldığı araçlar olarak iş görürler (Ünver, 2018:1). Bu bağlamda bu tür platformların algoritmik yapıları, politik yapıları, bilgi ve içerik aramayı, vatandaş katılımını biçimlendirir. Bu tespit medya ve dijital toplum alanlarında çalışan Jose van Dijk'in şu sözleriyle özetlenebilir: "Sosyal medya, kaçınılmaz biçimde bağlantıları düzenleyen ve manipüle eden otomatik sistemlerdir" (2013: 12).

YZvR sistemler aracılığıyla çevrimiçi sistemlerdeki davranışlarımız gözetlenerek zihin durumlarımıza ilişkin bir kavrayış edinilebilmektedir (Burr & Christianini, 2019). YZvR sistemlerin gözetim ve mahremiyetle ilgili ne kadar etkin olabileceği politik bağlamda da değerlendirilebilir. Politik alan kurumlardan, alanlardan ve sokaklardan önemli ölçüde çekilerek sosyal medyaya taşınmış durumdadır. Politik propaganda büyük oranda sosyal medya üzerinden yapılmaktadır. Kullanıcıların davranışlarıyla ilgili geniş veri setleri ile YZvR tabanlı sistemler, bireyleri onlar bile farkında olmadan istenen seçimlere ve davranışlara yönlendirebilen geniş bir 'dürtme' (İng. '*nudge*') olanağı repertuarına sahiptir. Tüm bu belirlenimler beraberce düşünüldüğünde oy verme davranışlarındaki otonomilerinin YZvR sistemler ile çok yakından ilgisi bulunmaktadır. Bu durumun en güncel ve uluslararası örneklerinden birisi "*Cambridge Analytica*" skandalıdır (Woolley & Howard 2017; Bradshaw vd., 2019). *Cambridge Analytica (CA)* skandalı yakın dönemde YZvR ile politik alanın nasıl ve ne derece manipüle edilebileceğinin en somut ve güncel örneklerinden birisidir, bu nedenle söz konusu skandalın üzerinde durmakta fayda vardır.[14] Ayrıntılara girmeden önce veri sızıntılarının ilk defa *CA* skandalı ile ortaya çıkmadığı belirtilmelidir; örneğin *Marriott International* sızıntısı beş yüz milyon, *Equifax* sızıntısı yüz kırk yedi milyon, *Linkedln* yaşadığı sızıntılar yüz altmış beş milyon kullanıcıyı etkilemiştir (Swinhoe'dan akt. Wagner, 2021). Bu noktada *CA* skandalının neden farklı bir yerde konumlandığı sorgulanmalıdır. Diğer sızıntılarla kıyaslandığında *CA* skandalının bu denli ses getirmesinin başlıca nedeni kullanılan verinin ve veri toplanma yöntemlerinin farklılaşması ile ilgilidir (Wagner, 2021). *CA* skandalında kullanılan veri insanların tavırları ve ilgileri ilgili bir çalışma alanı olan psikografi aracılığı ile elde edilmiştir. Söz konusu veri demografik veri ile bir araya getirildiğinde daha tamamlanmış profillere ulaşılabilmektedir (Shewan'dan akt. Wagner, 2021).

Amacını açık biçimdc "kitle davranışını değiştirmek için veri kullanmak"[15] (Aksoy & Türkölmez, 2020: 49) olarak ortaya koyan *CA* biraz yakından incelendiğinde firmanın yalnızca ABD seçimlerinde etkin olmadığı görülebilmektedir. *CA* daha önce 2014 yılında ABD senato seçimlerinde Cumhuriyetçi Parti başkanlık yarışında muhafazakâr senatör adaylarına araştırma ve iletişim ile ilgili destek vermeye başlamıştır. *CA* İngiltere'nin Avrupa Birliği'nden ayrılma sürecinde 2015 yılında *CA* sürece Brexit'i savunan Leave.Eu ile de çalışmıştır. Aynı yıl *CA* başkan adaylığı yarışında Donald Trump'un rakibi olan Ted Cruz ile

---

[14] CA ile ilgili daha detaylı çalışmalar için bkz. (Aksoy & Türkölmez; 2020; Şinşek, 2022; Wagner, 2021; Akpınar, 2022) İkna edici algoritmaların insan davranışını etkileme şekli, doğrudan Nobel Ödülü sahibi Richard Thaler ve Cass Sunstein'ın (2009) "dürtme teorisi" (İng. "nudge theory") tarafından tanımlanan "dürtme" kavramıyla ilgilidir (Ünver, 2018: 8). Sosyoloji temelli bir kavram olan dürtme, doğrudan bir tehdit veya ikna olmaksızın dolaylı telkin ve ipuçlarının kurumların ve bireylerin kararlarını etkilediği davranışsal bir kavramdır.

[15] Bkz; https://cambridgeanalytica.org/. Erişim tarihi: 15.03.2023.

çalışmıştır. *CA* anılan bu çalışmalarından önce de Nijerya ve bazı Doğu Avrupa ülkelerindeki seçimlerde rol almıştır. *CA*'nın kullandığı yöntem Michal Kosinsky ve David Stilwell tarafından geliştirilen "*MyPersonality*" uygulamasına dayanmaktadır. Bu uygulama temel olarak psikologlar tarafından 1980'li yıllarda geliştirilen "*Big Five*" (diğer adıyla OCEAN) adıyla bilinen ve açıklık ('*Openness*') vicdanlı olmak ('*Conscientiousness*'), dışa dönüklük (İng. '*Extroversion*'), uyumluluk ('*Agreeableness*') ve kolay etkilenebilirlik ('*Neuroticisim*') özelliklerine odaklanır. Söz konusu beş özellik ile herhangi bir öznenin nasıl davranacağının gösterilebildiği ortaya konmaktadır, psikografi çalışmaları bahsi geçen beş temel bileşenin çözümlenmesidir. Bu çalışmaların ne denli etkili olabileceğini görebilmek için Kosinksi ve ekibinin altmış sekiz kez "*like*" tuşunu kullanması ile yüzde seksen beş doğrulukla Cumhuriyetçi ya da Demokrat olduğunu ya da diğer bireysel özelliklerini ve tercihlerini belirleyebildiklerini belirtmiştir (Nebil, 2017: 11).

CA skandalı daha önce değinilmiş olan YZvR teknolojileri nesne olarak egle alınmasının örneği olarak değerlendirilebilir. Skandal büyük oranda YZvR teknolojilerinin insan tarafından bilinçli manipülasyonunu ve gözetimini içerdiği için politik ve etik açıdan failleri belirlemek ve ilgili soruşturmaları yürütmek görece daha kolay olmuştur. Buradaki sorun tek başına YZvR teknolojilerinin yasa ya da düzenleme dışı kullanıldığı durumlarda neyin ya da kimin hangi ilke ve yasalara göre sorumlu tutulacağından ibaret değildir. Hakların sorumluluklar ile beraber var olduğu düşünüldüğünde meselenin halen politik alan ile ilişkisinde önemli bir noktada konumlandığı görülebilecektir.

CA skandalı ile benzer bir bağlamda YZvR sistemlerin politik konularla ilgili argüman türetme ve ikna etme konusundaki potansiyeli ile ilgili yapılan çalışmalar analiz edilmelidir. Standford Üniversitesi'nden bir grup araştırmacı YZvR tarafında üretilen argümanların tartışmalı meselelerde ne ölçüde etkili argümanlar türetilebileceği ile ilgili çalışmalar yürütmüştür. Standford Üniversitesi'ndeki "Polarization and Social Change Lab" ve "The Institute for Human-Centered Artificial Intelligence" kurumlarında çalışan bir grup araştırmacı yapay zekânın politik ikna gücü ve güncel sosyo-politik meselelerle ilgili fikirlerini etkileme gücü ile ilgili bir çalışma yapmışlardır. Araştırmacılar tarafından çalışmanın nihai amacının yapay zekâ ile ilgili çalışmaların olumsuz yönde seyretmesi durumunda neler olabileceği, chatbotların demokrasi ve ulusal güvenlik gibi meselelerde ne derece etkili olabileceğini göstermek olduğu belirtilmiştir. Polarization and Social Change Lab'daki araştırmacılardan birisi olan Hui Max Ba, söz konusu deneylerin değerlendirildiği "*Artificial intelligence can pursuade humans on political issues*" (Bai vd., 2023) adlı makalede şunları söyler: "Yapay zekâ iyi iş çıkardı. Hatta yapay zekâ tarafından üretilen ikna edici çağrılar insanlardan oluşan kitleleri bazı politik meselelerde ikna eden ve insanlar tarafından yazılanlar kadar etkiliydi" (Myers, 2023). Robb Willer tarafından yürütülen çalışmada ChatGPT'yi besleyen büyük dil modeli GPT-3 kullanılarak tartışmalı politik konular ile ilgili bir kısmının insanlar bir kısmının da yapay zekâ tarafından oluşturulan ikna edici mesajlar oluşturulup söz konusu argümanlar gerçek insanlara okutulmuştur. Vaka çalışmalarında araştırmaya katılanlardan mesajları okumadan önce ve sonra olmak üzere görüşlerini belirtmeleri istenmiştir. Ardından ilgili mesajların okuyucular üzerinde ne derece ve neden ikna edici olduğu değerlendirilmiştir. Yapılan üç karşılaştırmada da sigara yasağı, karbon vergisi, silah kontrolü gibi konularda yapay zekâ tarafından türetilen argümanların ikna edicilik düzeyinin yüksek olduğu belirtilmiştir. Araştırmada dikkat çeken bir başka bulgu katılımcıların okudukları metinleri nitelemesi ile ilgilidir. Bu bağlamda katılımcılar yapay zekâ tarafından türetilen metinlerin yapısal açıdan daha rasyonel, olgusal, daha az öfkeli ve ikna edici buldukları belirlenmiştir. Araştırmanın başındaki Willer'a göre: "Açık biçimde ortaya koymak gerekirse politika yapıcılar ve yasa koyucular için yapay zekâ dikkatlerini gerektiren bazı yüksek riskli soruları gündeme getiren bir karmaşıklık düzeyine ulaştı. Yapay zekâ siyasi söylemi etkileme potansiyeline sahip ve bu konuları en başından ele almalıyız" (Myers, 2023).

Myers tarafından dile getirilen potansiyel bağlamında YZvR sistemlerin mevcut rejim türlerini nasıl değiştireceğine dair farklı süreçler varsayan önde gelen iki olanağın söz konusu olabileceği ortaya çıkmıştır: algoritmik feodalizm (Drahos & Braithwaite, 2003; Howze, 2017) ve faşizm (Snyder, 2018; Ünver, 2018: 4). YZvR sistemler ilişkisinde feodalizm hem sistemik anarşiyi yok etmeye yönelik ve doğrudan mali ve beşerî sermayenin sağlanması de iç ve dış politika düzeyinde güvenlik sağlanması etrafında dönen politik bir rejim olanağına referansla kullanılmaktadır (Ünver, 2018: 5). Söz konusu yaklaşım, iç politikada daha çok isyan kontrolü ve gözetleme endüstrilerini ifade ederken, uluslararası alanda siber güvenlik, insansız sistemler ve iletişim bağlamında çeşitli konu başlıkları ile ilgilidir. YZvR sistemlerin feodal eğilimleri güçlendirebilme olanağı, söz konusu sistemlerin politik alanı büyük şirketlerin yoğun etkisi ve baskısı altında belirlendiği yönetim biçimi olarak tanımlanabilecek olan korporatizmi taklit eden üretim sistemleri ile ilgilidir (Ünver, 2018: 5). Bu bağlamda YZvR sistemler, korporatizmi taklit eden sistemlerin kurulmasına yardımcı olarak sektörel ittifaklar aracılığıyla güç ilişkilerinin yeniden yapılandırılmasını etkileyebilir. YZvR sistemlerin şirketleşmesi politik, askeri, bilim gibi önemli ve stratejik alanlardaki şirketler kod ve kodlayıcı üretimi aracılığıyla tekelleşip gücün merkezileşmesine katkıda bulunup, demokrasinin ortadan kaldırılmasına, politik katılımı ve temsili demokrasiyi aşındıran feodal bir ağ oluşturabilecektir (Ünver, 2018: 5).

YZvR sistemlerin feodal eğilimleri güçlendirebilme olanağının yanında bir diğer olasılık bahsi geçen sistemlerin faşizan yönetim biçimleri yaratabilme olanağı ile ilgilidir. Buna göre, YZvR merkezli karar alma mekanizmaları kontrol odaklı, yukarıdan aşağı yönlü, gözetimi ve hiyerarşiyi arttıran faşist sistemler yaratabilme olanağına sahiptir. Söz konusu endişeler özellikle son yıllarda ABD ve Avrupa'da internet trolleri, sahte haberler ve bot hesaplar ile desteklenen aşırı sağ grupların yükselmesiyle yoğunlaşmıştır (Ünver, 2018: 5-6). YZvR tabanlı sistemler, hükümetler ve teknoloji şirketleri arasındaki mali ilişkilerin, güç ilişkilerine dönüşmesine yardımcı olarak yalnızca bahsi geçen aktörlerin merkezde yer aldığı totaliter yönetme biçimlerinin güçlenmesine yardımcı olabilir. YZvR tabanlı sistemler insan eylemlerinin ve davranışlarının politik, ekonomik ve sosyal olarak tanımlanabilir ve tanınabilir özellikler aracılığıyla tahmin edilebileceği ve bunun da ölçülebileceği hipotezi üzerine kuruludur. Dolayısıyla teorik olarak vatandaşlar kendilerini neredeyse erişilemez ve teknik olarak denetlenmesi oldukça zor olan algoritmalar aracılığıyla giderek artan bir şekilde profil çıkarmaya tabi tutuldukça, sosyal etkileşimlerin nicelikselleştirildiği 'tekno-faşist' bir düzen içerisinde bulabilirler (Ünver, 2018: 6).

Willer'ın dile getirdiği ve yukarıda muhtemel senaryolar çerçevesinde analiz edilen potansiyel, bazı empirik çalışmalar yardımıyla araştırılmıştır. Seth Flaxman, Sharad Goel ve Justin M. Rao'nın kaleme aldığı 2016 tarihli "*Filter Bubbles, Echo Chambers, and Online News Consumption*" çalışması YZvR sistemlerin ideolojik ayrışmalarda nasıl ve ne derece etkin olduğu ile ilgili önemli açılımlar sağlamaktadır (2016: 317-318). Makalede yer alan bir görüşe göre YZvR sistemler bireylerin kendi görüş ve inançları ile uyum içinde olan içerikleri tüketmesine neden olarak "yankı odalarının" oluşmasına neden olabilecektir (Sunstein, 2009). Söz konusu öngörü ile ilgili kontrollü deneyler de mevcuttur. Bu deneylere göre bireyler kendi politik fikirleri ile uyum içinde olan gazete makalelerini tercih etmektedir (Garret, 2009; Ivengar & Hahn 2009; Munson

& Resnick, 2010). Bahsi geçen öngörüyü destekleyen bir başka tespit ise arama motoru ve benzeri sosyal ağların makine öğrenmesi modelleri yardımıyla kişiselleştirilmiş içerikleri bireylere sunması ile ilgilidir (Agichtein vd., 2006; Das vd., 2007; Hannak vd., 2013). Bu süreç, potansiyel olarak ideolojik ayrışmaların otomatik olarak teşvik edildiği "filtre baloncukları"nın oluşması ile sonuçlanacaktır (Pariser, 2011). Benzer biçimde, bireylerin kendi görüşlerine uyan bilgi ve içeriği paylaşma olasılıkları daha yüksektir (Moscovici & Zavalloni, 1969; Myers & Bishop, 1970; Spears vd., 1990; Schkade vd., 2007). Bir başka çalışmaya göre bireylerin doğrudan haber sitelerinden bilgi edinmelerine kıyasla, sosyal medya ve web arama motorları söz konusu olduğunda çevrimiçi haber tüketimi geleneksel haber okuma alışkanlıklarını büyük ölçüde taklit etmekte, ideolojik ayrışma daha yüksek düzeylere çıkabilmektedir (Flaxman vd., 2016: 318). Tüm bunlar beraberce düşünüldüğünde bilgi ve içerik ayrışmasının, farklı politik görüşlerin dile getirilip temsil edilmesinin esas olduğu demokratik politik sistemler için önemli riskler taşıdığı görülebilecektir (Downs, 1957; Baron 1994; Lassen, 2005).

Flaxman, Goel, Rao tarafından kaleme alınan makalede yer alan bir diğer görüşe göre Benkler (2006) ve benzeri düşünenlerin desteklediği bir diğer yaklaşıma göre YZvR sistemler, farklı fikirlerin ve artan seçeneklerin yayılımına yardımcı olarak sosyal ağların farklı fikirlere daha fazla maruz kalmaya neden olduğunu ve direylerin dar görüşlü içerik tüketim kalıplarından çıkabileceğini ileri sürülmektedir (Obendorf vd., 2007; Goel vd., 2012). Söz konusu iddia ile ilgili empirik çalışmalar Messing ve Westwood (2012) tarafından yapılmış, çalışmalar sonucunda sosyal ağların heterojen bakış açılarına maruz kalmayı arttırdığı görülmüştür. Benzer biçimde Goel vd. tarafından (2010) tarafından yapılan bir çalışmaya göre çevrimiçi sosyal ağlardaki bağların önemli bir bölümü politik yelpazenin zıt taraflarındaki bireyler arasında yer alarak farklı içerik keşiflerinin olasılığını arttırmaktadır. Bu çalışmalara göre YZvR ideolojik ayrışmaları azaltıcı bir etkiye de sahip olabilir.

YZvR Sistemler, Mükemmel Yöneticiler ve Mükemmel Politik Kararların Olanağı

2017 yılında Amerikalı yazar Joshua Davis "*Let's Elect an A.I. President*"[16] adlı bir makale kaleme almıştır. Temel olarak Davis'in argümanları YZvR sistem tabanlı başkan egolarından arınmış, yorulmayan, kan şekeri düşüklüğü ve benzeri problemlerden muzdarip olmayacağı için hızlı karar alabileceği, vatandaşların ihtiyaçlarına uygun karşılık verebileceği, hesap verilebilirlik, yozlaşmanın azaltılması gibi konularda daha sağlıklı ve etkin olabileceği ile ilgilidir (McEvoy, 2019: 344-345; Ünver, 2018: 10). Davis'e göre "Yapay zekânın amacı, araba kullanmak, tıbbi teşhis koymak ve idare etmek gibi iyi olmadığımız şeylerden bizi kurtarmaktır. Yapay zekânın yeni bir insan refahı ve barış çağına yol açması tamamen olanaklıdır" (2017). Davis'e göre YZvR tabanlı bir başkan ideali daha karmaşık ve kritik görevlerin kademeli olarak makinelere devredilmesiyle, en sonunda da tüm politik kararların algoritmik yapılar tarafından devralınmasına dayanmaktadır (Ünver, 2018: 10). Devlet başkanlığı düzeyinde olmasa da YZvR sistemlerin özne olarak politikacı olarak ortaya çıktığı vaka çalışmalarından bahsedilebilir.

YzVR sistemlerin politik özneler olarak ele alınabilmesi ile ilgili iki vaka çalışmasından bahsedilebilir. Bunlardan ilki Japonya'nın Tama şehrinin belediye başkanlığı yarışında yapay zekâ destekli bir robotun seçimlere girmesidir.[17] Dolaylı yollardan da olsa seçime aday olan robotun belediye başkanı

---

[16] https://www.wired.com/2017/05/hear-lets-elect-ai-president/. Erişim tarihi: 18.03.2023.

[17] https://www.rt.com/news/424402-robot-mayor-japan-tama/. Erişim Tarihi: 18.03.2023.

olabilmesi için 2014 yılında da Tama belediye seçimlerine aday olan Michihito Matsuda'nın seçimi kazanmasına bağlıydı. Matsuda, belediye başkanlığını kazanması durumunda belediye başkanlığı görevinin yapay zekâ destekli bu robot tarafından yapılacağını açıklamıştı. Matsuda ve yapay zekâ destekli denge, adalet, refah ve benzerleri yanında şehirdeki meselelerle ilgili vatandaşlar tarafından verilen imzaların istatistiksel olarak analiz edileceğini de vaat etmiştir. YZvR aday projesinin insanlık tarihinde bir ilk olduğunun altını çizen Matsuda, robot için adaylık sürecinde bir ofis ve internet sitesi dahi açmıştır. Matsuda yapay zekânın kenti daha iyi yönetebileceğini iddia etmiştir, çünkü Matsuda'ya göre yapay zekâ eldeki verileri analiz edip analitik kararlar verebilecektir. Matsuda seçimi kazanamamıştır ancak bu olay YZvR sistemlerin politika ile özne olarak ilişkilenmesinin ilk ve önemli örneklerinden birisi olarak tarihe geçmiştir.

Matsuda vakası YZvR sistemlerin özne olarak politika ile ilişkilenmesinin yerel yönetimler açısından bir örneğidir. Danimarka'da seçimlere girmek amacıyla kurulmuş olan 'Sentetik Parti' (orj. "*Det Syntetiske Parti*") YZvR sistemlerin özne olarak politika ile ilişkilenmesine merkezi yönetim bağlamında bir örnektir.[18] Yöneticiliğini Leader Lars isimli bir sohbet botunun yaptığı Danimarka'da kurulan ve genel seçimlere hazırlanan Sentetik Parti güncel ve çarpıcı bir örnektir.[19] Leader Lars, tüm Danimarka vatandaşlarına temel gelir sağlamak, aylık ortalama maaşın iki katı ücret dağıtmak gibi vaatlerde bulunmakta ve bu vaatlerini de temellendirmektedir. Asker Staunæs, partiye liderlik eden yapay zekâ Leader Lars'ın bilinçli olarak 1970 sonrası Danimarka'daki seçmenin yüzde yirmisine denk gelen ve parla-

---

18 https://www.forbesindia.com/article/lifes/how-artificial-intelligence-is-branching-out-into-politics/80717/1. Erişim Tarihi: 18.03.2023.

19 https://www.vice.com/en/article/jgpb3p/this-danish-political-party-is-led-by-an-ai. Erişim Tarihi: 18.03.2023.

mentoda bugüne kadar sandalye elde edemeyen radikal partilerinin politikaları konusunda bir eğitimden geçirildiğini vurgulamaktadır. Bunlara ek olarak Staunæs, Sentetik Parti'nin kullanıcı verileri ve paylaşımlarıyla geliştirildiği için, yeterince demokrat olmayan, popülist bir yapısının olduğunun altını çizmektedir. Öte yandan Staunæs'e göre herkes partinin yapay zekâ modeline internete sundukları veriler aracılığıyla katılabildiği için, partinin demokratik olarak değerlendirilebilmesi olanaklıdır.

Liderliğini yapay zekânın yaptığı Sentetik parti, başta otonomi, veri güvenilirliği ilgili olmak üzere birçok etik meseleyi çok somut biçimde örneklemektedir. Her şeyden önce parti her ne kadar yapay zekâ tarafından temsil edilse de politik yönelimi tam olarak ortaya konulmayan bir vakıf tarafından kurulmuştur. Bu anlamda partinin doğrudan vakfın politik görüşlerini yansıtıp yansıtmadığı şüphelidir. Partinin demokratik yapısı olduğu iddiası, yapay zekânın kullanıcı verileri desteklenip geliştirilmesine dayandırılmaktadır, ancak bu noktada yanıtlanması gereken ilk soru söz konusu kullanıcı verilerinin ne kadar şeffaf, güvenilir ve tarafsız olduğudur. Otonomi açısından da benzer kaygılar dile getirilebilir. Sentetik Parti iktidara gelirse ve iktidara gelmek için verdiği vaatleri yerine getirmezse bu durumda kim (ya da ne) sorumlu tutulacaktır? Dile getirilen soru ve sorunlar yine bir yönüyle otonomi ile ilişkilidir. Robotikteki otonomi tanımı daha teknik, daha zayıf ve görecelidir. Yine de buradaki otonomi, politik alan ve yetki ilişkileri yine de bu kavramlar bağlamında ele alınmak zorundadır. Buna göre bir sistem belirli bir dereceye kadar, insan kontrolüne göre otonom olduğu söylenebilir (Müller, 2021).

Matsuda vakası ve Sentetik Parti örneklerinde bazı ön kabuller mevcuttur ve söz konusu kabuller YZvR ile politik alan ilişkisinin anlaşılabilmesi için detaylı biçimde analiz edilmelidir. Bu ön kabullerden belki de en önemlisi YZvR destekli politik öznelerin tarafsız, objektif, mükemmel ve hızlı kararlar alabilecekleri ile ilgilidir. Öte yandan YZvR sistemlerin ne derece gelişkin olduğundan, olabileceğinden bağımsız olarak algoritmik yapıların insan karmaşıklığının merkezinde olduğu politikada mükemmel kararlar alması yüksek olasılık dâhilinde değildir (Ünver, 2018: 12). Bu tespiti desteklemek için birkaç tane argüman öne sürülebilir. Öncelikle politikada mükemmel ya da objektif karar kavramı mevcut değildir (Ünver, 2018: 12; Dean & Sharfman, 1996). Ayrıca veri karmaşıklığı ile makinelerin yeni veriyi öğrenebilmesi arasında hız açısından ters bir orantı vardır (Ünver, 2018: 12; Koch, 2015). YZvR sistemler ilgili verileri incelemeyi öğrenseler ve kısa vadeli öndeyilerde bulunabilseler, olası senaryoları türetebilseler bile bunlar uzun vadede etkili olamamaktadırlar. YZvR karar alma mekanizmaları genellikle nicelenebilir veriye dayanan, ancak bölgesel ve kültürel etmenleri hesaba katmayan çözümler sundukları için eksik kalmaktadırlar (Ünver, 2018: 12, Spinney, 2018). Üstelik YZvR destekli karar alma mekanizmalarının daha hızlı karar alabiliyor olması her zaman daha objektif ve doğru karar alabildiği anlamına gelmemektedir (Ünver, 2018: 13). Bir diğer önemli nokta YZvR sistemlerin temelinde yer alan algoritmalar ile ilgilidir: "Algoritmalar kaçınılmaz biçimde değer yüklüdür" (Mittelstaddt vd., 2016: 1; Brey & Soraker, 2009; Wiener, 1988). Algoritmaların onları kodlayan insanların görüş, inanış ve değerleri ile biçimlendiği göz önünde bulundurulduğunda, YZvR sistemlerin objektif, üzerinde uzlaşı bulunan ya da tarafsız kararlara varmaları çok olanaklı görünmemektedir. Bir diğer önemli nokta YZvR destekli kararlar tüm bu gerekçelere rağmen hızlı, doğru olsa bile bu karar süreçlerinin hesabının nasıl verilebileceği ile ilgilidir. Londra'daki "Alan Turing Institute" yapay zekâ program direktörü Adrian Weller konuyu şu çarpıcı sözlerle dile getirmektedir: "eğer bir algoritma altı seneliğine hapishaneye konmam gerektiğini önerirse, uygun süreci takip edip edemediğimi bilmemi sağlayacak ve aynı fikirde olmadığım durumda algoritmaya anlamlı biçimde karşı çıkmamı sağlayacak bir açıklama sunabilmesini isterim" (akt. Ünver, 2018: 13). Görülebileceği üzere YZvR sistemlerin etik alan ile ilişkisi aslında onun politik alan ile ilişkisinin de bir sacayağı durumundadır. Bu bağlamda YZvR sistemlerin şeffaflığı ve önyargı oluşturma kapasitesi de analiz edilmelidir. Gözetim ile ilgili etik meseleler yalnızca şeffaflık ve önyargı "veri etiği" ya da "büyük veri etiği" olarak anılan alanlardaki temel meseleler olmakla beraber (Floridi & Taddeo 2018; Mittelstadt & Floridi, 2016), YZvR sistemleri otomatik karar alma süreçleri ve öndeyi bilgileri açısından hesap verilebilirlik ve benzeri meseleler açısından önemli kaygılar doğurmaktadır (Whittaker vd., 2018). Bu sistemler belirli yapılarının parçalarıdır ve bu yapılarda "insan katılımı fırsatlarını sınırlandıran ve limit koyan karar alma süreçleri yaratılmaktadır" (Danaher, 2016: 245). Dolayısıyla karar alma süreci etkilenen öznenin sistem kendisini doğrudan ilgilendiren kararın nasıl verildiğini, bu kararı veren sistemin şeffaf olup olmadığı ile ilgili bilgisi yoktur. Şeffaflık sorununun teknik açıdan çözümü için Van Lent vd. (1999) ve Lomas vd. (2012) çalışmaları ile başlatılan "açıklanabilir Yapay Zekâ" (İng. '*explainable AI*') çalışmaları önemlidir. Bu çalışmaların amacı ve YZvR sistemlerdeki şeffaflık ile talep edilen "toplum üzerinde uygulanan insan yapımı sayısal yapıları etkileyen güç yapılarını, önyargıları ve etkileri açıklayan ve düzgün bir biçimde ifade eden bir mekanizma"dır (Diakopoulos, 2015: 398). Bu talep zaman zaman "algoritmik hesap verilebilirlik raporu" olarak da anılır. Burada söz konusu olan ilgili YZvR sistemin kendi akıl yürütme sürecini açıklaması değildir; şüphesiz böyle bir talep YZvR sistemlere hâlihazırda atfettiğimizden çok daha önemli bir etik ve politik otonomi yüklemek anlamına gelecektir.

YZvR sistemlerin politik olarak meşruiyeti ile ilgili bir diğer mesele bir kararın sonucuna karar verirken politik kapitalin ve etkinin rolü olarak tanımlanan (Nutt &Wilson, 2010) 'politiklik' kavramı ile ilgilidir (Ünver, 2018: 13). Politik alanda her zaman en rasyonel olan doğrultusunda karar alınmamakta, kararların politiklik derecesi ideoloji, çıkarlar, meşruluk ve uzmanlık tarafından belirlenen güç ilişkileri tarafından belirlenmekte, politik bir sistemin kurumsallaşması ve düzenliliği bu etmenler arasındaki güç ilişkileri tarafından biçimlendirilmektedir (Ünver, 2018: 13). Bu belirlenimlerden hareketle YZvR sistemlerin en rasyonel kararlar almasının söz konusu sistemlerin politiklik derecesi yüksek, objektif ve en doğru kararları alabileceğini iddia etmek oldukça güçtür.

Ayrıca, YZvR tabanlı sistemlerde algoritmik kararların görünür, kamusal bir yüzü yoktur. Görünürlük, politik meşruiyet için önemli ön koşullarından biridir (Ünver, 2018: 13). Buna göre liderler ve politikacılar, kamuoyunda ve medya kuruluşlarında görünür olmalıdır. Politika, insanlar arasındaki güç ilişkilerinin yönetimi olduğundan, öncelikle aktörlerin davranışları, karizmaları ve seçmenlerinin gözündeki varlıkları üzerine yapılanır. YZvR tabanlı sistemlerin politik karar süreçlerinde rol almaya başladığı durumda, kamusal bir yüz ve bir tür görünürlük gereği doğacaktır. Bu görünürlüğün nasıl, hangi biçimde ve hangi aktör (ler) aracılığıyla sağlanacağı da politik meşruiyet açısından önem arz edecektir (Ünver, 2018: 13).

Araştırmalara göre YZvR sistemler ile yaratılabilecek ya da en azından bu sistemlerin katkısı ile biçimlenebilecek politik senaryolar yer yer ürkütücü olmakla beraber henüz bu kaygılar ile ilgili alarma geçilecek noktada olunmadığı söylenebilir. Bahsi geçen sistemlerin demokrasiye zarar verecek, otoriterliği güçlendirecek genel bir etkisinin olup olmadığı halen tartışma konusudur. YZvR tabanlı sistemlerin ikna kabiliyeti bir yönüyle mesaj içeriğine de bağlıdır:

Mesaj içeriğinin olgusal olduğu durumlarda, bu tür çabalar zararsız olabilir. Olmadığı durumlarda, bu kaynaklar seçmenlere ve yasa koyucuları yaygın yanlış bilgilendirme kampanyaları ile etkileyebilir, politikleştirilmiş meseleler ve olaylara ilişkin doğru algıları daha da aşındırabilir ve genel popülasyondaki "paylaşılan gerçekliği" daha da baltalayabilir. YZ'nin ikna kabiliyetinin bu şekilde ortaya konuluşu, düzenleyicilere YZ tabanlı yanlış bilgileri ele alma konusunda bir aciliyet sunuyor (Bai vd., 2023: 7).

Alıntıya göre, YZvR tabanlı sistemlerin etki alanı mesaj içerikleriyle de belirlenmiştir. Öte yandan yine de bahsi geçen sistemler toplumdaki algılar ve genel kanılar üzerinde belirleyici bir güç olarak özellikle yasa yapıcılar tarafından acilen önemsenmeye başlanmalıdır.

YZvR sistemlerin politika ile ilişkisindeki tüm bu olası olumsuz senaryoların onların insanların iyiliği için kullanılamayacağı anlamına gelmemektedir. Bir başka bakış açısından bakıldığında, YZvR sistemler sayesinde demokrasilerin önemli bir bileşeni olan temsil meselesinin merkezden çepere yayılmasına yardımcı olarak demokratik temsil alanının genişlemesine de yardımcı olabilir (Ünver, 2018: 15). Söz konusu sistemler politik karar alma süreçlerine vatandaşların daha hızlı erişmesini sağlayarak yönetimler ile yurttaşlar arasındaki ilişkiyi daha şeffaf kılmaya da yardımcı olabilir (Ünver, 2018: 15). Bu sistemler bürokratik süreçlerin hızlanmasına yardımcı olarak vatandaşların demokratik görevlerini ve sorumluluklarını daha hızlı yerine getirmelerine de yardımcı olabilir. Üstelik YZvR sistemler daha önce de değinildiği üzere, farklı politik görüşlerin yankı odalarından çıkıp temas kurabildiği ve böylelikle kutuplaşmanın görece azaldığı durumların da oluşmasına yardımcı olabilir.

Sonuç

YZvR sistemlerin politik alan ile ilişkisi önemli derecede söz konusu sistemler ile ilişkili etik problemleri de analiz etmeyi gerektirmektedir. Bu bağlamdaki analizlerin sayısında artış olmakla birlikte halen YZvR etiği ile ilgili birçok noktada kapsamlı kavramsal ve yasal çerçevelerin düzenlenmesinden uzakta olunduğu söylenebilir. YZvR sistemlerin etik bağlamdaki analizi bir yönüyle bu sistemlerin politik bağlamda ele alınışını da ilgilendirmektedir. Örneğin kodlayan yanlılığı ya da gözetim gibi etik meseleler özgürlük, tarafsızlık gibi politik meselelerle doğrudan ilişkilidir. Bu geçiş noktasından hareketle YZvR sistemlerin nihai olarak kendilerinde iyi ya da kendilerinde kötü olarak nitelenemedikleri gibi onların zorunlulukla mükemmelleştirilmiş demokratik, faşist ya da totaliter politik sistemlere yol açacağı da iddia edilemeyecektir. YZvR sistemlerin özerk güçler olarak etik ve politik alanda köklü değişikler kılabileceğini iddia etmek için henüz çok erken olduğu tespitinden hareketle onların kodlayıcı yanlılığını yansıtmayacak bir evreye geldikleri, en doğru, hesaplanmış ve ölçülmüş politik kararları alabileceklerini iddia etmenin uzağında olunduğu kabul edilmelidir. YZvR ile politik alan ilişkisinin nasıl biçimleneceği kodlayanların kim olduğu, hangi ekonomik ve politik yapıların etkin olduğu, güç ve meşruiyet ilişkilerinin müesses nizam içinde halihazırda nasıl biçimlenmiş olduğunun da bir sonucu olacaktır. YZvR sistemlerin politik etkileri ve demokrasiyi mi yoksa otoriterliği mi güçlendireceği soruları farklı rejim biçimleri arasında kararların nasıl alındığına, düzenlendiğine ve denetlendiğine dair sistematik bir araştırmayı da gerektirecektir (Ünver, 2018: 15-16). Buna ek olarak YZvR tabanlı sistemlerin ekonomideki ve bilgi tekelleşmesinde rolü ile politik ve ekonomik rantın iç içe geçmiş olduğu gerçeği, YZvR sistemlerin politik alanı ile ilişkisinde bir başka önemli referans noktasını oluşturmaktadır. Bu bağlamda YZvR sistemlerin ezeli düşman mı yoksa ebedi dost mu olduğu çok yönlü, disiplinler arası bir çalışma ile sürekli olarak yanıtlanmaya çalışılacak bir soru olarak göz önünde tutulmalıdır.

Kaynakça

Agichtein, E., Brill, E., Dumais, (2006). Improving Web Search Ranking by Incorporating User Behavior Information, *Proceedings of the 29th Annual International Sigir Conference on Research and Development in Information, ACM*, 19–26.

Akpınar, M. E. (2022). A Review on the Relationship of Big Data and Cambridge Analytica. *Journal of Communication Science Researchs*, 2 (1), 56-63.

Aksoy, A. & Türkölmez, O. (2020). Dijital Çağa Demokrasiyi Çağırmak: Cambridge Analytica Skandalı *Journal of Political Administrative and Local Studies (JPAL)*, Cilt:3, Sayı:1, 41-59.

Arıcı, M. & Doğan, M. (2018). Yapay Zekâ ve Savaş, M. F. Elmas, Ü. Öztürk M. Becermen içinde, *V. Uluslararası Felsefe Kongresi Savaş ve Barış Bildiri Kitabı,* 316-321, Sentez Yayıncılık.

Arnold, T., Scheutz, M. (2017). Beyond Moral Dilemmas: Exploring the Ethical Landscape in HRI, in *Proceedings of the 2017 ACM/IEEE International Conference on Human-Robot Interaction—HRI '17*, Vienna, Austria: ACM Press, 445–452.

Ateş, M.E. (2015). Bilimlerde Düşünce Deneyleri. *Mediterranean Journal of Humanities*, 125-138.

Bai, H., Voelkel, J. G., Eichstaedt, J. C., & Willer, R. (2023, February 5). Artificial Intelligence Can Persuade Humans on Political Issue

Baron, D. (1994). Electoral Competition with Informed and Uninformed Voters, *American Political Science Review* 88:33–47.

Bell, A. J. (1999). Levels and Loops: The Future of Artificial Intelligence and Neuroscience, *Philosophical Transactions of the Royal Society of London B: Biological Sciences*, 354, no. 1392, 2013–20.

Benkler, Y. (2006). The Wealth of Networks: How Social Production Transforms Markets and Freedom, New Haven, CT: Yale University Pres

Bennett, C. J., Raab C. (2006). *The Governance of Privacy: Policy Instruments in Global Perspective*, second edition, Cambridge, MA: MIT Pres

Bradshaw, Lisa-Maria N., Phil Howard, (2019). Government Responses to Malicious Use of Social Media, Working Paper 2019.2, Oxford: Project on Computational Propaganda.

Brey, Soraker J.H. (2009). *Philosophy of Computing and Information Technology*, Elsevier.

Burr, C., Cristianini, N. (2019). Can Machines Read Our Minds? Minds and Machines, 29 (3): 461–494.

Chadwick, A. (2017). *The Hybrid Media System: Politics and Power*. New York, NY: Oxford University Pres

Danaher, J. (2016). The Threat of Algocracy: Reality, Resistance and Accommodation, *Philosophy & Technology*, 29 (3): 245–268.

Das, A., Datar, M., Garg, A., Shyam Rajaram, (2007). Google News Personalization: Scalable Online Collaborative Filtering, *Proceedings of the 16th International Conference on World Wide Web, ACM*, 271–80.

Dastin, J. (2022). Amazon Scraps Secret AI Recruiting Tool that Showed Bias against Women, K. Martin, içinde *Ethics of Data and Analytics Concepts and Cases* (296-300). New York: Auerbach Publication

Dean, J. W., and Mark Sharfman, M. (1996). Does Decision Process Matter? A Study Of Strategic Decision Making Effectiveness, *Academy of Management Journal* 39, no. 2, 368–92.

Diakopoulos, N. (2015). Algorithmic Accountability: Journalistic Investigation of Computational Power Structures, *Digital Journalism*, 3 (3): 398–415.

Downs, A. (1957). *An Economic Theory of Democracy*. New York: Harper & Row.

Drahos, & Braithwaite, J. (2003). *Information Feudalism: Who Owns the Knowledge Economy?* New Pres

Draper, H., Tom, Sandra B., Dag, Carolina G.R., Alexandre D., Farshid A.... (2014). Ethical Dimensions of Human-Robot Interactions in the Care of Older People: Insights from 21 Focus Groups Convened in the UK, France and the Netherlands, Beetz, M., Johnston, B., Williams, MA içinde, *Social Robotic ICSR 2014. Lecture Notes in Computer Science, vol 8755*, (135-145), Springer, Cham.

Ersoy, Ç. (2017). *Robotlar, Yapay Zekâ ve Hukuk*. İstanbul: On İki Levha Yayıncılık.

Flaxman, Goel, Rao, J.M. (2016). Filter Bubbles, Echo Chambers, and Online News Consumption, Public Opinion, Quarterly 80, no. S1,298–320.

Fosch-Villaronga, E., Canals, J. A. (2019). ‘I’ll Take Care of You,’ Said the Robot, *Paladyn, Journal of Behavioral Robotics*, 10 (1): 77–93.

Garrett, R. K. (2009). Echo Chambers Online? Politically Motivated Selective Exposure among Internet News Users, *Journal of Computer-Mediated Communication*, 14:265–85.

Goel, Watts, D.J., Goldstein, D. G., (2012). The Structure of Online Diffusion Networks, Proceedings of the 13th ACM Conference on Electronic Commerce, 623–38.

Goel, Winter Mason, W., Watts, D.J., (2010). Real and Perceived Attitude Agreement in Social Networks, *Journal of Personality and Social Psychology*, 99:611–21.

Goodfellow, I., Yoshua B., Aaron C. (2016). *Deep Learning*, Cambridge, MA: MIT Pres

Güzeldere, G. (1998). Yapay Zekânın Dünü, Bugünü ve Yarını. *Cogito,* 13 Yapay Zekâ. 27-41.

Hacking, I. (1999). *The Social Construction of What?*. Harvard University Pres

Hannak, A., Piotr, Arash M. K., Balachander K., David L., Alan M., Christo W., (2013). Measuring Personalization of Web Search, *Proceedings of the 22nd International Conference on World Wide Web*, 527–38. International World Wide Web Conferences Steering Committee.

Harari, Y. N. (2016). *Homo Deus: A Brief History of Tomorrow*, New York: Harper.

Hosanagar, K., Fleder, D., Lee, D., Buja, A., (2013). Will the Global Village Fracture into Tribes? Recommender Systems and Their Effects on Consumer Fragmentation, *Management Science*, 60:805–23.

Houkes, W., Vermaas E. (2010). *Technical Functions: On the Use and Design of Artefacts, Philosophy of Engineering and Technology 1*. Dordrecht: Springer Netherland

Iyengar, Hahn, K. (2009). Red Media, Blue Media: Evidence of Ideological Selectivity in Media Use, Journal of Communication, 59:19–39.

Koch, C. (2015). When Computers Surpass Us, *Scientific American Mind*, Vol.26, No.5, 26-29.

Lassen, D. D. (2005). The Effect of Information on Voter Turnout: Evidence from a Natural Experiment, *American Journal of Political Science* 49:103–18.

Lin, Abney K., Jenkins, R. (ed), (2017). *Robot Ethics 2.0: From Autonomous Cars to Artificial Intelligence*. New York: Oxford University Pres

Lomas, M., Chevalier, R., Vincent Cross, E.V., Garrett, R.C., Hoare, J., Michael Kopack, M. (2012). "Explaining Robot Actions", in *Proceedings of the Seventh Annual ACM/IEEE International Conference on Human-Robot Interaction—HRI '12*, Boston, MA: ACM Press, 187–188.

Macnish, K., (2017). *The Ethics of Surveillance: An Introduction*, London: Routledge.

McEvoy, F. J. (2019). Political Machines: Ethical Governance in the Age of AI, Moral *Philosophy and Politics*, 6 (2): 337–356.

Messing, Westwood, J., (2012). Selective Exposure in the Age of Social Media: Endorsements Trump Partisan Source Affiliation When Selecting News Online, *Communication Research*, 41:1042–1063.

Mittelstadt, B. D., Allo, Taddeo, M., Wachter, & Floridi, L. (2016). The ethics of algorithms: Mapping the debate, *Big Data & Society*, 3 (2), 1-21.

Moscovici, & Zavalloni, M. (1969). The group as a polarizer of attitude Journal of Personality and Social Psychology, 12 (2), 125–135.

Myers D. G, Bishop G. D., (1970). Discussion effects on racial attitudes, *Science*, 21;169 (3947):778-9.

Nagler, J., van den Hoven, J., Helbing, D. (2019). An Extension of Asimov's Robotics Laws, Helbing, D. içinde, *Towards Digital Enlightenment* (42-46), Springer, Cham.

Noble, U. (2018). *Algorithms of Oppression: How Search Engines Reinforce Racism.* 1 edition. New York: NYU Pres

Nørskov, M. (ed.) (2017). *Social Robots*, London: Routledge.

Nutt, C., Wilson, D. C. (2010). *Handbook of Decision Making.* London: John Wiley & Son

Obendorf, H., Weinreich, H. Eelco Herder, E., Matthias Mayer, M. (2007). Web Page Revisitation Revisited: Implications of a Long-Term Click-Stream Study of Browser Usage, Proceedings *of the SIGCHI Conference on Human Factors in Computing Systems, ACM,* 597–606.

Pariser, E. (2011). *The Filter Bubble: What the Internet is Hiding from You*, London: Penguin UK.

Peter, F., Mohun, J. (ed.) (2017). *Bilim Tarihi Kronolojik Zaman Çizelgeli* (Çev. Kerem Cankoçak, Murat Metehan Türkoğlu, Simin Yıldız ve Serhat Atay). İstanbul: Alfa Yayınları.

Roessler, B., (2017). Privacy as a Human Right, Proceedings of the Aristotelian Society, 117 (2): 187–206.

Royakkers, L., van Est, R. (2016). *Just Ordinary Robots: Automation from Love to War.* Boca Raton, LA: CRC Press, Taylor & Franci

Ryan, C., A., Froomkin, M., Kerr, I. (ed) (2016). *Robot Law.* Cheltenham: Edward Elgar.

Schkade, D., Cass R., Reid H., (2007). What Happened on Deliberation Day? *California Law Review*, 95:915–40.

Schneier, B. (2015). *Data and Goliath: The Hidden Battles to Collect Your Data and Control Your World*, New York: W. W. Norton.

Sean A. M., & Resnick, (2010). Presenting Diverse Political Opinions: How and How Much, *Proceedings of the Sigchi*

Conference on Human Factors in Computing Systems, ACM, 1457–1466.

Sharkey A, Sharkey, N. (2011). The Rights and Wrongs of Robot Care, Lin, K. Abney and G. Bekey içinde, *Robot Ethics: The Ethical and Social Implications of Robotics* (267-282), Cambridge, MA: MIT Pres

Silver, D., Thomas H., Julian, Ioannis A., Matthew L., Arthur G., Marc L., Laurent ..., (2018). A General Reinforcement Learning Algorithm That Masters Chess, Shogi, and Go through Self-Play, *Science*, 362 (6419): 1140–1144.

Sparrow, (2016). Robots in Aged Care: A Dystopian Future?, *AI & Society*, 31 (4): 445–454.

Spears, R., Lea, M., Lee, (1990). De-individuation and group polarization in computer-mediated communication, *British Journal of Social Psychology*, 29: 121-134.

Stone, Rodney B., Erik B., Ryan C., Oren E., Greg H., Julia H.... (2016). Artificial Intelligence and Life in 2030, One Hundred Year Study on Artificial Intelligence: Report of the 2015–2016, Study Panel, Stanford University, Stanford, CA.

Sunstein, C. R. (2009). *Republic.com 2.0.* Princeton, NJ: Princeton University Pres

Sunstein, C. R. (2018). *#Republic: Divided Democracy in the Age of Social Media,* Princeton, NJ: Princeton University Pres

Şinşek, M. Y. (2022). *The Implications of Big Data on Subjectivity: A Case Study of Cambridge Analytica,* Basılmamış Yüksek LisansTezi, Ortadoğu Teknik Üniversitesi.

Taddeo, M., Floridi, L. (2018). Regulate Artificial Intelligence to Avert Cyber Arms Race, *Nature* 556, no. 7701 296-298.

Taylor, L., Purtova, N. (2019). “What Is Responsible and Sustainable Data Science?”, Big Data & Society, 6 (2): 1-6.

Thaler, R.H., Sunstein, C. (2009). *Nudge: Improving Decisions About Health, Wealth, and Happiness, Revised & Expanded edition*. New York: Penguin Book

Turing, A. M. (1950). Computing Machinery and Intelligence. *Mind* 59. 236: 433-460.

Tzafestas, G. (2016). *Roboethics: A Navigating Overview, Intelligent Systems, Control and Automation: Science and Engineering 79*. Cham: Springer International Publishing.

van Dijck J. (2013). *The Culture of Connectivity: A Critical History of Social Media*. New York, NY: Oxford University Pres

Van Lent, M., Fisher M., l Mancuso, M. (2004). An Explainable Artificial Intelligence System for Small-Unit Tactical Behavior”,*Proceedings of the 16th Conference on Innovative Applications of Artifical Intelligence, (IAAI’04)*, içinde (900-907). San Jose, CA: AAAI Pres

van Wynsberghe, A. (2016). *Healthcare Robots: Ethics, Design and Implementation*, London: Routledge.

Véliz, C. (2019). Three Things Digital Ethics Can Learn from Medical Ethic *Nature Electronics*, 2 (8): 316–318.

Verbeek, (2011). *Moralizing Technology: Understanding and Designing the Morality of Thing* Chicago: University of Chicago Pres

Wagner, (2021). Data Privacy- The Ethical, Sociological, and Philosophical Effects of Cambridge Analytica. *SSRN*.

Whittaker, M., Crawford, K., Roel Dobbe, R., Fried, G., Kaziunas, E., Varoon Mathur, … (2018). AI Now Report 2018, New York: AI Now Institute, New York University.

Woolley, C., Howard, N. (ed) (2017). *Computational Propaganda: Political Parties, Politicians, and Political Manipulation on Social Media*, Oxford: Oxford University Pres

Wiener, N. (1988). *The Human Use of Human Beings: Cybernetics and Society*, Da Capo Pres

Zuboff, (2019). *The Age of Surveillance Capitalism: The Fight for a Human Future at the New Frontier of Power*, New York: Public Affair

İnternet Kaynakları

(2022, Ekim, 21). *How artificial intelligence is branching out into politics*, 19 Mart 2023 tarihinde https://www.forbesindia.com/article/lifes/how-artificial-intelligence-is-branching-out-into-politics/80717/1 adresinden alındı.

Christman, J., (2003/2018). *Autonomy in Moral and Political Philosophy,* 19 Mart 2023 tarihinde https://plato.stanford.edu/entries/ethics-ai/ adresinden alındı.

Davis, J. (2017). Is There an AI President in Our Future? That Might Be an Upgrade." Wired, May 18, 2017. https://www.wired.com/2017/05/hear-lets-elect-ai-president/.

Emma, G.H., Carole Cadwalladr, C., Hilary Osborne, H. (2018). *Cambridge Analytica Boasts of Dirty Tricks to Swing Election*, 19 Mart 2023 tarihinde http://www.theguardian.com/uknews/2018/mar/19/cambridge-analytica-execs-boast-dirty-tricks-honey-traps-elections adresinden alındı.

Gillian, T. (2017). *Trump, Cambridge Analytica and How Big Data Is Reshaping Politics*, 19 Mart 2023 tarihinde https://www.ft.com/content/e66232e4-a30e-11e7-9e4f-7f5e6a7c98a2 adresinden alındı.

Harris, T. (2016). *How Technology Is Hijacking Your Mind-from a Magician and Google Design Ethicist*, 19 Mart 2013 tarihinde https://medium.com/thrive-global/how-technology-hijacks-peoples-minds-from-a-magician-and-google-s-design-ethicist-56d62ef5edf3 adresinden alındı.

Howze, T. (2017). *Feudalism and Algorithmic Economy*, 18 Mart 2023 tarihinde https://ebonstorm.medium.com/feudalism-and-the-algorithmic-economy-62d6c5d90646 adresinden alındı.

Lehnis, M., (2018). *Can We Trust AI If We Don't Know How It Works?* 19 Mart 2023 tarihinde https://www.bbc.co.uk/news/business-44466213 adresinden alındı.

Müller, V. C., (2021). *Ethics of Artificial Intelligence and Robotics*, 19 Mart 2023 tarihinde https://plato.stanford.edu/entries/ethics-ai/ adresinden alındı.

Myers, A. (2023). *AI's Powers of Political Persuasion*, 19 Mart 2023 tarihinde https://hai.stanford.edu/news/ais-powers-political-persuasion adresinden alındı.

Nebil, F. (2017). *Politika'da Yeni Kavşak; 68 Like Sizin Kim Olduğunuzu Söyler...*15 Şubat 2023 tarihinde https://www.emo.org.tr/ekler/e71c0cefa07dc4c_ek.pdf?dergi=1101 adresinden alındı.

Smolan, (2016). *The Human Face of Big Data, PBS Documentary,* 19 Mart 2023 tarihinde https://vimeo.com/152311763 adresinden alındı.

Snyder, T. (2018). *Fascism Is Back. Blame the Internet,* Washington Post, 19 Mart 2023 tarihinde https://www.washingtonpost.com/news/posteverything/w

p/2018/05/21/fascism-is-back- blame-the-internet/ adresinden alındı.

Spinney, L. (2018). Can Robots Make Art? News, *Nature,* 19 Mart 2023 tarihinde https://www.nature.com/articles/d41586-018-04989-2 adresinden alındı.

Vyacheslav, (2017). How Artificial Intelligence Silently Took over Democracy, 19 Mart 2023 tarihinde https://www.weforum.org/agenda/2017/08/artificial-intelligence-can-save-democracy-unless-itdestroys-it-first/. adresinden alındı.

ARTIFICIAL INTELLIGENCE AND MIGRATION

Banu DEMİRBAŞ*

Extended Abstract:

Artificial intelligence (AI) makes it possible for machines to learn from experience, adapt to new inputs and perform human-like task AI makes our lives easier by enabling some tasks that a human can do to be done faster with more data. For this reason, AI is present in our daily lives with voice assistants, language translations, navigation, social security, healthcare, e-commerce and assistive robot application AI, which is also used in sector-specific strategic studies such as cyber security and defense industry, affects our lives in many areas such as education, health, agriculture, industry and service sector.

One of the areas affected by AI is undoubtedly migration. In recent years, security concerns have reached a high level due to irregular migration movements between countries, cyber attacks, drug trafficking and terrorism, and countries have turned to AI technologies in order to ensure border security in addition to traditional method AI technologies are used in the defense industry and border security in order for countries to achieve their strategic goal Therefore, it is not possible for AI technologies that affect all of life not to affect border security, especially in the field of migration. Social media applications, mapping or translation tools used for migrants to decide on the migration process help them to build their new lives in the

* Samsun University, Faculty of Economics, Administrative and Social Sciences, Department of Sociology, Research Assistant

places they migrate to. In addition, the large investments made by the US, Canada and EU countries in smart border applications are directly related to AI algorithm

Another example of the use of AI in migration can be seen in facial recognition system The EU is collecting biometric data through a project. With this project, it aims to build an AI-powered lie detector. With the project, people are expected to travel faster through security checkpoints at borders and, thanks to the polygraph, their gestures and facial expressions are tested, and if there is a suspicious situation, the security officer is notified. Another example of the use of AI in migration and border security is Armed Unmanned Aerial Vehicles and Unmanned Aerial Vehicle These vehicles are aircrafts that are flown without a pilot and have a payload-carrying function. Unmanned aerial vehicles are used for purposes such as intelligence, reconnaissance, surveillance, radioactive scanning, anti-smuggling, minesweeping; one of the most important mission areas is the protection and control of border Unmanned aerial vehicles that monitor the borders of countries can detect illegal activities in many areas thanks to AI algorithms and provide reports to help intervene in advance. AI undoubtedly has positive impacts on migrant For example, AI algorithms have been developed in the USA, which started as a pilot application and match refugees with the most suitable cities within three months, taking into account their professional qualifications and the labor force needs of a certain region, and facilitate their social integration. Therefore, the positive use of AI is related to the user who develops it and the field of use. For this reason, the human rights issues it may cause should not be ignored. Especially the negativities that immigrants, as a disadvantaged group, will experience due to AI will add a new one to the negativities experienced. Instead, studies should be conducted on how AI can be used to its full capacity in a positive way.

It is a disadvantageous situation that there are almost no studies focusing on the relationship between AI and migration in the literature and especially the lack of a field study that would serve as an example for this study. Field-based studies on AI and migration, even on the sociology of migration, need to be increased. In this context, it is hoped that the study will encourage a field study in the future. In this way, it is thought that the studies to be carried out in this way will fill an important deficiency for both the production of social policies and the steps towards the promotion of projects by producing field-based social data. In addition to contributing to the literature, surveillance capitalism, digital inequality caused by surveillance capitalism and the situation of immigrants will answer many question marks; it is thought that a country like Turkey, which attaches importance to the defense industry and has come a long way, will enable social policies and projects that are necessary for quality life for both local people and immigrant It should not be forgotten that the positive use of AI is precisely related to the user who develops it.

YAPAY ZEKÂ VE GÖÇ

Banu DEMİRBAŞ*

Giriş

Yapay zekâ (YZ), en basit ifadesiyle insan zekâsı gerektiren işleri yapmak için bilgisayar kullanmaktır (Rouhiainen, 2020:3). YZ teknolojilerinin tarihini aydınlanma dönemine kadar götürmek mümkündür. Gottfried Wilhelm Leibniz'in insanlar arasındaki anlaşmazlıkları çözebilmek için akıl yürütme ilkelerini hesap makinesi gibi kullanmanın gerekliliğine inanması (Buchanan, 2005) YZ'nın varlığını oldukça geçmişe götürmektedir. YZ, Alan Turing'in (1950) *Computing Machinery and Intelligence* adlı çalışmasında teorik biçimini almış ve YZ'nın insanları yanıltabilecek düzeyde bir zekâ seviyesinde olabileceğini ortaya koymuştur. YZ'nın ilk kullanımı ise McCarty tarafından 1956 yılında Darthmouth Konferansı'nda gerçekleşmiş ve bu tarih YZ'nın doğuşu olarak kabul edilmiştir (Crevier, 1993:49). YZ çalışmalarının bu sayede özellikle 1950-1975 yılları arasında büyük bir ivme yaşayarak dil öğrenme (semantik öğrenme) konusunda dikkat çekici bir ilerleme kaydettiği görülmektedir. Her ne kadar bu dönemler altın çağ olarak ifade edilse de, 1975'ten sonra bilgisayar teknolojilerindeki bellek ve işlem kapasitesindeki yetersizlik duraksamaların yaşanmasına sebep olmuştur. Bu nedenle YZ alanındaki ikinci ilerleme dönemi 1980-2000 sonrasına kalmıştır (McCorduck, 2019). Bu dönemin YZ alanında en dikkat çeken

---

* Samsun Üniversitesi İktisadi, İdari ve Sosyal Bilimler Fakültesi Sosyoloji Bölümü Araştırma Görevlisi

olayı IBM'nin geliştirdiği, adına Deep Blue denilen bir bilgisayarın dünya satranç şampiyonu Garry Kasparov'la yaptığı maçı kazanmasıdır (Rouhiainen, 2020). 2000'li yıllara gelindiğinde ise, YZ teknolojileri artık toplumsal hayatta görünür kılınmaya başlamış ve toplumsal hayatın neredeyse tamamına etki etmeye başlamıştır.

YZ artık günümüzde bir insan gibi "düşünebilen" makinalar olarak toplumun önündedir. Eğitim, sağlık, göç, tarım, sanayi, hizmet sektörü gibi pek çok alanda YZ'dan faydalandığımız açıktır. Bugün dünya, İngiltere'de hayatını kaybeden Marina Smith'in YZ teknolojisiyle hazırlanan hologramla cenazesinde yaptığı konuşmayı izlemekte; Midjourney isimli bir YZ tarafından üretilen görselin ABD'de düzenlenen bir yarışmada birinci olmasını ve ödül kazanmasını tartışmakta; ChatGPT'nin eğitim dünyasına olan etkisi üzerine çalışmalar yapmakta, stratejik adımlar atmaya çalışmaktadır. Dolayısıyla YZ artık insan hayatının her alanında adından sıkça bahsettirmektedir. Bu bağlamda çalışmanın konusunu YZ destekli teknolojilerin göç alanına etkileri oluşturmaktadır. Çalışmada, YZ algoritmalarıyla geliştirilen uygulamaların göçmenler özelinde nasıl kullanıldığı, literatür taramasına bağlı olarak gösterilmeye çalışılmıştır. Dolayısıyla çalışmada asıl odaklanılan nokta; YZ, ve göç ilişkisidir.

Sosyoloji literatüründe YZ üzerine yapılan çalışmaların erken bir evrede olması ve alana katkı sağlanmasının gerektiği şüphe götürmez bir gerçektir. Şüphesiz sosyoloji literatüründeki eksiklik, sosyolojinin YZ alanına olan ilgisizliğinden ziyade YZ teknolojilerinin henüz istenen seviyede olmamasından kaynaklanmaktadır. Nitekim sosyoloji hem klasik teknolojilerde hem de son dönemde oldukça yaygın kullanımı olan bilgisayar teknolojileri konusunda, teorik ve uygulamalı araştırmalara zengin bir zemin sağlamaktadır. YZ, dijitalleşmenin bir parçası olmakla birlikte otonom özelliklere de sahiptir ve bu sebeple hem klasik hem de yeni dijital teknolojilerden ayrılmaktadır (Adaş ve Erbay, 2022:328). YZ oldukça donanımlı makinalar, öğrenme, konuşma, iletişim kurma, algılama insana özgü davranışları barındırma ve toplumu etkileme gibi özelliklerinden dolayı sosyoloji içinde ele alınması ve önemli bir tartışma zeminini oluşturması gerekmektedir. Dolayısıyla YZ'nın toplumun her alanını etkilediği ve etkilemeye devam edeceği düşünüldüğünde alana eğilmek ve önemli tartışma alanları meydana getirmek gittikçe önem kazanmaktadır.

Bunun yanında, YZ teknolojilerinin göç alanına olan etkilerinin izlenmesi de gerekmektedir. Özellikle Türkiye'yi derinden etkileyen göçün geleneksel yöntemler dışında çağın gereklerine uygun olarak ele alınması; göç ve YZ ilişkisini ortaya koymak ve YZ'nın olumlu yönde tam kapasite nasıl kullanılacağına yönelik stratejiler geliştirmek açısından önemlidir. Bilindiği üzere Suriye, 15 Mart 2011'de Arap Baharı olarak bilinen ve nisan ayında hız kazanan çatışmalarla pek çok vatandaşını kaybetmiştir. Bunun sonucunda Türkiye, temel haklarını karşılayamaz durumda olan Suriyeliler için açık kapı politikası izlemiş ve 2011'den bu yana gerçekleşen göç sonucunda %65.7 oranıyla dünya üzerinde en çok Suriyeli barındıran ülke konumuna ulaşmıştır. Ülkedeki mevcut Suriyeli sayısı ise 2012 yılında 14.237 iken, 2021 Eylül ayı itibariyle 3.713.344 olarak tespit edilmiştir (UNHCR, 2021). Açık kapı politikasının izlenmesiyle Türkiye'ye sadece Suriye'den göç gerçekleşmemiştir. Irak, Afganistan, İran, Türkmenistan gibi ülkelerden de yoğun göç dalgasının gerçekleştiği bilinmektedir. Bu bağlamda, Türkiye'nin 2021 yılı itibariyle toplam nüfusunun 84.680.273 kişi olduğu ve bir önceki yıla göre nüfusun 1.065.911 kişi arttığı, artan nüfusun kaçak girişler hariç yaklaşık %43'nün göç yoluyla gerçekleştiği (TÜİK, 2021) göz önünde bulunduğunda Türkiye'nin artık bir göçmen ülkesi olduğu gerçeğiyle yüzleşilmesi gerekmektedir. Dolayısıyla göçün sosyoekonomik ve sosyokültürel sorunlarıyla baş etmenin gerekliliği artık vazgeçilmez bir hal almıştır. Bu sorunlar hem yerel halk hem de göçmenler özelinde oldukça önemlidir. Bu sorunlarla baş etmenin önemli bir ayağını YZ teknolojilerinin oluşturacağı düşünülmektedir. YZ teknolojilerini kullanarak hem sınır güvenliğinin sağlanması noktasında atılacak adımlar hem ülkeye kabul edilen göçmenlerin sorunlarını çözmek konusunda geliştirilecek stratejiler hem de yerel halkla göçmenler arasındaki entegrasyonu sağlayacak gelişmeler için bu teknolojilerin kullanılması önemli görülmektedir. Dolayısıyla bu çalışmanın ileriki süreçlerde bir saha çalışmasına teşvik etmesi temenni edilmektedir. Bu sayede yapılacak çalışmaların sahaya dayalı sosyal veri üretilerek hem sosyal politikaların üretilmesi hem de projelerin teşvikine yönelik adımlar için önemli bir eksikliği gidereceği düşünülmektedir.

Yapay Zekâ (YZ) ve Göç

Son yıllarda ülkeler arasında gerçekleşen düzensiz göç hareketliliği, siber saldırılar, uyuşturucu ticareti ve terör gibi nedenlerden dolayı güvenlik endişesi üst düzeye ulaşmış ve ülkeler, geleneksel yöntemlerin yanında sınır güvenliğini sağlayabilmek amacıyla YZ teknolojilerine yönelmişlerdir (Şahiner vd., 2021). YZ teknolojileri, savunma sanayisine ve sınır güvenliğine dâhil edilerek ülkelerin stratejik hedeflerine ulaşabilmeleri için kullanılmıştır. Dolayısıyla tüm yaşamı etkileyen YZ teknolojilerinin sınır güvenliğini, özelde de göç alanını etkilememesi mümkün değildir.

Göçmenlerin, mültecilerin ve sığınmacıların[1] göç sürecine karar vermesinde sosyal medya uygulamaları, harita veya çeviri

---

[1] Uluslararası Göç Terimleri Sözlüğüne göre göçmen, "hem maddi ve sosyal durumlarını iyileştirmek hem de kendileri veya ailelerinin gelecekten beklentilerini arttırmak için başka bir ülkeye veya bölgeye göç eden kişi ve aile fertlerini" kapsamaktadır. Mülteci, "Irkı, dini, tabiiyeti, belirli bir sosyal

amaçlı kullanılan imkânlar göç ettikleri yerlerde bu insanların yeni yaşamlarını kurmaya yardım etmektedir. Ancak bu imkânların kullanımı devletlere, şirketlere ve her türlü yönetim mekanizmalarına göç hareketlerini izleme ve bir izlemeler sonucunda süreci manipüle etme üzerine büyük bir koz vermektedir (Beduschi, 2018; Bigo, 2002; Latonero vd., 2018). Bu durum şüphesiz sınır güvenliğini kontrol altına almak isteyen ülkelerin geliştirmiş olduğu stratejik yöntemlerle ilgilidir.

Özellikle son yıllarda ABD, Kanada ve AB ülkelerinin akıllı sınır uygulamalarına büyük yatırımlar yaptığı, yapılan bu yatırımların göçmen haklarına aykırı olması sebebiyle büyük eleştirilere maruz kaldığı bilinmektedir (Akkerman, 2016; Bankston, 2021). ABD- Meksika sınırı, AB'nin Akdeniz'de geliştirdiği akıllı sınır uygulamaları insansız hava araçlarından, uydu görüntülerinden, kameralardan, sensörlerden ve cep telefonlarına yüklü sosyal medya hesaplarına aktarılan veriler üzerinden beslenmektedir. Bu uygulamalara yapılan yatırımlar sayesinde devletler tarafından göç hareketliliği tahmin edilerek önlemler alınmakta ve engeller çıkarılmaktadır (Benson, 2015; Franco, 2019). Ayrıca engeller göçmenleri en tehlikeli güzergâhlara yöneltmekte ve bu zorlu güzergâhlar sebebiyle yaşamlarını yitirmektedirler. Örneğin göçmenler ABD-Meksika

---

gruba mensubiyeti ve siyasi görüşleri yüzünden haklı bir zulüm korkusu nedeniyle vatandaşı olduğu ülkenin dışında bulunan ve, söz konusu korku yüzünden, ilgili ülkenin korumasından yararlanmak istemeyen kişi" sığınmacı ise, "ilgili ulusal ya da uluslararası belgeler çerçevesinde bir ülkeye mülteci olarak kabul edilmek isteyen ve mültecilik statüsüne ilişkin yaptıkları başvurunun sonucunu bekleyen kişiler" olarak ifade edilmektedir (IOM Uluslararası Göç Örgütü, 2009). Literatürde yer alan çalışmalarda göçmen, mülteci ve sığınmacı kavramları üzerine genel bir anlaşma bulunmamakla birlikte bu kavramlar birbirlerine karıştırılmaktadır. Bu sebeple çalışmada kavram karmaşasına sebebiyet vermemek için "göçmen" kavramının daha kapsayıcı olduğunun düşünülmesi sebebiyle göçmen, mülteci ve sığınmacı kavramları yerine "göçmen" kavramı kullanılacaktır.

sınırında çölün en tehlikeli kesimlerine yöneltirken AB açısından ise Akdeniz'de en tehlikeli zamanlarda ve zorlu güzergâhlara yönlendirmekte ya da Libya gibi ülkelerle irtibat halinde olup göçmenlerin önünün kesilmesine yol açmaktadır (Bankston, 2021; Rohrlich, 2020).

YZ'nın göç alanında kullanımının bir diğer örneği yüz tanıma sistemlerinde görülebilir. Örneğin AB, biyometrik verileri toplamaktadır. Geniş bir veri tabanı oluşturmaya yönelik proje geliştiren AB, denemelere başlamıştır. İBorderCtl (*Intelligent Portable Control System*) adı verilen bu proje Macaristan, Letonya ve Yunanistan sınırları arasındaki YZ destekli bir yalan dedektörü kurulmasını amaçlamaktadır (Heaven, 2018). Projeyle birlikte, insanların sınırlardaki güvenlik noktalarından daha hızlı seyahat etmeleri beklenmektedir. %76'lık bir başarı oranına sahip olduğu belirtilen yalan makinesi jest ve mimikleri test etmekte, şüpheli bir durum olduğunda ise güvenlik görevlisine durum belirtilmektedir. Her ne kadar geçişteki güvenliği sağlamak ve zaman kaybını engellemek olarak projenin avantajları olsa da proje, bazı devletlerin gözetim faaliyetlerini artırması sebebiyle eleştirilmektedir (Yeni Şafak, 2018). Aynı zamanda projenin özellikle AB ülkesi olmayan ülkelerle sınırları bulunan Macaristan, Letonya ve Yunanistan gibi ülkelerde uygulamaya alınması, önyargılı hareket edilebileceğini, özellikle Ortadoğu'dan gelen göçmen krizine bir yenisini daha ekleyebileceğini, çözüm oluşturmak yerine sorunu perçinleyeceğini göstermektedir.

YZ'nın göç ve sınır güvenliği ile ilgili kullanımına bir diğer örnek Silahlı İnsansız Hava Araçları (SİHA) ve İnsansız Hava Araçları (İHA)'dır. Bu araçlar pilotsuz olarak uçurulan ve yük taşıma işlevi olan hava araçlarıdır. İnsansız hava araçları istihbarat, keşif, gözetleme, radyoaktif tarama, kaçakçılıkla mücadele, mayın tarama gibi amaçlarla kullanılmakta; en önemli görev alanlarından biri ise sınırların korunması ve kontrol edilmesi olarak bilinmektedir Ülkelerin sınırlarını gözetleyen insansız hava araçları, YZ algoritmaları sayesinde pek çok konuda yasadışı faaliyetleri tespit edebilmekte ve önceden müdahale etmeye yardımcı olmak konusunda raporlar sunmaktadır (Şahiner vd., 2021). Her ne kadar bu araçların kullanım alanları ulusal egemenliğin getirdiği sınır güvenliğine ve kontrolüne katkı sağlasa da, kötüye kullanıldığında birtakım etik meselelere yol açabilmektedir. Özellikle YZ destekli insansız hava araçlarının adil savaş ilkesi dışında hareket ederek sivil-asker veya suçlu-suçsuz ayrımı yapamadığı, savaş alanı ile savaş dışı/sivil alan arasındaki ayrımı yapmak noktasında eleştirilerin hedefi haline gelmektedir (Clinic, 2012: 116). Bunun yanında insansız hava araçları kendi ülke sınırlarını korurken, diğer ülkelerin de topraklarını kontrol etmesi; istihbarat ve olası savaş tehdidi konusunda da göz ardı edilmemesi gereken sorunları doğurabilmekte, göç ve sınır kontrolü dışında etik meselelerle olan ilişkisini ortaya koymaktadır.

YZ'nın göçmenler üzerinde şüphesiz olumlu etkileri de bulunmaktadır. Örneğin, ABD'de pilot uygulama olarak başlamış ve mültecilerin mesleki yeterlilikleri ile belirli bir bölgenin iş gücü ihtiyacını göz önünde bulundurarak üç ay içinde onları en uygun şehirler ile eşleştiren ve sosyal entegrasyonlarını kolaylaştırmayı sağlayan YZ algoritmaları geliştirilmiştir (Bansak vd., 2018). Bunun yanında 2017 yılında Birleşmiş Milletler Dünya Gıda Programı (WFP) tarafından Ürdün'deki mülteci kampında yaşayan Suriyelilere yerel marketlerde kullanabilmeleri için belgeler dağıtılmıştır. WFP tarafından blockchain teknolojisinin kullanılmasıyla mültecilerin biyometrik bilgileri kaydedilmiş, retina tarayıcı sistemi ile mültecilere dağıtılmış olan belgelerin kullanılması sağlanmıştır. Sistem sayesinde bankalara ödenen komisyonların ortadan kalkması sonucunda WFP sadece Ürdün'de her ay yaklaşık 150.000 dolar kar elde etmiştir (Hempel, 2018). Dolayısıyla YZ'nın olumlu yönde kullanımı tam olarak onu geliştiren kullanıcıyla ilişkilidir ve yol açabileceği insan hakları sorunları göz ardı edilmemelidir. Özellikle bir dezavantajlı grup olarak göçmenlerin YZ'dan kaynaklı yaşayacakları olumsuzluklar, yaşanan olumsuzluklara bir yenisini ekleyecektir. Bunun yerine YZ'nın nasıl olumlu yönde tam kapasite kullanılabileceğine yönelik çalışmalar yapılmalıdır.

İlgili Literatür ve Eleştiriler

Günümüzde YZ'ya yönelik çalışmalara olan ilginin son zamanlarda hızla arttığı anlaşılmaktadır. Türkiye'de YZ'nin etki alanını artırmak amacıyla çalışmalar yapılmaya başlanmış; 2021 yılı itibariyle *Ulusal Yapay Zekâ Strateji* planı açıklanmıştır. *Ulusal Yapay Zekâ Stratejisi On Birinci Kalkınma Planı* ile *Cumhurbaşkanlığı Yıllık Programları* doğrultusunda hazırlanmıştır. Strateji, 2021-2025 yılları arasında Türkiye'nin YZ alanındaki çalışmalarını ortak bir zemine oturtacak tedbirleri ve bu tedbirleri hayata geçirmek üzere oluşturulacak yönetim mekanizmasını ortaya koymayı amaçlamaktadır. Bu doğrultuda raporda ekonomi, eğitim, hukuk, sağlık, teknoloji, girişimcilik ve güvenlik gibi alanların YZ ile desteklenmesine yönelik projelere dikkat çekilmiş, yatırımların artırılacağı vurgusu yapılmıştır Raporda dikkat çeken noktalardan biri, YZ alanında TÜBİTAK tarafından özel sektöre sağlanan destekler ve dağılım verileridir. 2007-Mart 2020 arasındaki döneme işaret eden verilerde en fazla bütçenin sanayinin dijital dönüşümü ve ileri imalat sistemleri, ticarette dijital dönüşüm, akıllı yaşam ve sağlık alanlarına ayrıldığı görülmekte ve toplamda 487 projenin desteklendiği belirtilmektedir. Sosyal Bilimler (hukuk dâhil) alanında ise toplamda 7 projenin desteklendiği dikkat çekmekte (Ulusal Yapay Zekâ Stratejisi, 2021) ve sosyal bilimler alanında YZ odaklı yapılacak çalışmaların artırılmasına yönelik bir vurgu bulunmaktadır.

Ulusal literatürde YÖK Tez Merkezi'ndeki yüksek lisans ve doktora tezleri incelendiğinde, çalışmaların 2000 yılından itibaren artış gösterdiği ve genel itibariyle mühendislik bölümlerinde konuyla ilgili çalışmaların popüler görülmektedir. Ancak sosyal bilimlerde de konunun tartışmaya açıldığı ve eğitim, iletişim, hukuk, felsefe gibi alanlarda çalışmaların yapıldığı dikkat çekmektedir. Sosyoloji bölümlerinde YZ fenomeninin ele alındığı ancak yapılan tezlerin diğer sosyal bilim alanlarına göre nispeten daha sınırlı olduğu anlaşılmaktadır. "Yapay Zekâ" anahtar kelimesiyle yapılan arama sonucunda sosyoloji bölümlerinde yapılan tezlerden biri Sinan Kürkçü (2019)'nün doktora düzeyindeki *"Yapay Zekânın Soybilimi: Bilimselleşme ve Üretimselleşme Süreçlerinde Düşüncenin Doğası"* başlıklı tezidir. Tezde, YZ fenomeninin toplumsal olarak yaratmakta olduğu değişime odaklanılmakta ve toplumun değişmekte olan zekâ algısı sorunsallaştırılmaktadır. Çalışma bilim, teknoloji, toplum ilişkilerinin merkezinde yer alan YZ fenomeni bağlamında toplumsal genel zekâ değişimine farklı bir bakış açısı getirmeyi amaçlayan teorik bir çalışmadır. Çalışmada YZ'nın ortaya çıkış koşulları irdelenmiş, bilginin yeniden üretimi ve YZ'nın düşüncenin doğasına olan etkisi ele alınmıştır. Yapılan bir diğer tez ise, Büşra Sedef Çifci (2020) tarafından yapılan yüksek lisans düzeyindeki *"Yapay Zekâ Konusunun Toplumsal Cinsiyet Kapsamında İncelenmesi"* başlıklı tezdir. Tezde, YZ teknolojisinin gündelik hayata hızlı bir şekilde entegre edilmesine dikkat çekilerek bu teknolojilerinin toplumsal cinsiyet eşitsizliğini yeniden inşa ettiği ifade edilmiştir. Çalışmanın amacı, farklı meslek grupları için geliştirilmiş olan meslek robotlarına yönelik toplumsal cinsiyet algısı ölçülmesidir. Karma yöntemin kullanıldığı çalışmada, YZ algoritmalarıyla üretilen meslek robotlarının toplumsal cinsiyet eşitsizliğini yeniden ürettiği ve bu durumun kadınlar ve erkekler açısından anlamlı düzeyde farklılık gösterdiği sonucuna ulaşılmıştır.

YZ teknolojilerinin bireysel ve toplumsal yaşamda etkilerine yönelik, literatürde çalışmalar bulunmaktadır. Bu çalışmalar, toplumun nasıl bir geleceğe hazırlandığına yönelik tahminlerde bulunmak açısından oldukça önemlidir. Bunun yanında, YZ teknolojilerinin toplumsal hayattaki varlığına dikkat çeken girişimler de bulunmaktadır. Türkiye'de YZ üzerine farkındalık yaratmak amacıyla kurulmuş ilk girişim "Türkiye Yapay Zekâ İnisiyatifi (TRAI)[2]"dir ve 2017 yılında kurulmuş, çeşitli zirveler, etkinlikler ve çalıştaylar düzenleyerek hem ulusal hem de uluslararası araştırmacılara ulaşarak faaliyetler yürütmeye devam etmektedir. Ayrıca, YZ teknolojilerinin gelecekte toplumu nasıl etkileyeceğine yönelik "Yapay Zekâ ve Teknoloji Derneği", "Yapay Zekâ Politikaları Derneği[3]" gibi sivil toplum kuruluşlarının olduğu ve 2021 yılından bu yana faaliyetler yürütmeye başladıkları, YZ konusunda farkındalık yaratmak, YZ üzerine yapılacak çalışmalarda üniversite, özel sektör ve çeşitli kamu kurum ve kuruluşlarla etkileşimi artırarak yapılacak kamu politikalarına destek vermek için faaliyetler yürüttükleri bilinmektedir. Bunun yanında, Yapay Zekâ Politikaları Derneği kurucusu Zafer Küçükşabanoğlu'nun sunumuyla TRT Haberde "Teknolog Programı"[4] yapılmaktadır. Yayın hayatına yeni başlayan ve

---

[2] Türkiye Yapay Zeka İnisiyatifi (TRAI)" tarafından 24-28 Ekim 2022 tarihleri arasında yapay zeka destekli işlerin sektörlerde ürettiği somut katma değere ışık tutmak amacıyla Türkiye'nin en kapsamlı online yapay zeka etkinliği düzenlenmiştir. Hem ulusal hem de uluslararası alanda çalışmalar yürüten araştırmacıların katıldığı etkinlikte fen ve sosyal bilimler üzerine YZ konulu sunumlar gerçekleştirilmiştir. Bkz: https://turkiye.ai/traiweek22/#program (10.11.2022).

[3] Yapay Zeka Politikaları Derneği, "Geleceğe Koşuyoruz" sloganıyla 2021 Şubat ayında kurulmuş bağımsız bir dernektir. Dernek ekonomi, eğitim, hukuk ve insan hakları, güvenlik ve dış politika, medya ve iletişim, siyaset, çevre ve iklim, spor, sağlık ve göç gibi belirledikleri çeşitli alanlarda faaliyetler yürütmeyi, etkinlikler düzenlemeyi ve raporlar hazırlayarak politika yapım süreçlerine katkı sağlamayı amaçlamaktadır. Bkz: https://aipaturkey.org/index.html (Erişim Tarihi: 10.11.2022).

[4] TRT Haber Teknolog Programı 22.10.2022'de yayın hayatına başlamıştır. (Erişim Tarihi: 27.11.2022). Bkz: https://www.trthaber.com/programlar/

henüz dört bölüm yayınlanan programda “Metaverse”, “YZ ve siber saldırılar”, “YZ ve sağlık”, “YZ ve DeepFake, YZ meslekleri nasıl etkileyecek?” konularına yer verilmiştir. YZ teknolojilerinin çeşitli alanlarla ilişkisinin kurulduğu bölümlerde YZ, güvenlik ve göç ilişkisine değinilmesi beklenmektedir.

YZ ile sosyal bilimleri ilişkili bir biçimde ele almayı amaçlayan projelerin de son zamanlarda hız kazandığı görülmektedir. Özellikle üniversite çatısı altında laboratuvarlar ve yüksek lisans programları açılmakta, çeşitli faaliyetler yürütmektedirler. Örneğin Sabancı Üniversitesi çatısı altında 2022 yılında “Dijital Beşeri Bilimler Laboratuvarı” kurulmuş, beşeri bilimlerde hesaplamalı bilimlerin nasıl kullanılacağı, özellikle tarih, edebiyat, sosyoloji ve siyaset bilimi gibi alanlara YZ algoritmalarının nasıl entegre edileceği üzerine tartışmalar yürütülmektedir. Çalışmalar disiplinlerarası bir yaklaşım içermekte ve bilgisayar mühendisliği alanının katkılarıyla yürütülmektedir. Bu sayede çalışmalarda özgün, şeffaf, görselleştirilmeye dayalı, ulaşılabilir dijital veri yaratmak gibi bir amaç gözetilmektedir. Koç Üniversitesi de “Hesaplamalı Sosyal Bilimler” yüksek lisans programıyla benzer bir amaçla hareket etmekte, Türkiye’de sosyal bilimler alanında hesaplamalı yöntemlerin kullanılabilmesine yönelik eğitimi derinleştirmeyi hedeflemektedir. Bu bağlamda üniversite çatısı altında konuyla ilgili laboratuvarların ve lisansüstü programların faaliyete başlaması disiplinlerarası çalışmalar için oldukça heyecan vericidir. Henüz YZ ve göç ilişkisine dayalı bir çalışmaya rastlanmasa da ilerleyen süreçlerde bu konulara dayalı çalışmaların literatüre katkı sağlayacağı tahmin edilmektedir.

Hem ulusal hem de uluslararası literatüre bakıldığında YZ ve göç alanında yapılan çalışmaların oldukça kısıtlı olduğu dikkat çekmektedir. Bunun en temel sebebi konunun ulusal güvenlik meselesi olarak ele alınması ve uygulamaların Frontex ve ülkelerin sınır güvenliğine bakan kuruluşlar tarafından yapılmasıdır. Ayrıca, PR çalışmaları, açılan ihaleler vb. gibi uygulamaların saha çalışması için yeterli olmaması ve YZ- göç ilişkisinin drone, uydu ve sensör gibi araçlar yoluyla gözlenmesidir. Ancak yine de literatürde konunun önemine değinen birkaç çalışma bulunmaktadır. Örneğin Sibel Karadağ'ın (2020), *"Ege Denizi'nde Göçün Kontrolü, Sınır Yönetimi: Pratiklerin, Öznelliklerin ve Anlatıların Etnografik Analizi"* başlıklı doktora tezinde Ege Denizi'nin jeopolitik konumu sebebiyle farklılaşan sınır pratiklerine ve meşrulaştırma araçlarına değinmiştir. Katılımcı gözlem, yarı yapılandırılmış derinlemesine görüşmeler ve politika/söylem analizine başvurularak karma yönteme dayandırılan bu araştırmada Karadağ, küresel göçün bir sonucu olarak göç odaklı küresel bir sermayenin doğduğuna değinmekte, küresel çapta faaliyet gösteren güvenlik şirketlerinin bariyerler, duvarlar ve çeşitli kontrol mekanizmaları yoluyla göçü kontrol altına almaya çalıştıklarını ifade etmektedir. Çalışmada radarlar, algoritmalar ve sınır teknolojileri yoluyla ciddi bir sermaye altyapısının oluşturulduğu vurgulanırken, ilk olarak ABD- Meksika sınırında uygulanan bu teknolojilerin aynı güvenlik şirketleri yoluyla Yunanistan-Türkiye-Bulgaristan'a getirildiği ifade edilmektedir.

Emre Eren Korkmaz, Albert Ali Salah ve Tuba Bircan'ın (2022) editörlüğünü yaptığı ve bölüm yazarlığıyla katkı sağladıkları, Oxford Üniversitesi Yayınlarından çıkarılan *"Data Science for Migration and Mobility"* başlıklı kitap, günümüz literatüründe konuyla ilgili en geniş çalışma sayılabilir. Çalışmada beş bölüm yer almakta ve on dokuz makale bulunmaktadır. Çalışmanın genel çerçevesinde büyük verinin mülteci ve göç çalışmalarındaki önemine vurgu yapılmaktadır. Pek çok veri bilimci ve akademisyenin sosyal medya ve çeşitli veri setlerinden hareketle çalışmalar yaptığına değinilen çalışmada, CESSDA veri kataloğu ve Facebook, Twitter, LinkedIn gibi sosyal medya platformlarından büyük veriye ulaşmanın sağladığı avantaj ele alınmakta; uluslararası göçü ve entegrasyonu anlamak bakımından büyük verinin önemi üzerinde durulmaktadır. Ayrıca insanlığın büyük bir teknolojik dönüşümün içinden geçtiği ifade edilen çalışmada, sosyal medya platformları, harita ve akıllı telefonlardaki çeviri uygulamaları gibi araçların, göçmenlere göç etme kararından başlayarak yeni bir yaşam kurmaya kadar yeni fırsatlar sunduğu, sadece ev sahibi ülkelerin değil, aynı zamanda diğer devletlerin ve küresel şirketlerin göç hareketlerini izlemesine olanak tanıdığına, göçü yönlendirdiğine, manipüle ettiğine ve önlediğine değinilmektedir. Bunun yanında teknolojinin, politik bir mücadele alanı olduğu vurgulanan çalışmada; robotik ve YZ alanındaki ilerlemelerin, kitlesel işsizlikle mücadele etmek veya insanların daha az çalıştığı ve rahat yaşadığı eşitlikçi, demokratik bir toplum inşa etmek gibi olumlu yönde de kullanılabileceği ve bunun için sosyal projelere ihtiyaç duyulduğu ifade edilmektedir. Aynı zamanda, Emre Eren Korkmaz tarafından yazılan son bölümde bu gibi çalışmalarda büyük veri analizlerinin yanında nitel yönteme de başvurulması gerektiği ve karma yöntemin önemli olduğu ifade edilmiş ancak saha konusunda pek bir ipucu verilmemiştir. Yazar, Bristol Üniversitesi Yayınlarından çıkacak olan *"Smart Borders, Digital Identity and Big Data: How Surveillance Technologies Are Used Against Migrants"* başlıklı çalışmasını gelecek yıl literatüre kazandırmanın planlarını yapmaktadır. Detaylı bilginin hazırlanan kitapta verileceği düşünülmektedir.

Petra Molnar ve Lex Gill'in (2018) editörlüğünü yaptığı Toronto Üniversitesi'nin desteğiyle hazırlanan *"Bots at the Gate: A Human Rights Analysis of Automated Decision- Making in Canada's Immigration and Refugee System"* başlıklı raporda ise, Kanada örneği üzerinden, göçmenlik konusundaki karar verme etkisine değinilmekte ve YZ teknolojilerinin göçmenler üzerinde sorunsuzca kullanımının eşitsizliği şiddetlendirdiği ve yeniden inşa ettiğine değinilmektedir. Çalışmada YZ'ya güç veren büyük verinin dezavantajlı gruplar üzerinde -özellikle kadınlar, işçiler ve göçmenler- kullanıldığı ve bu durumun yeni bir mücadele alanı doğurduğu vurgulanmaktadır.

Sonuç

YZ ve göç üzerine yapılan çalışmalar hem ulusal hem de uluslararası literatürde oldukça kısıtlıdır. Ele alınan çalışmalarda genel olarak doğrudan ya da dolaylı olarak gözetim kapitalizmine[5] vurgu yapıldığı görülmektedir. Gözetim kapitalizmi, büyük veri analizleri yoluyla insanların ve sistemlerin duygu, düşünce ve davranışlarının nasıl gerçekleşeceği ihtimalinin keşfedilmesi ve belirsizliklerinin ortadan kaldırılarak savunmasız dijital alanın tek taraflı olarak gasp edilmesi, davranışsal artı değere el koyulması (Zuboff, 2021) olarak tanımlanabilmektedir. Göçmenlerin dijital ayak izlerinin takip edilmesi yoluyla göçün tahmin edilmesi, yönlendirilmesi ve manipüle edilmesi tam olarak gözetim kapitalizmine işaret etmektedir. Devletler ve şirketler bu yolla göçmenlerin davranışsal artı değerine el koymakta ve günümüzün yeni sömürge yöntemi olan veri sömürgeciliğini kuvvetlendirmektedir. Dolayısıyla uzun vadede nelerin meydana gelebileceğini ön görmenin imkânsız olduğu bu çağda dezavantajları grupların haklarının gasp edilmesi ve davranışsal artı değerinin sömürülerek vahşi kapitalizmin farklı bir formuna dönüşen bu yöntemle mücadele edilmelidir. Bu konuda disiplinlerarası çalışmaların yapılması, YZ'nın tam kapasite kullanımına yönelik olumlu adımların atılması gerekmektedir.

---

[5] Shoshana Zuboff tarafından "The Age of Surveillance Capitalism: The Fight for a Human Future at the New Frontier of Power" başlığıyla yazılan kitap, Türkçeye "Gözetleme Kapitalizmi Çağı: Gücün Yeni Sınırında İnsan Geleceği İçin Savaş" olarak çevrilmiştir. Literatürde genel kullanımın "gözetim kapitalizmi" olması sebebiyle bu çalışmada gözetim kapitalizmi olarak ifade edilecektir.

Özetle literatürde YZ ve göç ilişkisine odaklanan çalışmaların yok denecek kadar az olması ve özellikle bu çalışmaya örnek teşkil edecek saha çalışmasının olmayışı dezavantajlı bir durumdur. YZ ve göç, hatta göç sosyolojisi üzerine sahaya dayalı çalışmaların artırılması gerekmektedir. Bu bağlamda çalışmanın ileriki süreçlerde bir saha çalışmasına teşvik etmesi temenni edilmektedir. Bu sayede yapılacak çalışmaların sahaya dayalı sosyal veri üretilerek hem sosyal politikaların üretilmesi hem de projelerin teşvikine yönelik adımlar için önemli bir eksikliği gidereceği düşünülmektedir. Özellikle yapılması gereken çalışmaların literatüre katkı sağlamanın yanında gözetim kapitalizmi, gözetim kapitalizminin doğurduğu dijital eşitsizlik ve göçmenlerin durumuna değinilerek yapılması, pek çok soru işaretine cevap verecek; Türkiye gibi savunma sanayisine önem veren ve büyük bir yol kat etmiş bir ülkenin hem yerel halk hem de göçmenler özelinde nitelikli yaşam için gerekli olan sosyal politikalara, projelere olanak tanıyacağı düşünülmektedir. YZ'nın olumlu yönde kullanımının tam olarak onu geliştiren kullanıcıyla ilişkili olduğu unutulmamalıdır.

Kaynakça

Adaş, E., Erbay, B. (2022). Yapay zekâ sosyolojisi üzerine bir değerlendirme. Gaziantep University journal of social sciences, 21 (1), 326-337.

Akkerman, M. (2016). Border wars: The arms dealers profiting from Europe's refugee tragedy, transnational ınstitute and stop wapenhandel.

Alan, T. (1950). Computing machinery and intelligence. Mind, 59 (236), 433-460.

Bankston, J. (2021). "Migration and smuggling across virtual borders: A european union case study of internet governance and immigration politics". Ed. Korkmaz, E.E. In digital identity, virtual borders and social media: A panacea for migration governance. Edward Elgar, 2021.

Beduschi, A. (2018). The big data of international migration: Opportunities and challenges for states under international human rights law. georgetown journal of ınternational law, 49/2: 982-1017.

Benson, T. (2015). "5 ways we must regulate drones at the US border". https://www.wired.com/2015/05/drones-at-the-border/ (Erişim Tarihi: 15.11.2022).

Bigo, D. (2002). "Security and immigration: Toward a critique of the governmentality of unease." alternatives 27, no. 1.

Buchanan, B. G. (2005). A (very) brief history of artificial intelligence. AI magazine, 26 (4). 53-60.

Clinic, I. (2012). Living Under Drones: Death, Injury, And Trauma to Civilians From US Drone Attacks in Pakistan. California: Stanford School of Law

Crevier, D. (1993). AI: The tumultuous search for artificial intelligence. New York: Basicbook

Çifci, B. (2020). Yapay zekâ konusunun toplumsal cinsiyet kapsamında incelenmesi. [Yayınlanmamış Yüksek Lisans Tezi].Trabzon Üniversitesi.

Franco, M. (2019). "Democrats Want a 'Smart Wall'. That's Trump's Wall by Another Name" The Guardian, 14 Şubat 2019.

Heaven, D. (2018). An AI lie detector will interrogate travelers at some EU border NewScientist. Erişim: 12.12.2021, https://www.newscientist.com/article/mg24032023-400-an-ai-lie-detector-will-interrogate-travellers-at-some-eu-borders/

Hempel, J., (2018). Blockchain's brand new world is being built by refugees, https://www.wired.com/story/refugees-but-on-the-blockchain / (Erişim Tarihi: 30.09.2022).

IOM. (2009). Göç terimleri sözlüğü. R. Perruchoud ve J., R. Cross (Ed.), Uluslararası Göç Hukuku içinde, No:18.

IOM. (2009). Göç terimleri sözlüğü. R. Perruchoud ve J., R. Cross (Ed.), Uluslararası Göç Hukuku içinde, No:18.

Karadağ, (2020). Monitoring migration, governing borders in the agean sea: An ethnographic study of practices, subjectivities and narrative [Yayınlanmamış Doktora Tezi]. Koç Üniversitesi.

Korkmaz, E.E., Salah, A. ve Bircan, T. (2022). Data science for migration and mobility, Oxford University Pres

Kürkcü, (2019). Yapay zekânın soybilimi: Bilimselleşme ve üretimselleşme süreçlerinde düşüncenin doğası. [Yayınlanmamış Doktora Tezi]. Mimar Sinan Güzel Sanatlar Üniversitesi.

Latonero, M., Poole, D. ve Berens, J. (2018). Refugee connectivity: a survey of mobile phones, mental health and privacy at a syrian refygee camp in Greece.

McCorduck, (2004). Machines who think: A personal inquiry into the history and prospects of artificial ıntelligence. Massachusetts: A. K. Peters Publishing.

Molnar, ve Gill, L. (2018). "Bots at the Gate: A Human Rights Analysis of Automated Decision-Making in Canada's Immigration and Refugee System". International Human Rights Program and the Citizen Lab.

Rohrlich, J. (2020). "Court document shows us troops surveilling migrants at the mexico border". Quartz.

Rouhiainen, L. (2020). Yapay zekâ: Geleceğimizle ilgili bugün bilmeniz gereken 101 şey. Pegasus Yayınları.

Şahiner, M. K., Ayhan, E. ve Önder, M. (2021). Yeni Sınır Güvenliği Anlayışında Yapay Zekâ Yönetişimi: Fırsatlar ve Tehditler. *Ulisa: Uluslararası Çalışmalar Dergisi, 5* (2), 83-95.

TRT Haber Teknolog Programı. https://www.trthaber.com/programlar/ (Erişim Tarihi:10.11.2022).

TÜİK, Adrese Dayalı Kayıt Sistemi Sonuçları: https://data.tuik.gov.tr/Bulten/Index?p=45500 (Erişim Tarihi:30.10.2022).

Türkiye Yapay Zekâ İnisiyatifi (TRAI). https://turkiye.ai/traiweek22/#program (Erişim Tarihi: 10.11.2022).

Ulusal Yapay Zekâ Stratejisi (2021). Ulusal yapay zekâ stratejisi (2021-2025). Türkiye Cumhuriyeti Cumhurbaşkanlığı Dijital Dönüşüm Ofisi.

UNHCR, Government of Turkey: https://www.unhcr.org/data.html (Erişim Tarihi:30.10.2022).

Yapay Zekâ Politikaları Derneği https://aipaturkey.org/index.html (Erişim Tarihi: 10.11.2022).

YeniŞafak Gazetesi. https://www.yenisafak.com/teknoloji/abden-sinirlara-yapay-zekâ-destekli-yalan-makinesi-3405909 (Erişim Tarihi: 10.07.2023).

YÖK Akademik. https://akademik.yok.gov.tr/AkademikArama/ (Erişim Tarihi: 11.11.2022).

Zuboff, (2021). Gözetleme kapitalizmi çağı: Gücün yeni sınırında insan geleceği için savaş. İstanbul: Okuyan Us Yayınevi.

CHRONIC PAIN AND ARTIFICIAL INTELLIGENCE

Ebru DURUSOY*

Extended Abstract:

Health is a resource for daily life, but it is not the purpose of life. It is a positive concept that highlights social and personal resources, as well as physical capacity (Erkoç, Çom, Keskinkılıç, & Karakaya, 2011). The perception of health has undergone a significant transformation from ancient times to the present. Social, technological, social, and cultural developments have played important roles in changing this perception. In ancient times, people believed that diseases were caused by supernatural forces due to the helplessness in treatment, and they viewed sorcerers, gods, and religious figures as healers (ARICI, 2021; Öztürk, Dömbekci, & Seda, 2020). Modern medicine used to approach the human body as a machine and apply a technical perspective. When it became clear that this biomedical perspective had limitations, the need for new approaches arose. Humans are not merely biological being They are psychological, social, cultural entities, interacting with both living and non-living ecosystems (Aytaç & Kurtdaş, 2015). The World Health Organization has defined health based on this perspective, not only as the absence of disease or disability but also as a state of physical, social, and mental well-being (WHO, 1946). Additionally, promoting and sustaining health, which is also a fundamental human right, requires a holistic approach (Erkoç et

* Research Assist., Istanbul Gelisim University, Physiotherapy and Rehabilitation Department

al., 2011). In this context, the biopsychosocial model developed by Engel draws a framework for a holistic approach based on the belief that humans are "biopsychosocial organisms" in which biological, psychological, and social dimensions are inseparably intertwined, providing a new perspective on the concept of health (Engel, 1980; Melchert, 2011). However, the perception of health and illness has continued to transform due to rapidly advancing technology. Thus, through the concept encompassing the principle of utilizing digitalized technology for the benefit of society, known as Society 5.0, a new intelligent healthcare approach based on collaboration among patients, healthcare professionals, and machines has emerged. These innovations contribute to providing individuals with patient-centered, evidence-based, multidisciplinary, and holistic healthcare services (Büyükgöze & Dereli, 2019; Uysal & Ulusinan, 2020).

Moreover, along with the utilization of technology and its application in medicine, human life expectancy has increased, maternal and infant mortality rates have decreased, population has grown, and there has been an increase in elderly chronic diseases (Spinord, Stenberg, Kassberg, & Stålnacke, 2022). Among these chronic diseases, chronic pain stands out as a major health issue placing a significant burden on societies from a socioeconomic perspective. Multi-dimensional approaches are required for diagnosis, assessment, and treatment methods (Spinord et al., 2022).

In response to this need, the integration of Artificial Intelligence (AI) into healthcare research has substantially transformed traditional approaches, as it has in various sector It has paved the way for the emergence of next-generation diagnostic and treatment method AI methods, particularly image recognition, natural language processing, language translation, text analysis, and machine learning, are increasingly being utilized as diagnostic and treatment tools, including pain risk assessment, in key social and clinical area AI applications have the potential to enhance the accuracy of diagnosis, treatment, and outcome prediction by analyzing data related to the multidimensional concept of pain. Consequently, a variety of medical applications will benefit from a continuous, objective, and automated pain recognition system. However, the combination of AI and human intelligence is likely seen as the optimal approach to achieve the best performance in pain research.

Throughout our research, it has been observed that there has been an increase in the number of published articles over the years, indicating a growing interest and importance in the intersection of pain and artificial intelligence. Tailoring studies to these highly promising methods holds the potential to introduce technological revolutions that alleviate the burden on healthcare services, patient care, and safety, as well as reduce the workload on healthcare professional

KRONİK AĞRI VE YAPAY ZEKÂ

Ebru DURUSOY*

Giriş

Sağlık, günlük yaşam için bir kaynaktır ancak hayatın amacı değildir. Sosyal ve kişisel kaynakları ve fiziksel kapasiteyi öne çıkaran pozitif bir kavramdır (Erkoç, Çom, Keskinkılıç, & Karakaya, 2011). Sağlık algısı eski çağlardan günümüze oldukça kapsamlı bir dönüşüm göstermiştir. Toplumsal, teknolojik sosyal ve kültürel gelişmeler bu algının değişmesinde önemli roller oynamıştır. Eski çağlarda insanlar tedavide çaresiz kalınması sebebiyle hastalıkların doğaüstü güçler tarafından ortaya çıktığına inanmakta ve büyücülere, tanrılara, din adamlarına şifacı gözüyle bakmaktaydılar (ARICI, 2021; Öztürk, Dömbekci, & Seda, 2020). Modern tıp ise insan bedenine bir makineymiş gibi ele almakta ve teknik bir bakış açısıyla yaklaşmaktaydı. Bu biyomedikal bakış açısının zamanla sınırlı kaldığı anlaşılınca, yeni yaklaşımların gelişmesi gerektiği ortaya çıkmıştır. Çünkü insan sadece biyolojik bir varlık değildir. Psikolojik, sosyal, toplumsal, kültürel bir varlıktır ve canlı-cansız ekosistem ile etkileşim içindedir. (Aytaç & Kurtdaş, 2015). Dünya Sağlık Örgütü de sağlığı bu bakış açısından yola çıkarak, sadece hastalık veya sakatlığın olmaması değil, fiziksel, sosyal ve ruhsal iyilik hali olarak tanımlamıştır (WHO, 1946). Aynı zamanda temel insan haklarından biri olan sağlığın teşviki ve sürdürülebilmesi için bütüncül bir yaklaşımla hareket

---

* Araştırma Görevlisi, İstanbul Gelişim Üniversitesi, Fizyoterapi ve Rehabilitasyon Bölümü

edebilmek önemlidir (Erkoç et al., 2011). Bu bağlamdan hareketle Engel tarafından geliştirilen biyopsikososyal model, "İnsanların; biyolojik, psikolojik ve sosyal boyutlarının ayrılmaz bir şekilde iç içe geçmiş olduğu biyopsikososyal organizmalar" olduğu görüşüne dayanarak bütüncül yaklaşıma bir çerçeve çizmiş ve sağlık kavramına yeni bir bakış açısı kazandırmıştır (Engel, 1980; Melchert, 2011). Ancak hızla gelişen teknoloji sayesinde sağlık ve hastalık algısı dönüşmeye devam etmiştir. Böylece Toplum 5.0 olarak adlandırılan dijitalleşen teknolojinin toplum yararına için kullanılmasını ilkesini içeren kavram ile hasta, sağlık personeli ve makine iş birliğine dayanan yeni bir akıllı sağlık anlayışı ortaya çıkmıştır. Bu yenilikler bireylere hasta merkezli, kanıta dayalı, multidisipliner ve bütüncül bir sağlık hizmetinin sunulmasına katkı sağlamaktadır (Büyükgöze & Dereli, 2019; Uysal & Ulusinan, 2020). Ayrıca teknolojinin ve tıpta kullanımıyla beraber insan ömrü uzamış, anne ve bebek ölümleri azalmış, nüfus artmış ve yaşlanmış kronik hastalıklarda da artış görülmüştür. Bu kronik hastalıklar arasında yer alan ve sosyo-ekonomik açıdan tüm toplumlarda büyük yük oluşturan kronik ağrı majör sağlık problemleri arasında yer almaktadır. Tanı, teşhis, tedavi yöntemleri için çok boyutlu yaklaşımlar gerektirmektedir (Spinord, Stenberg, Kassberg, & Stålnacke, 2022). Kronik hastalıkların yönetimini sağlanması amacıyla ileri tedavilerin (immüno ve rejeneratif tedaviler vb.), bilgi teknolojilerinin (yapay zekâ, nesnelerin interneti, sanal gerçeklik, dijitalleşme, biyosensörler, telesağlık, büyük veri ve analitik, robotik, akıllı telefon uygulamaları vb.) gelişimi ve yaygınlaşmasıyla, önleyici, bireyselleştirilmiş ve akılcı sağlık çözümleri ortaya çıktığı bilinmektedir (Türkiye Cumhuriyeti Sanayi ve Teknoloji Bakanlığı, 2022). Tüm bu bağlamlardan yola çıkılarak bu çalışmada yapay zekâ temelli uygulamaların kronik ağrı üzerindeki etkisini incelemek amaçlanmıştır.

Kronik Ağrıya Genel Bakış

Ağrı, Uluslararası Ağrı Araştırmaları Teşkilatı (IASP) tarafından mevcut veya potansiyel doku hasarı ile ilişkili hoş olmayan bir duyusal ve duygusal tecrübe şeklinde ifade edilmiştir (Merskey & Bogduk, 1994; Nicholas et al., 2019). Ağrı aynı zamanda insanlığı etkileyen tanımlanması zor fiziksel, duyusal, emosyonel, bilişsel ve sosyal bir mekanizmaya sahip karmaşık bir histir. Kronik ağrı 3 aydan uzun süren bireyi biyopsikososyal olarak olumsuz etkileyen maladaptif bir sendromdur (Domenichiello, Ramsden, & Psychiatry, 2019; Merskey & Bogduk, 1994). Dünya çapında 2 milyardan çok insan bu problemden muzdariptir. Küresel ağırlıklı ortalama prevalansının ise %30,3 olduğu bildirilmektedir (Goldberg & McGee, 2011). Amerika Birleşik Devletleri'nde yaşayan bireylerinin yaklaşık %20'sinin (50 milyon) kronik ağrı problemini yaşadığı bildirilmiştir. Kronik ağrı yaşayan bireylerde, yıllık yaklaşık olarak 300 milyar dolarlık üretkenlik kaybı görülmekle beraber, kronik ağrısı olmayan kişilere göre işe devam problemini daha çok yaşadıkları belirlenmiştir. Kontrol edilemeyen ağrı sağlık hizmeti ihtiyacını, hastaneye yatışları, acil servis ziyaretlerini ve mali yükü artırmaktadır (Zhang et al., 2023). Depresyon ve kaygı, kronik ağrı ile birlikte sıkça görülmektedir. Bu üç problemin de vücut duyumlarıyla ilişkili duygusal işleme ile ilgili ortak beyin sistemlerinin düzensizliğinden kaynaklandığı düşünülmektedir. Ayrıca bu durumlara uyku bozuklukları, yorgunluk, nörobilişsel değişiklikler de eşlik edebilir (Kremer, Becker, Barrot, & Yalcin, 2021). Duygusal durumlar, ağrı ve bedensel duyumlar arasında limbik sistem aracılığıyla bağlantı kurulmaktadır. Kronik ağrı ve akıl sağlığı komorbiditeleri arasındaki ilişki, küresel popülasyonda %35 ila %50'si arasında değişen eş zamanlı majör depresyon veya anksiyete tanılarının yaygınlığı ve ağrının varlığı genellikle psikiyatrik tanı alma riskini iki katına çıkarmasıyla belgelenmiştir (Tunks, Crook, & Weir, 2008). Ayrıca kronik ağrıyla ilişkili kognitif problemlerin de rehabilite edilmesi önemlidir. Kronik ağrı bu problemlerin dışında kontrolsüz opioid kullanımına ve polifarmasiye de neden olmaktadır. Kontrolsüz opioid kullanımı ağrı ve bağımlılık sorunlarına yol açmaktadır (Giummarra, Gibson, Allen, Pichler, & Arnold, 2015). Ağrıyı değerlendirmesi genellikle sözel ve öznel bildirimlere dayandığı için doğru ve nesnel ağrı raporlama yöntemlerinin gelişmesi gerekmektedir. Ağrıyı değerlendirmek yaşlı nüfusta, tıbbi kaynaklı durumları olan ya da bilişsel gelişimsel, gelişimsel, fizyolojik sorunları olan bireylerde daha zordur. Ağrı hakkında objektif ve güvenilir bir raporlamanın yapılamaması, yeterli ağrı değerlendirmesi için büyük bir engel teşkil etmekte ve hastaların yetersiz ya da aşırı tedaviye maruz kalmasına sebep olmaktadır. Bu durumlar göz önünde bulundurulduğunda ağrı değerlendirilmesi ve yönetimi için biyopsikosyal, multidisipliner ve interdisipliner yönetim yaklaşımları önemlidir (Dansie & Turk, 2013).

Yapay Zekâ, Türleri ve Tıpta Kullanımı

Yapay zekâ, bir insanla karşılaştırılabilir akıllı davranışı ve eleştirel düşünmeyi gerçekliğe en yakın haliyle tasarlayabilmek için bilgisayarların ve teknolojinin kullanılmasının yerine kullanılan bir terimdir. Yapay zekâ; temel olarak makine öğrenimi, derin öğrenme, veri madenciliği ve doğal dil işlemeyi; bu 4 yöntemi içerir. Ancak sadece bu kavramlarla sınırlandırılamaz (Hoşgör & Güngördü, 2022; Zhang et al., 2023). Makine öğrenimi, mevcut verilerden oluşturulan modellere dayalı olarak örüntü tanıma, sınıflandırma ve tahmine yardımcı olan algoritmaların keşfedilmesi ve test edilmesi olarak tanımlanır. Makine öğrenimi, hastalık tespiti, teşhisi, yönetimi için güvenilir olduğu kanıtlanmış ve sıkça kullanılan bir yaklaşımdır (Chen & Decary, 2020). Makine öğreniminin bir alt dalı olan yapay sinir ağları, insan beyninin çalışma şeklinden esinlenen bilgisayar sistemleridir (Reis, Neves, & Carvalho, 2023). Doğal dil işleme, insan dillerini çoğunlukla metin biçiminde otomatik olarak analiz etmek ve temsil etmek için hesaplamalı yöntemler kullanır. Son zamanlarda, makine öğrenimi yöntemleri doğal dil işlemeye uygulanarak konuşma tanıma, makine çevirisi, metin sınıflandırma, soru yanıtlama, duygu analizi, bilgi çıkarma ve arama motorunda etkin sonuçlar elde etmiştir. Sağlık hizmetlerinde doktor notları, test sonuçları, laboratuvar raporları, ilaç siparişleri ve taburcu talimatları gibi çok büyük miktarda yapılandırılmamış metinsel veri bulunmaktadır. Doğal dil işleme yöntemi aracılığıyla bu türde çok sayıda tanımlayıcı verilerden hastalar için gerekli bilgilerin edinilmesi, tanı ve tedavi önerilerinin iyileştirilmesi sağlanabilmektedir (Chen & Decary, 2020). Derin öğrenme üzerine kurulu sistemler ise iki aşamada çalışmaktadır. Bu aşamalar eğitim ve çıkarım olarak tanımlanmaktadır. Eğitim sırasında, örüntüleri tanımayı ve tahminlerde bulunmayı öğretmek için sisteme büyük bir veri kümesi sunulur. Bu eğitilen model yeni verilere dayalı tahminler oluşturarak çıkarım yapmak için kullanılır (Borna et al., 2023; Gkikas & Tsiknakis, 2023). Veri madenciliği, büyük miktarda veri içerisinden (*Big Data*) değerli, kullanılabilir bilgileri seçmek, doğru karar ve destek sağlamak amacıyla kullanılan bir yöntemdir (Jothi & Husain, 2015). Yapay zekâ, başta performansı, hassasiyeti, zaman verimliliğini artırmak ve maliyeti düşürmek olmak üzere birçok sektörde hızla benimsenen bir teknolojidir (Mintz &Brodie, 2019).

Tıpta bu teknoloji, daha erken teşhis ve tedavi yoluyla gelişmiş hasta bakımını, iyileştirilmiş iş akışını, dolayısıyla tıbbi hataların azalmasını, tıbbi maliyetlerin yanı sıra morbidite ve mortalitenin de azalmasını sağlamaktadır. Yapay zekânın sağlık sektörü araştırmalarına gelişi, tüm sektörlerde olduğu gibi geleneksel yaklaşımları önemli ölçüde değiştirmiş yeni nesil tanı ve tedavi yöntemlerinin ortaya çıkmasına öncülük etmiştir. Giderek artan dijital sağlık hizmeti uygulamaları, fizibilite ve etkinliği gösteren kanıtlarla birlikte, uygun maliyetli ve erişilebilir çözümler sunmaktadır (Mintz et al., 2019). Tıp biliminde yapay zekâ sanal ve fiziksel olarak iki şekilde karşımıza çıkabilir. Yapay zekânın sanal boyutu, elektronik sağlık kayıtları gibi sistemlerden tedavi kararlarında sinir ağı tabanlı rehberliğe kadar uzanabilmektedir. Fiziksel boyutu ise ameliyatların yapılmasına yardımcı olan robotlar, akıllı protezler ve yaşlı bakımı gibi konularla ile ilgilidir. Derin öğrenme algoritmaları, tıbbın çok çeşitli alanlarında giyilebilir cihazlar, akıllı telefonlar ve diğer mobil izleme sensörleri tarafından elde edilen ve sürekli olarak artan miktarda veriyle çalışabilmektedir (Malik, Pathania & Rathaur, 2019).

Kronik Ağrıda Yapay Zekâ Uygulamaları

Kronik ağrı bağlamında düşünülecek olursa yapay zekâ yaklaşımları ağrının değerlendirmesine, diagnozuna, tedavisine ve ağrının öz yönetimine yönelik yapay zekâ tabanlı yaklaşımlar olarak karşımıza çıkmaktadır (Zhang et al., 2023). Ağrı ve makine öğrenimiyle ilgili yirmi altı araştırma makalesinin dâhil edildiği sistematik bir derlemede incelenen çok sayıda makalede, ağrı araştırmalarında makine öğreniminin insan denetiminden bağımsız olarak büyük ve karmaşık veri kümelerindeki kalıpları, bağlantıları ve ilişkileri tanımayı ve tahmin etmeyi başarması nedeniyle faydalı olduğu belirtilmiştir. Bu sonuçlar da makine öğreniminin ağrıyı sınıflandırmak, tahmin etmek, teşhis etmek ve yönetmek için oldukça kullanışlı olduğunu göstermektedir. Veri olarak ise yüz algılama, tıbbi görüntüler ve beyin sinyalleri kullanabilmektedir (Matsangidou et al., 2021). Klinik görüntülere uygulanan bilgisayarlı görü teknikleri, insan gözüyle görülemeyen bazı görüntü özelliklerinin tespit edilmesini sağlar. Özellikle bel ağrısıyla ilgili bilgisayar görüşünün önemi çok yönlü olarak karşımıza çıkmaktadır. Ayrıca segmentasyon ile lomber yapıların otomatik olarak lokalizasyonun sağlanması, saptanması gibi klinik uygulamaları iyileştirebilecek birçok görevin gerçekleştirilmesine izin olanak tanımaktadır. (D'Antoni et al., 2021). Ek olarak, ağrı yönetimine yönelik yeni yaklaşımların bilimsel gelişiminde son yıllarda tanıtılan sanal gerçeklik yaklaşımlarında yapay zekâ teknikleri de kullanılmaktadır. Ayrıca yapay zekâ kronik ağrıyla beraber görülen mental ve bilişsel problemlerin tedavisi için de yeni rehabilitatif yaklaşımlar oluşmasına da katkı sağlayacaktır. Aynı zamanda da yeni bilimsel araştırma yöntemlerinin de gelişmesine katkıda bulunmaktadır.

Kronik ağrısı olan hastalar, ağrıları nedeniyle kognitif ve mental problemler yaşayabilmektedirler (Şentürk et al., 2023). Bu problemler de hastaların ağrılarını ifade etmesinde zorluklara sebep olabilmektedir. Yapay zekâ aracılığıyla hastaların ağrı seviyelerini doğru olarak belirlemesine yardımcı olabilecek uygulamalar yapılmaktadır. Bu uygulamalardan biri olan *My Intelligent Assistant (MIA)* yazılımı, kronik ağrılı bireylere ağrı şiddeti, yorgunluk ve ilaç kullanma sıklığına ilişkin düzenli olarak sorular sorarak, ağrı ortaya çıktıkça kendiliğinden not etmelerine, bilgileri bakıcılarına iletmesine ve onları bilgilendirmesine olanak tanır. Ayrıca sağlık uzmanlarının, hastanın ilacını alması gereken zamanı kesin olarak belirlemesine yardımcı olur. Böylece morfin türevi güçlü ve yüksek düzeyde bağımlılık yapan analjeziklere karşı bağımlılıkla mücadeleye de destek olmaktadır. Bu algoritma hastalardan elde edilen verilere dayanarak kişiselleştirilmiş terapötik tavsiyeler de vermektedir. Bu tavsiyeler sayesinde de hastaların ağrılarını yönetebilmelerine katkı sağlamaktadır (Kraus, 2021). Bazı yapay zekâ uygulamaları da ağrı düzeylerini hesaplamak için mimikleri kaydeden yüz tanıma teknolojisi aracılığıyla ağrı düzeylerini değerlendirmek için kullanılabilir. Ancak bu teknoloji sadece keskin, kısa süreli ağrıların tedavisinde ve anestezistler tarafından bir hasta için gerekli olan morfin dozunu belirlerken kullanılabilir (Kraus, 2021).

Yapay zekânın gelişimiyle, kronik ağrı ve nöropatik hastalıklarda kullanılacak yenilikçi biyoaktif ilaçlar ve bunların terapötik uygulamalarına yönelik araştırmalar da önemli ölçüde değiştirmektedir. Tüm bu gelişmelere ek olarak gen ve hücre terapileriyle ilişkili yapay zekâ uygulamalarının geleneksel farmakoterapinin yerine geçebileceği ve patolojilerin teşhisini kolaylaştırabileceği ön görülmektedir. Yapay zekâ tekniklerinin robot algoritmalarıyla birlikte kullanılması, araştırmacıların spesifik bir yolu modüle eden aktif bileşikleri, antikorları ya da genleri hızlı bir şekilde belirlemek için milyonlarca kimyasal, genetik ve farmakolojik testi kısa sürede yapabilmesini sağlar (Macarron et al., 2011). Böyle yüksek verimli tarama imkânları, ilaç keşfinde zamanla daha çok tercih edilen bir teknoloji olmaktadır (Kraus, 2021). Aşırı ilaç kullanımını ön görebilmek, migrenin yönetiminde bir zorluktur. Bu nedenle, aşırı ilaç kullanımının tahmininde makine öğreniminin faydalarını anlamak için, migren hastalarında aşırı ilaç kullanma riskini belirleyebilmek için otomatik bir öngörücü araştırılmıştır. Sonuç olarak, makine öğrenimi ve random optimizasyonun bir kombinasyonunun, migrende aşırı ilaç kullanımı tahminine yararlı olabileceği açıklanmıştır (Ferroni et al., 2020).

Literatür mobil yazılım uygulamaları aracılığıyla kronik ağrı öz yönetim programlarının desteklenmesine işaret etmektedir (Cargnin, Schneider, & Rosa-Junior, 2023; Keogh, Rosser, & Eccleston, 2010; Rosser & Eccleston, 2011). Mobil uygulamalar, kronik boyun ve sırt ağrısının neden olduğu mali yükünü azaltmanın yollarından biri olarak görülmektedir (Amorim et al., 2016). Bilgi işlem teknolojilerinin rehabilitasyon tedavilerine eklenmesinin öz yönetim programlarına bağlılığı artırdığı da belirtilmiştir (Lilje, Olander, Berglund, Skillgate, & Anderberg, 2017). Mobil uygulamanın bel ağrılı hastalarda ağrı öz yönetimine etkisini incelemeyi amaçlayan ve Amerikan Ağrı Derneğinin tavsiyelerine yönelik bilişsel davranış yaklaşımları kullanan randomize kontrollü bir çalışmada, 4 aylık takip sonucunda müdahale grubunda kontrol grubuna göre ağrı düzeyi ve ağrı sıklığı parametrelerinde daha fazla iyileşme görülmüştür. Bu çalışmanın sonucunda mobil uygulamanın bel ağrılı bireylerde ağrı öz yönetiminde etkili bir araç olabileceği ön görülmüştür (Lo et al., 2018).

Örneğin SelfBACK dijital müdahalesi, nonspesifik bel ağrılı hastalar için kanıta dayalı ve bireysel öz yönetim desteğini sağlamak için tasarlanan yapay zekâ tabanlı bir mobil uygulamadır. Depresif ya da stres belirtileri olan bel ağrılı hastaların bu mobil uygulamadan yararlanıp yararlanamayacağını araştıran bu randomize kontrollü çalışmada SelfBACK dijital müdahalesine rastgele seçilenler, uygulama aracılığıyla haftalık, bireysel olarak uyarlanmış fiziksel aktivite önerileri, güç esneklik egzersizleri ve günlük eğitim mesajları almıştır. SelfBACK uygulaması, yüksek düzeyde depresif, stres semptomları ve bel ağrısı olan hastalar için sonuçlarda anlamlı iyileşme göstermiştir. Bu çalışma da kronik ağrı için dijital sağlık müdahalelerinin faydasını vurgulamaktadır (Rughani et al., 2023). Boyun, omuz sertliği, omuz ağrısı ve bel ağrısı olan çalışanlarda kas iskelet semptomlarındaki iyileşmeleri değerlendirmeyi amaçlayan randomize kontrollü bir çalışmada yapay zekâ tabanlı egzersiz uygulamasının etkinliği araştırılmıştır. 12 hafta boyunca yürütülen bu araştırmanın sonucunda müdahale grubunda yer alan hastaların kas iskelet problemlerinde kontrol grubuna göre anlamlı iyileşmeler saptanmıştır. Müdahale grubunda bulunan hastalar egzersize %92 gibi bir oranda devamlılık sağlamışlar ve bu durum dijital egzersiz uygulamaları bağlamından bakıldığında egzersize bağlılığın arttırılmasını kolaylaştırabileceği görüşünün ortaya atılmasını sağlamıştır. Mobil sağlık uygulamalarının çalışanlar açısından avantaj sağladığı, yoğun çalışma programları veya başka nedenlerle kendi sağlık yönetimine dikkat etmekte güçlük çekenler için bir fırsat olarak kullanılabileceği düşünülmektedir. Bu duruma ek olarak sağlığın teşviki ve geliştirilmesi faaliyetlerine mobil sağlık ve e-sağlığın dâhil edilmesinin ikincil bir etkisi, insanların kendi sağlık hizmetleri için kanıta dayalı sağlık bilgilerine kolayca erişebilmeleri, kullanabilmeleri ya da başka bir deyişle kendi sağlık okuryazarlıklarını geliştirebilmelerini sağlamak olarak karşımıza çıkmaktadır (Anan et al., 2021). Amacı, bel ağrısı yaşayan deneklerde klinik değişkenlere göre yapay zekâ rehberliğinde direnç eğitiminin rolünü incelemek olan 4 kollu bir randomize kontrollü çalışmanın sonuçları incelenmiştir. Çalışmaya dâhil edilen katılımcılar eğitim grubu, klinik grup, komine grup ve kontrol grubu olarak 4 gruba ayrılmıştır. Bu araştırmanın müdahale süresi sekiz hafta sürmüştür. Müdahale grupları (eğitim ve kombine gruplar) 8 haftalık süre boyunca haftada iki kez seans başına 30 dakika olmak üzere orta yoğunlukta direnç eğitimi almıştır. Klinik grup, aktif olarak klinik bakım arayan bireylerden oluşmaktadır. Ancak bu guruba müdahale süresi boyunca herhangi bir direnç eğitimi müdahalesi uygulanmamıştır. Araştırmanın sonucunda Klinik terapi ile kombine halde yapay zekâ aracılığıyla uygulanan temel direnç eğitiminin, bel ağrısı olan kişilerde dayanıklılığı ve hasta tarafından bildirilen sonuçları iyileştirdiği ortaya konmuştur. Ayrıca yapay zekâ rehberli direnç eğitiminin lumbal bel ağrısını hafifletilmesinde, işlevsellik ve ağrının iyileştirilmesindeki potansiyel rolünü desteklediği belirtilmiştir (Bates et al., 2023).

Disiplinler arası çok boyutlu kronik kas iskelet ağrısı tedavisi için makine öğrenimi aracılığıyla klinik karar desteği sağlamak isteyen bir araştırmada, kronik kas iskelet ağrısı olan bireylerin retrospektif verileri kullanılarak, aktivite, engellilik, ağrı, yorgunluk, başa çıkma ve yaşam kalitesi olmak üzere klinik olarak ilgili 5 alanda 13 sonuç ölçüsünden oluşan çok boyutlu bir makine öğrenimi çerçevesi geliştirilmiştir. Bu çalışma sonucunda, tek bir algoritmanın bireysel olarak kesin olmamasına rağmen, tam tabakalı profilin hasta sonuçlarını tutarlı bir şekilde tanımladığı gösterilmiştir (Zmudzki & Smeets, 2023). Wirries ve arkadaşları tarafından konservatif olarak tedavi edilen 1000 sırt ağrısı hastasından oluşan bir örneklem grubunda, farklı yapay zekâ yaklaşımlarını birleştirerek terapi etkinliğinin tahmininin ve altta yatan tanının mümkün olup olmadığı araştırıldı. Bu amaçla denetimli ve denetimsiz yapay zekâ yöntemleri analiz edilmiş ve tahminlerin birleştirilmesi için bir metodoloji geliştirildi. Yapay zekânın yardımıyla sırt ağrısı nedenleri ve tedavi etkinliğini tahmin etmenin tedaviyi iyileştirebileceği ve gereksiz tedavi uygulamalarını önleyebileceği belirtilmiştir (Wirries et al., 2021).

Yapay zekâ, ağrı tetikleyicilerinin izlenmesine ve belirlenmesine de yardımcı olabilmektedir. Böylece yapay zekâ aracılığıyla sağlanan anlık takibi kullanan hastaların ağrı düzeylerini etkileyen işyeri tehlikeleri, mesleki stres, soğuk hava vb. gibi çevresel faktörler belirlenebilmekte ve bu durumlarla başa çıkabilmek için uygun önlemleri alabilmektedir. Ayrıca yapay zekâ tabanlı akran desteği uygulamaları aracılığıyla, kronik ağrılı hastalar aynı problemden mustarip diğer hastalarla bağlantı kurabilmekte ve bu sayede sosyalleşebilmektedir (Hasan, Mudey, & Joshi, 2023).

Kronik ağrılı hastalar için potansiyel dijital sağlık çözümleri arasında yer alan bir başka seçenek de yapay zekâ temelli konuşma uygulamalarıdır. Bu uygulamalar Covid-19 pandemisi boyunca kronik ağrılı hastalar için oldukça önemli bir destek sağlamıştır. "Sohbet robotları"; hasta danışmanlığı, hasta desteği, hasta tarafından bildirilen semptomların, anketlerin toplanması ve semptom denetleyicileri aracılığıyla triyaj için kullanılmıştır. Birkaç pilot çalışma, bu otomatik sohbet robotlarının ruh sağlığı bozukluğu olan hastalar ve hatta sağlıklı katılımcılar için bakımı iyileştirme ve psikolojik desteği artırmaya yönelik potansiyel değeri olduğunu göstermiştir (Li, Chew, & Gunasekeran, 2020).

Hastaların günlük yaşam aktiviteleri ile hissettiği ağrı düzeyi arasındaki ilişki belirlenip bir denge kurulabilirse, hastaların daha aktif olmasına, daha az ağrı yaşamasına ve yaşam kalitesinin iyileşmesine imkân tanıyabilir. Bir hastanın günlük aktivitelerinin ağrılarını nasıl etkilediğini anlayabilmesi için, farklı aktivitelerin ve hissedilen ağrı düzeylerinin kaydedilmesi, analiz edilmesi ve hastaya geri bildirimde bulunulması gerekir. Bu bağlamdan yola çıkılarak *PainDrainer* uygulaması, günlük aktiviteler gibi çevresel olaylar ile yaşanan ağrı arasındaki ilişkiden yararlanarak kronik ağrı hastasına belirli bir ağrı düzeyinin nasıl aşılmaması gerektiği konusunda rehberlik etmek için geliştirilmiştir. Hasta günlük aktivitelerini ve bu aktivitelerin sonunda yaşadığı ağrıyı kaydeder. *PainDrainer*'ın yapay zekâ motoru, tüm hastalara uyum sağlayabilmesi amacıyla tasarlanmıştır. İlgili bilgileri kullanarak, bireylerin hedeflerine ulaşmaları için onlara en iyi tavsiyeyi vermeye çalışmakta ve hasta merkezli bir yaklaşım kurmaktadır. Uygulama sürekli güncellenerek, önceki etkinliklerin gözden geçirilmesine ve hastanın her gün yeni hedefler belirlemesine olanak tanımaktadır. Çalışma, yapay zekâ motorunun hastaların günlük aktiviteleri ve ağrıları arasındaki ilişkiyi daha iyi yönetmelerine izin vermesi nedeniyle, *PainDrainer* kullanan hastaların yaşam kalitelerinde artış elde ettiğini göstermektedir. Mevcut pilot çalışmadan elde edilen pozitif endikasyonlar, daha büyük örneklem büyüklüğü ve daha uzun bir takip süresi ile daha ileri klinik araştırmalar için temel oluşturacaktır (Polston et al., 2022).

Kronik bel ve boyun ağrısı olan yetişkinlerde davranışsal sağlık ilkeleri içeren, yapay zekâ destekli, dijital öz yönetim aracının günlük işlevleri nasıl etkilediği araştırılmıştır. Gönüllüler 12 haftalık prospektif, çok merkezli, tek kollu, açık etiketli bir çalışmaya alınmış ve yapay zekâ destekli dijital koçu günlük olarak kullanmaları talimatını uygulamıştır. 12 haftalık uygulama sonucunda, çalışmanın hastaların fiziksel işlevini, depresyonunu, kaygısını ve ağrıyı katastrofize etmesini önemli ölçüde iyileştirdiği bildirilmiştir (Barreveld et al., 2023).

Kronik ağrısı olan hastaların çoğunda kronik ağrıyla beraber görülen psikolojik, fizyolojik ve sosyal problemler bulunmaktadır. Bu sorunlardan yola çıkılarak, ağrı tedavisi gören 320 hastanın ağrı fenotiplerini ve ağrıyla ilgili en temel sorunları tanımlamak için; denetimsiz makine öğrenimi analizi aracılığıyla veriye dayalı bir yaklaşım kullanılmıştır. Sonuçlar, araştırmada psikolojik yönelim, yaşam stili ve diğer değişkenler arasında yer bulan uyku ile ilgili problemlerin, aşırı ağrı fenotipleriyle olan ilişkiyi en iyi şekilde yakaladığını göstermektedir. Bu sebeple uyku problemlerinin kronik ağrı tedavisinde öncelikli olması gerektiği belirtilmektedir. Ayrıca ağrı korkusu, bireyin kötü sağlık algısı ve sistolik kan basıncı parametreleri de uyku problemlerinden sonra gelen önemli sorunlar olarak karşımıza çıkmaktadır (Miettinen et al., 2021). Uyku ve uyanıklık döngüleri de dâhil olmak üzere sirkadiyen ritimler, her 24 saatte bir tekrarlanan biyolojik süreçlerdir. Günümüzde yaygın olarak akıllı giyilebilir cihazların kullanılmasıyla elde edilen kalp atış hızı, aktivite, uyku gibi fizyolojik veriler temelinde belirlenebilmektedir. Bu bilgilere dayanan başka bir çalışma, ağrı yoğunluğu, bunun hastanın yaşamına müdahalesi (düzensizlik) ve pasif olarak toplanmış aktigrafi verilerini kullanarak fiziksel işlevleri yerine getirmedeki zorluklar da dâhil olmak üzere hastaların ağrısını tahmin etmek amacıyla makine öğrenimi ve dinlenme aktivitesi sirkadiyen ritim özelliklerini kullanmanın uygunluğunu araştırmaktadır. *PainRhythms* adlı bu uygulama, dinlenme-aktivite ritimlerinin kronik ağrısı olan kişileri etkili bir şekilde tespit edebildiğine dair ön kanıt sağlamakla beraber, uyku bozukluğun daha çok ağrı ve ağrı yoğunluğu ile ilişkili olduğunu da ortaya koymuştur (Sarwar et al., 2022).

Yüksek riskli hastaların erken tanımlanması yoluyla ameliyat sonrası kalıcı ağrının önlenmesi klinik bir ihtiyaçtır. Bu ihtiyaçtan yola çıkılarak gözetimli makine öğrenmesi kullanılarak, meme kanseri ameliyatından sonra 3 yıl izlenen 1000 katılımcıdan oluşan bir çalışmada ağrının kalıcılığını öngören parametreler belirlenmiştir. Kalıcı ağrı ve kalıcı olmayan ağrı fenotiplerine sahip deneklerin temel alt grupları, psikolojik, demografik ve klinik faktörleri içeren 21 hiyerarşik olmayan kuraldan oluşan bir teşhis aracıyla belirlenmiş olup 21 kuralın en az 10'u doğruysa, kalıcı ağrı %86'lık çapraz geçerlilik doğruluğu ve yaklaşık %95'lik negatif öngörü değeri ile tahmin edilmiştir (Lötsch et al., 2018).

Dijital sağlık hizmetlerinin terapiste ulaşmada zorluk çeken kronik ağrılı hastalar için olumlu sonuçlar doğuracağı ön görülmektedir. Kronik sırt ağrısı olan 278 hastanın katılımcı olduğu bir çalışmada müdahale grubuna yapay zekâ, diğer gruba ise terapist aracılığıyla 10 haftalık süreyle bilişsel davranışçı terapi uygulaması yapılmıştır. Yapay zekâ tarafından uygulanan terapi sonucunda müdahale grubunda kontrol grubuna göre daha anlamlı bir iyileşme görülmekle beraber, yapay zekâ aracılı terapi süresinin ise seans başına sadece yarı süreyi aldığı bildirilmiştir. Araştırmanın sonuçlarına göre yapılan değerlendirmede yapay zekâ tabanlı uygulamaların terapiste ulaşmada zorluk çeken kronik ağrılı hastalar için olumlu sonuçlar doğuracağı ve daha erişilebilir olduğu öngörülmektedir. Aynı zamanda kronik ağrılı bireyler için yapay zekâyı tedavi seçenekleri arasına eklemenin hasta merkezli bakım sağlamada etkili olabileceği, daha fazla kişiye hizmet sağlayacağı ve bakım maliyetlerinin azalmasına yardımcı olacağı düşünülmektedir (Piette et al., 2022).

Kas iskelet sistemi kronik ağrısı durumunda, fiziksel aktivite genellikle faydalıdır. Bununla birlikte, hareket ve ağrı arasındaki olumsuz psikolojik ilişkiler (örneğin korku kaçınma davranışı) nedeniyle fiziksel aktiviteye katılma konusundaki isteksizlik yaygındır. Teşvik, öz yeterlik ve olumlu inançların fiziksel aktiviteyi desteklemede etkili olduğu bilinmektedir. Ancak, hastaların zamanının büyük bir kısmının böyle bir teşvik için öneriler verebilecek personelden uzakta geçtiği düşünülürse, ulaşılabilir bir çözüme ihtiyaç duyulduğu bildirilmektedir. Mashfiqui Rabbi ve arkadaşları tarafından bireyin rutin davranışlarını belirlemek ve bu davranışlara benzer fiziksel aktivite önerilerini otomatik olarak oluşturmak için, sensör tabanlı ve otomatik olarak girdileri sunulan fiziksel aktivite verilerinde makine öğrenimini kullanan *MyBehaviorCBP* isimli bir cep telefonu uygulaması geliştirilmiştir. Kronik bel ağrılı hastaların dâhil edildiği pilot çalışmada, *MyBehaviorCBP*'nin otomatik yaklaşımının olumlu etkileri olduğu bulunmuştur. Tavsiyeler katılımcılar tarafından daha fazla uygulanmış ve takip edilmesi daha kolay olarak algılanmıştır. Ayrıca kontrol grubuna kıyasla günde yaklaşık 5 dakikalık daha fazla yürüme artışı görülmüştür. Böylece yapay zekânın da kullanıldığı bu mobil uygulamanın fiziksel aktiviteyi teşvik etmede başarılı olabileceği düşünülmektedir (Rabbi, Aung, Gay, Reid, & Choudhury, 2018).

Ruh sağlığı için anonim bir yapay zekâ konuşma aracısı uygulaması olan *Wysa*'yı kullanan, kronik ağrı şikâyeti olan kullanıcıların deneyimleri incelenmiş depresif belirtilerde azalma görüldüğü belirtilmiştir. Bu uygulama serbest metinli bir konuşma arabirimiyle kullanıcıyı dinlemekte ve yanıt vermektedir. Ayrıca bilişsel davranışçı terapi (BDT), davranışsal güçlendirme (*behavioral reinforcement*) ve bilinçli farkındalık yaklaşımlarından kanıta dayalı öğeler önererek kullanıcının problemini cevaplamaktadır. Bu şekilde işleyen öz yardım uygulamaları ve konuşmaya dayalı araçlar ile teknikler; kaygı, uyku bozukluğu, motivasyon, kayıp ve ağrı gibi problemlere karşı bireye destek sağlamaktadır (Meheli, Sinha, & Kadaba, 2022).

Yoğun Bakım hastalarında ve kritik hastalarda ağrı yoğunluğunun izlenmesi oldukça önemli bir konu olarak karşımıza çıkmaktadır. Çünkü yoğun ağrı, sağ kalma oranları üzerinde olumsuz etkiler yaratmaktadır. Ancak ağrının sürekli olarak izlenmesi ve değerlendirilmesi zordur. Bu bağlamdan hareketle Kobayashi ve arkadaşları, makine öğreniminin sürekli ve otomatik ağrı değerlendirmesi için kullanılıp kullanılamayacağını, bununla birlikte hemşireler tarafından yürütülerek yaşamsal belirtiler ve diğer verilerin kullanımına dayanan geleneksel *Yoğun Bakım Ağrı Gözlem Ölçeği [Critical Care Pain Observation Tool (CPOT)]* değerlendirmelerine benzer sonuçlar elde edilip edilemeyeceğini incelemişlerdir. Bu çalışmada yoğun bakımda sürekli olarak ölçülen ve önceden ağrının değerlendirilmesinde etkisiz olduğu düşünülen yaşamsal belirtilerin yararlılığı gösterilmiştir. Yoğun bakımda olan, iletişim kuramayan hastalarda otomatik ve devamlılık gösteren ağrı değerlendirme algoritmasının kullanımının ağrı yoğunluğunun belirlenmesinde etkili olabileceği gözlenmiştir. Bu uygulamanın iletişim kuramayan hastalarda ağrının hemen giderilmesine yardımcı olmanın yanı sıra yaşam beklentisini artırma potansiyelini de sağlayabileceği ön görülmektedir (Kobayashi et al., 2021). Yüz ifadelerini tanımaya dayalı olarak ameliyat sonrası ağrıyı değerlendirmeyi amaçlayan bir yapay zekâ uygulaması için 1189 hastanın ameliyattan önce ve sonra elde edilen 2810 yüz ifadesi kullanılmış olup, yapay zekâ tahmini ve hasta tarafından bildirilen ağrı yoğunluğu arasındaki uyuma bakılmakta, ağrıyı teşhis etmedeki hassasiyet ve özgüllük ≥4/10 ve ≥7/10 ile değerlendirilmektedir. Daha sonra, aynı durumda yüz ifadesinden ağrı yoğunluğunu değerlendirmek için yapay zekâ performansları 33 hemşirenin performansıyla karşılaştırılmakta; hemşireler, doğru ağrı yoğunluğunu ortalama %14,9 doğrulukla tahmin etmekte ve ağrıyı ≥4/10 ve ≥7/10, %44,9 ve %17,0 hassasiyetlerle tanımlamaktadırlar. Bu sonuçlar, yapay zekâ performanslarının daha da iyileştirilmesine bağlı olarak, yüz ifadesi analizini kullanan yapay zekâ uygulamalarının, özellikle ağrılarını uygun şekilde bildiremeyen kişilerde ağrıyı değerlendirmede ve şiddetli ağrının tespit edilmesine yardımcı olmada kullanılabileceğini göstermektedir (Fontaine et al., 2022).

Diğer yandan bebeklerde ağrının yeterli şekilde değerlendirilmesi, ağrı yönetimi açısından kritik öneme sahiptir. Ancak bebekler ağrılarını ifade edemezler, bu nedenle ağrıları genellikle doğru şekilde belirlenemez ve yeterli tedavi uygulanamaz. Yapay zekâ destekli bir ağrı değerlendirme aracının bebeklerin ağrılarını belirlemeye yönelik kullanımına Klinik Uygunluğunun incelendiği bir araştırmada bebekler aşılanmadan önce ve sonra gözlemlenerek, yalnızca yüz ifadesine dayalı olarak ağrı ve yoğunluğu tespit edilmek istenmiştir. PainChek infant isimli uygulamanın sonuçlarının yüksek doğrulukla elde edildiği belirlenmiştir (Hughes, Chivers, & Hoti, 2023). Ağrıyı sözlü olarak ifade edememeleri, gelişmekte olan sinir sistemlerinin savunmasızlığı, ağrı ve ağrı yönetiminin yapısal ve fonksiyonel değişiklikler üzerindeki etkileri göz önüne alındığında sağlık profesyonelleri için ameliyat sonrası ağrının yeni doğan üzerindeki olumsuz etkilerini azaltmak oldukça zordur. Yapay zekâ tabanlı yaklaşımlar, ameliyat sonrası sedasyonun ardından ağrı başlangıcı hakkında yüksek güvenilirlikli tahminler yapmak için yüz ve vücut hareketleri, ağlama frekansları ve fizyolojik veriler (hayati belirtiler) gibi sürekli objektif değişkenlerin tekli veya çoklu kombinasyonlarını kullanabilmektedir. Ağrı başlangıcı hakkındaki bu tür tahminler, hem ameliyat sonrası ağrıdan hem de opioid bağımlılığına bağlı yoksunluktan yeni doğana gelecek zararı önlemeyi veya en aza indirmeyi amaçlamaktadır. Uygulama narkotik olmayan ilaç ve ilaçsız tedavi müdahaleleriyle ağrıyı hafifletmek için ağrı başlamadan önce müdahale şansı tanıyacaktır. Geliştirilen yapay zekâ tabanlı stratejiler, yeni doğanın ameliyat sonrası ağrı ve opioid yoksunluğundan kaynaklanan hasarı en aza indirme veya önleme potansiyeline sahiptir. Yeni doğan yoğun bakımında ağrının terapötik yönetimi için yeni stratejilerin geliştirilmesine yönelik büyük ve artan bir ihtiyaç vardır (Salekin et al., 2021).

Ses, bazen yüz hareketleri gibi diğer davranışlarla birlikte ağrıyı değerlendirmek için sıklıkla kullanılır. Yüzdeki duygularla karşılaştırıldığında, ağrıyı sesle ilişkilendiren kanıta dayalı mevcut çalışma sayısı oldukça azdır. Yapay zekâ ve makine öğrenimi tekniklerinin rolüne özel olarak odaklanarak, yetişkinlerde ağrı tespiti için ses tanıma ve ses analizinin kullanımına ilişkin mevcut araştırmaların incelendiği bir derlemede yapay zekâ tabanlı ses analizinin, kronik ve akut ağrı dâhil olmak üzere çeşitli ağrı türlerine sahip yetişkin hastalarda ağrı tespiti için etkili bir araç olabileceği ortaya konmuştur. Değerlendirilen çalışmalara göre, seslendirmelerin ve ses kayıtlarının teknolojik makine öğrenimi algoritmalarıyla birleştirilerek çeşitli ağrı türlerinin verimli ve doğru bir şekilde tanımlamanın mümkün olduğu belirtilmiştir (Borna et al., 2023).

Temporomandibular eklem bozuklukları ve orofasiyal ağrılar yaygın görülmelerine rağmen teşhisi ve yönetimi hala tartışmalıdır. Bu sebeple hastalar genellikle tedavide gecikmeler yaşamakta, yanlış teşhis ve tedaviye maruz kalabilmektedir. Yeni yapay zekâ algoritmaları çok sayıda hastalığın teşhis edilmesine yardımcı olmaktadır. Bununla birlikte, bu durumları teşhis etmek için yapay zekânın kullanımına odaklanan neredeyse hiçbir çalışma yoktur. Orofasiyal ağrı ve temporomandibular eklem bozukluklarında tanısal yeteneklere sahip yeni bir yapay sinir ağının (çok katmanlı algılayıcı) performansını geliştirmeyi ve test etmeyi amaçlamış bir araştırmada yapay zekânın tanısal doğruluğunun, diş hekimlerininkinden daha isabetli olduğu bulunmuştur. Bu araştırma, ilk kez, bir yapay sinir ağının tıp ve diş hekimlerinin temporomandibular eklem bozuklukları, nöropatik, nörovasküler ve yansıyan kalp ağrısı dâhil olmak üzere çeşitli orofasiyal ağrı ve işlev bozukluklarını doğru şekilde teşhis etmesine yardımcı olabileceğini göstermiştir (Kreiner & Viloria,

2022). Yapay zekânın yer aldığı teşhis ile ilgili araştırmalara bakıldığında Yapay zekâ ve insan zekâsının birleşiminin, doktorlar veya yapay zekâ tarafından tek başına yapılan teşhislerden daha iyi sonuç verdiği görülmüştür (Lötsch, Ultsch, Mayer, & Kringel, 2022).

Kanser ağrısı, hastaların yaşam kalitesini bozan ve sağlık hizmetlerinden yararlanmayı artıran önemli bir sorundur. Kanser ağrısı yönetimini optimize etmek için hasta bildirimlerini ve yapay zekâyı kullanan bir akıllı telefon uygulamasının etkinliği araştırılmıştır. Toplam 112 hastanın dâhil edildiği bu randomize kontrollü çalışma, *ePAL* uygulamasının kanser ağrısı şiddeti, kanser ağrısına yönelik tutumlar ve sağlık hizmeti kullanımı üzerindeki etkisini incelemiştir. Müdahale grubu 8 haftalık genel bakıma ek olarak *ePAL* uygulamasına dâhil edilmiştir. Araştırmanın sonucunda müdahale grubunda ağrı şiddeti ve kanser tedavisine yönelik olumsuz tutumlar, kontrol grubuna kıyasla *ePAL* atananlarda önemli ölçüde azalmıştır. Ayrıca kanser ağrısı nedeniyle acil servise ve hastaneye yatışlarda azalma görülmüştür (Kamdar et al., 2019).

Yapay Zekâ Hakkındaki Endişeler

Yapay zekâ bahsedilen bu olumlu özelliklerine rağmen sağlık profesyonellerinde ve hastalar üzerinde endişe yaratabilmektedir. Endişelerin çoğunun topluluk standartlarının bilgi eksikliğinden, araçların ve algoritmaların nasıl çalıştığının anlaşılmamasından kaynaklandığı düşünülmektedir. Bu alanla ilgili standart klinik eğitim verilmediği için, veri okuryazarlığı ve verilerin anlaşılması deneyimli sağlık personelleri için bile zorlayıcı olabilmektedir. Diğer bir yandan hatalı algoritmalar kullanılmasının sağlık tarama ve tedavisinde yanlış sonuçlar doğurabilmesi de bireyleri endişelendirmektedir (Adams, Nelson, Narouze, & Medicine, 2023). Sağlık hizmetleri alanında yapay zekâ kullanımı alanında, hem hasta bakımı ve güvenliği açısından daha çok çalışmaya ihtiyaç duyulmaktadır (Lötsch et al., 2022). Yapay zekâ temelli sağlık hizmetlerinin etik ve yasal zorluklarının da ayrıca belirlenmesi gerekmekte ve bunlar literatürde yeni bir tartışma konusu olarak karışımıza çıkmaktadır (Wang, Wang, Duan, & Wang, 2020). Yapay zekânın bazı işlemleri sağlık profesyoneli ihtiyacı duyulmadan yerine getirebilmesi de sağlık çalışanlarında işlerini kaybedebilecekleri korkusunu doğurabilmektedir. Ancak yapay zekânın ağrı çeken bireylerin yönetiminde olmazsa olmaz olan empati, nitelikli dinleme ve hastanın şikayetini doğrulama, duygusal zekâ, hastayla temas gibi insani özelliklerin öneminin yerini alamayacağı da düşünülmektedir (Reis et al., 2023). Avantajları ve dezavantajlarıyla beraber düşünülerek en üstün faydayı sağlayabilmek için yapay zekâyı klinik kullanıma uygun bir şekilde entegre etmek gerekmektedir.

Sonuç

Teknoloji hızla ilerlemekte ve bu teknolojik ilerlemenin özellikleri şimdiden toplumun her yönünü etkilemektedir. İnsanın sosyo-ekonomik, eğitim, sağlık, yasal ve ahlaki sistemlerinin üzerinde olumlu ya da olumsuz birçok değişime sebep olmaktadır. Yapay Zekâ yöntemleri, özellikle görüntü tanıma, doğal konuşma işleme, dil çevirisi, metin analizi ve makine öğrenimi vb... olmak üzere, temel sosyal ve klinik alanlarda ağrı riski tespiti dâhil olmak üzere teşhis ve tedavi aracı olarak giderek daha fazla kullanılmaktadır. Bu yapay zekâ uygulamaları potansiyel olarak çok boyutlu bir kavram olan ağrıya dair verileri analiz ederek doğru teşhis, tedavi ve sonuçların tahmin edilmesi olasılığını arttırmaktadır. Bu sayede çeşitli tıbbi uygulamalar sürekli, objektif ve otomatik bir ağrı tanıma sisteminden fayda sağlayacaktır. Ancak Yapay zekâ ve insan zekâsının birleşimi ağrı araştırmalarında optimal performansı yakalayabilmek için muhtemelen en iyi kombinasyon olarak görülmektedir. Araştırmamız sırasında, son yıllarda, zaman içinde yayınlanan makale sayısında artış olduğu, ağrı ve yapay zekâ alanına ilgi ve önemin arttığı fark edilmiştir. Bu son derece umut verici yöntemlere göre uyarlanmış çalışmalarla sağlık hizmetlerinde, hasta bakımı ve güvenliğinde olduğu kadar sağlık çalışanlarının üzerindeki yükü de hafifletecek teknolojik devrimler ortaya koyma potansiyeli yüksektir.

Kaynakça

Adams, M. C., Nelson, A. M., Narouze, J. R. A., & Medicine, (2023). Daring discourse: artificial intelligence in pain medicine, opportunities and challenge

Amorim, A. B., Pappas, E., Simic, M., Ferreira, M. L., Tiedemann, A., Jennings, M., & Ferreira, H. (2016). Integrating Mobile health and Physical Activity to reduce the burden of Chronic low back pain Trial (IMPACT): a pilot trial protocol. *BMC Musculoskeletal Disorders, 17* (1), 36. doi:10.1186/s12891-015-0852-3

Anan, T., Kajiki, Oka, H., Fujii, T., Kawamata, K., Mori, K., uHealth. (2021). Effects of an artificial intelligence–assisted health program on workers with neck/shoulder pain/stiffness and low back pain: randomized controlled trial. *9* (9), e27535.

ARICI, H. Y. J. R. T. E. Ü. İ. F. D. (2021). Modern Şifacılık Yönelimleri. (19), 291-324.

Aytaç, Ö., & Kurtdaş, M. Ç. J. F. Ü. B. D. (2015). Sağlik-Hastaliğin Toplumsal Kökenleri Ve Sağlik Sosyolojisi. 25 (1), 231-250.

Barreveld, A. M., Rosén Klement, M. L., Cheung, Axelsson, U., Basem, J. I., Reddy, A., Mehta, N. J. M. (2023). An artificial intelligence-powered, patient-centric digital tool for self-management of chronic pain: A prospective, multicenter clinical trial. pnad049.

Bates, N. A., Huffman, A., Goodyear, E., Nagai, T., Rigamonti, L., Breuer, L., Schilaty, N. D. J. C. B. (2023). Physical clinical care and artificial-intelligence-guided core resistance training improve endurance and patient-reported outcomes in subjects with lower back pain. *103*, 105902.

Borna, Haider, C. R., Maita, K. C., Torres, R. A., Avila, F. R., Garcia, J., Carter, R. E. J. B. (2023). A Review of Voice-Based Pain Detection in Adults Using Artificial Intelligence. *10* (4), 500.

Büyükgöze, & Dereli, E. J. V. U. B. v. M. Ç. K.-F. v. (2019). Toplum 5.0 ve Dijital Sağlık. 07-10.

Cargnin, Z. A., Schneider, D. G., & Rosa-Junior, J. N. J. R. L.-A. d. E. (2023). Digital self-care in the management of spine musculoskeletal disorders: A systematic review and meta-analysi *31*, e3908.

Chen, M., & Decary, M. (2020). *Artificial intelligence in healthcare: An essential guide for health leader* Paper presented at the Healthcare management forum.

D'Antoni, F., Russo, F., Ambrosio, L., Vollero, L., Vadalà, G., Merone, M., Health, (2021). Artificial intelligence and computer vision in low back pain: a systematic review. *18* (20), 10909.

Dansie, E., & Turk, D. C. J. B. j. o. a. (2013). Assessment of patients with chronic pain. *111* (1), 19-25.

Domenichiello, A. F., Ramsden, C. E. J. i. N.-, & Psychiatry, B. (2019). The silent epidemic of chronic pain in older adult *93*, 284-290.

Erkoç, Y. v., Çom, Keskinkılıç, B., & Karakaya, K. J. A. M. A. (2011). Sağlığın Teşviki ve Geliştirilmesi Sözlüğü.

Engel,G. (1980). The clinical application of the biopsychosocial model. 137 (5), 535-544.

Ferroni, Zanzotto, F. M., Scarpato, N., Spila, A., Fofi, L., Egeo, G., Journal, B. (2020). Machine learning approach to predict medication overuse in migraine patient *18*, 1487-1496.

Fontaine, D., Vielzeuf, V., Genestier, Limeux, Santucci-Sivilotto, Mory, E., Laine, M. J. E. J. o. (2022). Artificial intelligence to evaluate postoperative pain based on facial expression recognition. *26* (6), 1282-1291.

Giummarra, M. J., Gibson, J., Allen, A. R., Pichler, A., & Arnold, C. A. J. M. (2015). Polypharmacy and chronic pain: harm exposure is not all about the opioid *16* (3), 472-479.

Gkikas, Tsiknakis, M. J. C. M., & Biomedicine, i. (2023). Automatic assessment of pain based on deep learning methods: A systematic review. *231*, 107365.

Goldberg, D., & McGee, J. J. B. h. (2011). Pain as a global public health priority. *11* (1), 1-5.

Hasan, F., Mudey, A., & Joshi, A. J. C. (2023). Role of Internet of Things (IoT), Artificial Intelligence and Machine Learning in Musculoskeletal Pain: A Scoping Review. *15* (4).

HOŞGÖR, H., & GÜNGÖRDÜ, H. J. A. B. v. T. D. (2022). Sağlıkta Yapay Zekânın Kullanım Alanları Üzerine Nitel Bir Araştırma. (35), 395-407.

Hughes, J. D., Chivers, & Hoti, K. J. J. o. M. I. R. (2023). The Clinical Suitability of an Artificial Intelligence–Enabled Pain Assessment Tool for Use in Infants: Feasibility and Usability Evaluation Study. *25*, e41992.

Jothi, N., & Husain, W. J. c. (2015). Data mining in healthcare–a review. *72*, 306-313.

Kamdar, M., Centi, A. J., Agboola, Fischer, N., Rinaldi, Strand, J. J., El-Jawahri, A. (2019). A randomized controlled trial of a novel artificial intelligence-based smartphone application to optimize the management of cancer-related pain. In: American Society of Clinical Oncology.

Keogh, E., Rosser, B. A., & Eccleston, C. (2010). e-Health and chronic pain management: current status and development *Pain, 151* (1), 18-21. doi:10.1016/j.pain.2010.07.014

Kobayashi, N., Shiga, T., Ikumi, Watanabe, K., Murakami, H., & Yamauchi, M. J. r. (2021). Semi-automated tracking of pain in critical care patients using artificial intelligence: a retrospective observational study. *11* (1), 1-7.

Kraus, J.-L. J. D. D. T. (2021). From 'molecules of life'to new therapeutic approaches, an evolution marked by the advent of artificial intelligence: the cases of chronic pain and neuropathic disorder *26* (4), 1070-1075.

Kreiner, M., & Viloria, J. J. J. o. O. R. (2022). A novel artificial neural network for the diagnosis of orofacial pain and temporomandibular disorder *49* (9), 884-889.

Kremer, M., Becker, L. J., Barrot, M., & Yalcin, I. J. E. J. o. N. (2021). How to study anxiety and depression in rodent models of chronic pain?, *53* (1), 236-270.

Li, L. W., Chew, A. M., & Gunasekeran, D. V. J. B. J. o. A. (2020). Digital health for patients with chronic pain during the COVID-19 pandemic. *125* (5), 657-660.

Lilje, C., Olander, E., Berglund, J., Skillgate, E., & Anderberg, (2017). Experiences of Older Adults With Mobile Phone Text Messaging as Reminders of Home Exercises After Specialized Manual Therapy for Recurrent Low Back Pain: A Qualitative Study. *JMIR Mhealth Uhealth, 5* (3), e39. doi:10.2196/mhealth.7184

Lo, W. L. A., Lei, D., Li, L., Huang, D. F., Tong, K.-F. J. J. m., & uHealth. (2018). The perceived benefits of an artificial intelligence–embedded Mobile app implementing evidence-based guidelines for the self-Management of Chronic Neck and Back Pain: observational study. *6* (11), e8127.

Lötsch, J., Sipilä, R., Tasmuth, T., Kringel, D., Estlander, A.-M., Meretoja, T., treatment. (2018). Machine-learning-derived classifier predicts absence of persistent pain after breast cancer surgery with high accuracy. *171*, 399-411.

Lötsch, J., Ultsch, A., Mayer, B., & Kringel, D. J. R. (2022). Artificial intelligence and machine learning in pain research: a data scientometric analysi *7* (6), e1044.

Macarron, R., Banks, M. N., Bojanic, D., Burns, D. J., Cirovic, D. A., Garyantes, T., Paslay, J. W. J. N. r. D. d. (2011). Impact of high-throughput screening in biomedical research. *10* (3), 188-195.

Malik, Pathania, M., Rathaur, V. K. J. J. o. f. m., & care, (2019). Overview of artificial intelligence in medicine. *8* (7), 2328.

Matsangidou, M., Liampas, A., Pittara, M., Pattichi, C., Zis, J., & therapy. (2021). Machine learning in pain medicine: an up-to-date systematic review. 1-18.

Meheli, Sinha, C., & Kadaba, M. J. J. H. F. (2022). Understanding People With Chronic Pain Who Use a Cognitive Behavioral Therapy–Based Artificial Intelligence Mental Health App (Wysa): Mixed Methods Retrospective Observational Study. *9* (2), e35671.

Melchert, T. (2011). Foundations of professional psychology: The end of theoretical orientations and the emergence of the biopsychosocial approach: Elsevier.

Merskey, H., & Bogduk, N. (1994). Classification of chronic pain, IASP Task Force on Taxonomy. In: Seattle: IASP pres

Miettinen, T., Mäntyselkä, Hagelberg, N., Mustola, Kalso, E., & Lötsch, J. J. (2021). Machine learning suggests sleep as a core factor in chronic pain. *162* (1), 109-123.

Mintz, Y., Brodie, R. J. M. I. T., & Technologies, A. (2019). Introduction to artificial intelligence in medicine. *28* (2), 73-81.

Nicholas, M., Vlaeyen, J. W., Rief, W., Barke, A., Aziz, Q., Benoliel, R.,Goebel, A. J. (2019). The IASP classification of chronic pain for ICD-11: chronic primary pain. *160* (1), 28-37.

Öztürk, Y. E., Dömbekci, H. A., & Seda, Ü. J. B. v. A. T. D. (2020). geleneksel tamamlayici ve alternatif tip kullanimi. 1 (3), 23-35.

Piette, J. D., Newman, Krein, L., Marinec, N., Chen, J., Williams, D. A.,... Heapy, A. A. (2022). Patient-Centered Pain Care Using Artificial Intelligence and Mobile Health Tools: A Randomized Comparative Effectiveness Trial. *JAMA Internal Medicine, 182* (9), 975-983. doi:10.1001/ jamainternmed.2022.3178 %J JAMA Internal Medicine

Polston, G. R., Klement, M., Axelsson, U., Olsson, M., Barkfors, G., & Borrebaeck, C. A. J. A. C. C. R. (2022). A Drug-Free, Digital, Self-Management Tool for Chronic Pain Patients Powered by Artificial Intelligence–A Pilot Trial. *2226*.

Rabbi, M., Aung, M., Gay, G., Reid, M. C., & Choudhury, T. J. J. o. m. I. r. (2018). Feasibility and acceptability of mobile phone–based auto-personalized physical activity recommendations for chronic pain self-management: Pilot study on adult *20* (10), e10147.

Reis, F. J., Neves, G. d. A., & Carvalho, M. B. L. d. J. B. (2023). Artificial intelligence and pain: opportunities and challenges for research and clinical practice.

Rosser, B. A., & Eccleston, C. (2011). Smartphone applications for pain management. *J Telemed Telecare, 17* (6), 308-312. doi:10.1258/jtt.2011.101102

Rughani, G., Nilsen, T. I., Wood, K., Mair, F., Hartvigsen, J., Mork, J., & Nicholl, B. I. J. E. J. o. (2023). The selfBACK artificial intelligence-based smartphone app can improve low back pain outcome even in patients with high levels of depression or stres

Salekin, M., Mouton, R., Zamzmi, G., Patel, R., Goldgof, D., Kneusel, M.,... Pain, N. (2021). Future roles of artificial intelligence in early pain management of newborn *3* (3), 134-145.

Sarwar, A., Agu, E. O., Polcari, J., Ciroli, J., Nephew, B., & King, J. J. H. (2022). PainRhythms: Machine learning prediction of chronic pain from circadian dysregulation using actigraph data—a preliminary study. *26*, 100344.

Spinord, L., Stenberg, G., Kassberg, A. C., & Stålnacke, B. M. (2022). Sex and Age Group Focus on Outcomes after Multimodal Rehabilitation for Patients with Chronic Pain in Northern Sweden. J Rehabil Med, 54, jrm00333. doi:10.2340/jrm.v54.2336

Şentürk, İ. A., Şentürk, E., Üstün, I., Gökçedağ, A., Yıldırım, N., & İçen, N. K. J. T. K. J. o. (2023). High-impact chronic pain: evaluation of risk factors and predictor *36* (1), 84-97.

Tunks, E. R., Crook, J., & Weir, R. (2008). Epidemiology of chronic pain with psychological comorbidity: prevalence, risk, course, and prognosi *Can J Psychiatry, 53* (4), 224-234. doi:10.1177/070674370805300403

Türkiye Cumhuriyeti Sanayi ve Teknoloji Bakanlığı. (2022). Akıllı Yaşam ve Sağlık

Ürün ve Teknolojileri Yol Haritası. https://www.sanayi.gov.tr/assets/pdf/plan-program/AkilliYasamveSaglikUrunveTeknolojileriYolHaritasi.pdf Erişim Tarihi: 13.07.2023.

Uysal, B., & Ulusinan, E. J. D. (2020). Güncel dijital sağlik uygulamalarinin incelenmesi. 1 (1), 46-60.

Wang, R., Wang, Duan, N., & Wang, Q. J. F. i. M. (2020). From patient-controlled analgesia to artificial intelligence-assisted patient-controlled analgesia: Practices and perspective 7, 145.

Wirries, A., Geiger, F., Hammad, A., Redder, A., Oberkircher, L., Ruchholtz, Jabari, J. D. (2021). Combined Artificial Intelligence Approaches Analyzing 1000 Conservative Patients with Back Pain—A Methodological Pathway to Predicting Treatment Efficacy and Diagnostic Group *11* (11), 1934.

World Health Organization. (1946). Preamble to the Constitution of the World Health Organization as adopted by the International Health Conference. 2, 100.

Zhang, M., Zhu, L., Lin, -Y., Herr, K., Chi, C.-L., Demir, I., Chi, N.-C. J. J. o. t. A. M. I. A. (2023). Using artificial intelligence to improve pain assessment and pain management: a scoping review. *30* (3), 570-587.

Zmudzki, F., & Smeets, R. J. J. F. i. R. (2023). Machine learning clinical decision support for interdisciplinary multimodal chronic musculoskeletal pain treatment. *4*.

A REVIEW OF ARTIFICIAL INTELLIGENCE APPLICATIONS WITH GENDER PERSPECTIVE

Mina FURAT*

Extended Abstract:

In today's world, humans live with rapid change of cybernetic and biotechnological development After the 1980s, the effects of technological changes on individuals and societies were started to be discussed. These discussions include political, economic, cultural effects of technological change. Especially with the convergence of information and communication technologies; social relations of people and the interaction of individuals with technological applications have changed. In this context, the widespread use of artificial intelligence systems and its interaction with human intelligence can transform our current definitions of humans, the hierarchical nature of relationships between humans, and the relationship of humans to nonhuman. The transformation of the human life is generally discussed with the term "posthuman". There are two main approaches that analyze the effects of technology on people and on society: Posthumanist approaches and Transhumanist approache In this study the Posthumanist feminist approaches and their project about transforming gender relations by deconstructing dualities regarding the subject. Post humanist feminist approach use the concept "Cyborg" to explain the "posthuman" who have become a hybrid of human and nonhuman whose identity has multiple properties of animal, human and nonhuman. Posthumanism can

* Assist. Prof., Manisa Celal Bayar University, Sociology Department

be examined in three groups of perspectives: critical, cultural, and philosophical posthumanism. Ferrando (2019) argued that philosophical posthumanism has its roots in critical and cultural post humanist debate Critical posthumanism argued for seeing the 'others' of the ideal subject of the modernity (western, white, male). According to Ferrando (2019:51-52), philosophical post-humanism argues for deconstructing dualities of human centered approache The transhumanist approaches believe that human is upgrading a better version of itself through enhancement with the help of the technology. For them the humans will become posthuman after the transition is complete. Transhumanists can be seen as the continuation of humanist approaches believing reason, rationality and technological progres

Feminist post humanist approaches after having been influenced by the deconstruction of the modern subject position of the human ideal (western, white male), argued for the multiple and hybrid identitie Moreover, they work for deconstructing the gender duality of man and women and question the relationship among "human", "body" and "embodied self". D. Haraway use the concept of "Cyborg" to analyze the current condition of the individual. It is a being who is a hybrid of human, animal, and machine. With the development and widespread usage of artificial intelligence the boundaries between human and machine and physical and non-physical were blurred. Feminist posthumanism argues for the elimination of gender and other inequalities by the deconstruction of the subject. The studies show that the human subject seemed to be more interrelated with the machine and the relation between mind and body seemed to be changing (Ferrando 2014b, Guerrero 2011 and Gu 2020). However, the studies show that the cultural codes regarding gender stereotypes continues to exist in our minds which define the meaning of woman and man. Technological change offers an opportunity to change subject and object positions of gender identity and our perceptions of gender which can be realized through more involvement of the "other" of the subject in the techno political decision-making space.

YAPAY ZEKÂ UYGULAMALARININ TOPLUMSAL CİNSİYET PERSPEKTİFİYLE İNCELENMESİ

Mina FURAT*

Giriş

Gelişen teknolojilerle beraber insanın toplumsal yaşantısının nasıl değişeceği ve teknolojik değişimin, politik, kültürel ve ekonomik değişim ile ilişkisi sosyal kuramın önemli sorgulamalarından birini oluşturur. Günümüz tartışmalarında özellikle iletişim teknolojilerinin yaygın kullanımı sayesinde hem toplumsal ilişkilerin dönüşümü hem de toplumsal ilişkilerin teknolojik değişim biçimleriyle etkileşimi gündeme gelmektedir. Bu bağlamda yapay zekâ sistemlerinin kullanımı yaygınlaşmasının ve insan zekâsıyla etkileşimini mevcut insana dair tanımlamalarımızı, insanlar arasındaki ilişkilerin hiyerarşik doğasını ve insanın insan olmayan ile ilişkisini dönüştürebileceğine dair tartışmalar söz konusu olmuştur. Bu tartışmalar hakkındaki genel eğilimleri saptamak için iki ayrı genel yaklaşımdan bahsedilebilir. Bunlardan biri "transhümanizm" diğeri ise "post-hümanizm" olarak başlıklandırılabilir. Her iki ana başlıkta kendi içlerinde farklı gruplara ayrılmaktadır. Bu çalışma kapsamında post-hümanist yaklaşımların içinde post-hümanist feminist yaklaşımlar diğer yaklaşımlarla yapay zekâya (Siborg tanımlamalarını da içerecek biçimde) dair tahayyülleri bağlamında karşılaştırılarak analiz edilecektir. Bu bağlama bazı sorular analiz edilecektir: Yapay zekâ uygulamalarının yaygınlık kazanması cinsel kimliğe dayalı eşitsizlik modellerinin tartışılmasına ve post-hümanist

* Dr. Öğr. Üyesi, Manisa Celal Bayar Üniversitesi, Sosyoloji Bölümü

Feminist yaklaşımların iddia ettiği gibi cinsiyet ötesi bir dünyaya sebep olabilir mi? Yoksa yapay zekâ sistemleri, mevcut cinsiyet ikilikleri üzerine kurulu bir toplumsal düzen üzerinden tasarlandığı için cinsiyete dayalı eşitsizlikleri yeniden mi üretir? Yapay zekânın yaygınlaşması sürecinde hangi düzenlemeler cinsiyete dayalı kavramsallaştırmalarımızın daha eşitlikçi olmasına etki edebilir? Yapay zekâ ve uygulamalarına dair farklı tahayyüller eşliğinde toplumsal cinsiyet tanımlamaları nasıl oluşturulmaktadır? Bu sorularla cinsiyetin toplumsal olarak nasıl inşa edildiği ve yapay zekâ uygulamalarıyla nasıl bir etkileşime girdiği tartışmaya açılacaktır.

Transhümanist yaklaşımlar ile post-hümanist yaklaşımlar sıklıkla birbirilerine karıştırılmaktadır (Ferrando, 2020 ve Çavuş, 2021). "Post-İnsan" (Posthuman) kavramı her iki yaklaşım için de ifade edilen bir kavram olarak karşımıza çıkmaktadır. Ferrando (2020:1-2) bu iki yaklaşım arasındaki ilişkiyi şu biçimde açıklar: Transhümanizm ve post-hümanizm farklı felsefi temellerden gelerek farklı önceliklere sahiptirler. Bu yaklaşımlar "insan kavramını farklı biçimde ele alırlar ancak ikisi de dinamik bir unsur olarak dikkate alırlar. Ayrıca "anti hümanist" değildirler, yani insanlık karşıtı değildirler. Dolayısıyla Hümanizm karşıtı olmakla insanlık karşıtı olmak tamamen farklı görülmelidir. Ancak her iki yaklaşımın da ortak olduğu bir husus olarak; teknolojik gelişmelerle bedenin yeniden tanımlanmasının söz konusu olduğunu söyleyebiliriz. Bedenin sosyal etkileşim için artık tek yer olup olmadığının sorgulanması "insan", "beden" ve "bedenlenmiş kendilik" arasındaki ilişkinin tekrar sorgulanması gündeme gelmiştir (Ferrando, 2014a). Post-hümanist yaklaşımların, "Post-İnsan" kavramlaştırmasını, insanının öznelliğini sosyal teoride açıklanmış biçimlerini geliştirme, olumsuzlama veya yapı söküme uğratma yoluyla yeniden düşünmek için kullandıklarını söyleyebiliriz. Bu yaklaşımların içinde Post-hümanist feminist yaklaşımlar, "Siborg" tanımlamasıyla insanın teknoloji ile etkileşim içinde dönüşerek cinsiyete dayalı ikilikler gibi ayrımları aşarak ve düalizmden kaynaklanan her türlü tahakkümü dönüştürerek güç farklılıklarını ortaya çıkarmanın ve dönüştürmenin mümkün olduğunu iddia etmektedir. "Siborg dünyasını" kimliğe dayalı otoritenin olmadığı ve "cinsiyetsiz bir dünya" olarak kurgularlar. Post-hümanist feminist yaklaşımlara göre, cinsiyet, ırk veya sınıfsal farklılıklar bize dayatılan kimlikler üzerine kuruludur. Bu yaklaşımda insan diğer türlere karşı üstün konumunu ve diğer varlıklar üzerindeki gücünü meşrulaştırma zeminini kaybeder. Post-hümanist feminist yaklaşımlar, cinsiyete dair tanımlamalarımızın inşa edildiğini vurgulayarak öznenin aslında melez olan ve çoklu yapısının erkek ve kadın bedeni ikiliği üzerinden tanımlandığını ifade etmektedirler.

Biyogenetik mühendislik uygulamalar da insan bedeninin teknoloji ile etkileşimine ve bütünleşmesine yönelik etkide bulunmaktadır. Yapay zekâ uygulamaları, insan olmayan (bedensiz düşünülebilen) varlıkların yorum yapabilmeleri, ilişki kurabilmeleri, karar verebilmeleri gibi durumları ortaya çıkardığı için insan bedenine dair algımızı dönüştürmektedir. Bir yandan yapay zekâ uygulamaları insanlar tarafından tasarlanan bir dünyaya işaret ederken öbür taraftan insanın ne olduğuna dair tanımlamalarımızı sorgulatmaktadır. Yapay zekâ uygulamaları ile insan bedenine dair algımız da dönüşmektedir. Bu uygulamaların yaygınlık kazanmasının insanın makinalarla artan biçimde etkileşim halinde bulunmasına sebep olacağı düşünülmektedir. Bunun olası sonuçları olarak; gündelik yaşamda daha fazla yapay zekâ kullanılması, insan ve makine etkileşimin artması, insanların robotik unsurlar ile daha fazla birleşmesinin tahayyül edilmesi ve bununla ilgili deney yapılmaya başlanması sayılabilir.

Bu kapsamda, bu çalışmada ilk olarak insan ve teknoloji arasındaki etkileşimin değişimi hakkında ilk bakış açısı olarak transhümanist yaklaşımlar incelenecektir. İkinci olarak post-hümanist yaklaşımlar genel olarak açıklanacaktır. Daha sonra post-hümanist yaklaşımlar içinde cinsiyet temelli analiz yapan post-hümanist feminizm değerlendirilecektir. Son olarak bu yaklaşımların yapay zekâ, Siborg teknolojileri ve insanın değişimi konusundaki görüşleri karşılaştırılarak analiz edilecektir.

Transhümanist Bakış Açısı

Çavuş (2021:178-180) çalışmasında, transhümanist yaklaşımların, aydınlanmanın temel değerleri olan aklı ve bilimi dikkate alma, eleştirel ve yaratıcı düşünme, insanlığın ilerlemesine inanma ve insana değer verme gibi hümanist bakış açısını benimsediklerini belirtmektedir. Ferrando (2020:2), transhümanistlerin amacının insanın daha iyi versiyona güncellenmesi (*enhancement*) olduğunu ve böylece post-insan (*posthuman)* duruma geçileceğini düşündüklerini ifade ediyor. Transhümanistlere göre bu geçiş bilimsel gelişmelerin etkisiyle teknolojiyle daha fazla birleşmeyi içerecektir. Ferrando'nun da belirttiği gibi (2020:2) böylesi bir bakış açısı; hümanist yaklaşımın ilerleme, akıl ve akılcılığı benimseyen ideallerine dayanmaktadır.

Ancak transhümanist yaklaşımlar kendi aralarında More (2010) gibi özgürlükçü transhümanizmler ve Hughes (2004) gibi insanların teknolojik gelişmelere eşit erişimini savunan demokratik transhümanizmlere ayrıldığını da ifade etmektedir. Buna ek olarak kimi transhümanistler, teknolojiye oldukça iyimser bakarken (Vita-More 2019) bazıları olası tehlikelerinden de bahsetmektedir (Bostrom 2002). Bostrom (2002), bu yazısında "varoluşsal risk" kavramını kullanarak bir olumsuz etkinin dünya temelli akıllı yaşamı tümüyle ortadan kaldırabileceğini ya da kapasitesini oldukça düşürebileceğini ifade ediyor. Böylesi bir duruma sebep olabilecek olası risklerinden de bahsediyor.

More (2010:2-3), makalesinde transhümanizmin genel yaklaşımının Nietzsche'nin "üst insan" (übermensch) kavramsallaştırmasıyla benzerliğini tartışıyor. Bu tartışmayı yürütürken, transhümanizmi anlattığı ve "ekstropi"nin prensipleri (More 1990:2-3) olarak açıkladığı makalede doğrudan Nietzsche'den etkilendiğini belirtiyor. Çünkü bilimsel düşünceyi temel alan insanların önceki insan modelini aşması anlamında değerlendiriyor. Ancak onun "sonsuz dönüş" kavramının transhümanizm ile birlikte düşünülemeyeceğini ve hiçlik düşüncesini geride bırakarak değer temelli bir yaklaşımı benimsediğini belirtiyor.

Bostrom (2002:1-10) makalesinde transhümanist düşüncesin kültürel ve filozofik kökenlerini ve gelişimine etki eden koşulları anlatıyor. Yapay zekânın, insanlar gibi düşünebilmesi durumuna gelmesinin mümkün olabileceğini ifade ediyor. Vinge'nin, "Teknolojik Teklik", olarak ifade ettiği, "süper insan" (*superhuman)* olarak tanımlanan bir durumun gerçekleşebileceğini, yani insanın teknolojiyle birleşerek başka bir boyutta var olacağı düşüncesini tartışıyor. Bunun yanı sıra teknolojik değişime etki edebilecek faktörler olarak ise; nanoteknoloji ve yükleme'den (*uploading*) yani insanın zihninin bir bilgisayara yüklenmesinden bahsediyor. Bütün bu teknolojilerle birlikte, transhümanizmin bu tür radikal teknolojilerin uygulanabilirliğini gerektirmediğini vurguluyor (Bostrom, 2002:10). Çünkü transhümanizme geçişi sağlayan; "sanal gerçeklik, pre-implantasyon genetik teşhis, genetik mühendisliği, hafızayı ve konsantrasyonu geliştiren ilaçlar, protezler, daha yakın insan-bilgisayar, arayüzler" gibi teknolojilerin zaten gelişmekte olduğunu ve insan yaşamını dönüştürme potansiyeli taşıdığını belirtiyor. Bu yüzden Bostrom (2002), transhümanizmin bütün bu insan deneyimlerini genişleten teknolojik alternatiflerinin herkese uygulanabilir olmasının önemli bir hale geleceğini vurguluyor. Çalışmasında ayrıca teknolojik uygulamaların etik boyutlarını ve teknolojilerin doğasını ve dönüşüm zamanlarını da tartışıyor. Süper zekâ veya moleküler nano teknolojilerin uygulanmasının hem riskleri olduğunu hem de kötü kullanıma açık olduğunu belirtiyor. Benzer bir görüşle McIntosh (2010) bu teknolojilerin kullanımının güvenlik riski oluşturduğunu ifade ediyor. McIntosh (2010:32) çalışmasında, genetik, siber teknoloji, nanoteknoloji, biyoteknoloji, yapay zekâ ve diğer alanlardaki gelişmelerin insan dair görüşleri yeniden oluşturduğunu ve devlet, firmalar ve bu teknolojilerin gelişmesine dair politikalarda etkili olan herkesin güvenlik risklerinin oluşmasında etkili ve sorumlu olduğunu belirtiyor. McIntosh'a göre (2010) bu durumda gelecekte teknolojik dönüşüm süreçlerinde politika oluşturmak güvenliğimizi sürdürmek için zorunlu hale gelmektedir. Görüldüğü gibi transhümanist yaklaşımlar, yapay zekâ ile uygulanacak teknolojik değişimlerin kaçınılmaz olduğunu düşünürken, bazı transhümanistler bu teknolojik değişimlerin biçimini, hızını ve olası etik unsurlarını tartışırken (Bostrom 2002, McIntosh 2010), bazıları (More 2010, Vita-More 2019) tamamıyla bu teknolojileri post-insana geçiş sürecinde olumlu bir gelişme olarak tanımlıyor. Transhümanistlerden farklı olarak inceleyeceğimiz post-hümanist yaklaşımlar ise çok geniş bir yelpaze de, hümanist yaklaşımları eleştiren ve insanın kültürel ve politik var oluşundaki değişimi analiz eden yaklaşımlar olduğu söylenebilir. Bu yaklaşımların post-insan ve teknoloji yaklaşımları aşağıda incelenecektir.

Post-hümanist Bakış Açısı

De Liano ve Fernandez-Götz (2021:543), post-hümanizmin, hümanizmi reddeden çeşitli yaklaşımları ve düşünce okullarını kapsayan bir 'şemsiye' terimi olduğunu Braidotti (2013) ve Ferrando'dan (2013 ve 2019) alıntılayarak ifade ediyorlar. De Liano ve Fernandez-Götz (2021), post-hümanist yaklaşımların, insan/ insan olmayan, doğa/ kültür, özne/nesne, zihin/ beden gibi Batılı ikilikleri sorguladıklarını belirtiyorlar. Braidotti (2016:13), Felsefede "post-insan" (*posthuman*) kavramsallaştırmasının hem anti hümanist yaklaşımlar hem de insan merkezciliğine karşıt yaklaşımlar tarafından kullandığını belirtiyor. Ancak Braidotti'nin (2016:14) de belirttiği gibi anti hümanist yaklaşımlar hümanist yaklaşımların insanın temsilcisi olarak ideal 'erkek' tanımının eleştirisini yaparken, insan merkezci yaklaşımın karşıtları ekolojik adalet yanlısı bir konum benimseyerek türler arası hiyerarşiye karşı çıkıyorlar. Ferrando (2019:22), post-hümanist felsefenin ortaya çıkmasında "post" tartışmalarının önemini belirtiyor. Bu tartışmalar, postmodernitenin sabit kategorileri yapı söküme uğratması, kuantum fiziğin epistemolojik etkisi, teknolojik gelişmeleri insan kimliğinin dönüşümüne etkisi ve Foucoult'nun kavramsallaştırması "kendilik teknolojileri" gibi kavramsallaştırmaları içermektedir. Ferrando (2019), post-hümanizmi, bu bakış açısıyla iç içe geçen üç düşünce grubu içinde inceliyor: Eleştirel, kültürel ve felsefi post-hümanizm. Tarihsel olarak, felsefi post-hümanizmin eleştirel ve kültürel post-hümanist tartışmalardan beslenerek geliştiğini ifade ediyor. Eleştirel post-hümanizmin kökenlerini ise; insan'ın (*human*) yapı söküme uğratıldığı ve batılı, heteroseksüel, beyaz erkeği merkeze alan hümanist felsefinin tartışıldığı 1960'lı yılların sonuna ve postmodernizme dayandırıyor (Ferrando, 2019:25). Çünkü bu dönemde post-hümanist tartışmalar insanların doğal düzen içindeki üstün konumlarını kabul etmemeye ek olarak, insanın (*human)* nasıl tanımlandığı ve sembolik "diğerleri" (kadınlar, Avrupalı olmayanlar, hayvanlar, ucubeler, makinalar gibi) ile karşılaştırılarak nasıl bir üstünlük kazandığını da tartışma konusu etmeye başlamıştır. Braidotti (2013:174), bu durumu anlatırken, değersizleştirilmiş dışarıda bırakılan bütün ötekilerin modern öznenin tamamlayıcıları olarak, postmodern tartışmalarda farklılık üzerinden kendi haklarını ve görülmeyi talep ettiklerini vurguluyor. Dolayısıyla, Eleştirel post-hümanizm insan kimliğinde modern öznede görülmeyenlerin, ideal insandan (batılı, beyaz erkek) "farklı olanların" görülmesinden sonraki tartışmaları içermektedir. Ferrando (2019), eleştirel post-hümanizmin özellikle Katherine Hayles ile ve kültürel post-hümanizmin ise Donna Haraway'in çalışmalarıyla geliştirildiğini ifade ediyor. Miah (2008:77-78), Hayles'in (1999) bir beden ve özne olarak insanın bir sona gelip gelmediğini post-hümanist bir tartışma içinde sorguladığını belirtiyor. Hayles'e (1999) göre, post-hümanizm, insan bedenine dair sınırların çiğnenmesiyle öznenin arzulanan kaybıyla ön plana çıkmaktadır.

Braidotti'nin (2006:197) de belirttiği gibi felsefi post-hümanist yaklaşım, özellikle post- yapısal gelenek ve post-antroposentrik (insan merkezli yaklaşımın ötesi) görüşe dayalıdır. Bununla birlikte, Ferrando'nun (2019:49) açıkladığı gibi toplumsal cinsiyet çalışmaları ve kültürel çalışmalar ve edebiyat eleştirisi, post-hümanist çalışmaların daha felsefi bir boyut kazanmasına etkide bulunmuştur. Bunun sebebi ise post-hümanist çalışmaların, epistemoloji, ontoloji, biyoetik ve varoluşçuluk gibi alanlardaki varsayımları tekrar tartışmaya açmasıdır. Ferrando'ya (2019:51-52) göre, felsefi post-hümanizm, yapı söküm aracılığıyla ontolojik kutuplaşmaları göz önüne sermeyi ve insan merkezli ve dışlayıcı yaklaşımları geride bırakmayı pratik haline getirir. Böylece farklı kimliklerin çıkarlarını tanırken; onları değişken, göçebe ve geçici olarak görür. Bunu gerçekleştirebilmek için ise çoğulcu, çok katmanlı, çok kapsamlı ve içine alan bir yaklaşıma sahip olmalıdır.

Braidotti (2006:199) bu yaklaşımı kendi versiyonunda şöyle anlatıyor:

> Dolayısıyla bu felsefi post-hümanizm, temelcilik karşıtlığıyla sonuçlanmaz. Daha ziyade süreç ontolojisine olan ihtiyacı vurgular. Düşünme, potansiyel olarak çelişkili konumlar arasındaki geçişlerde gerçekleşen göçebe bir etkinliktir. Özellikle küresel ekonomi ve telematik ağlar çağında topolojik olarak bağlı değildir, ancak bu onu hiçbir yerden bir görünüm gibi temelsiz yapmaz. Süreçte ya da geçişte olmak, düşünen özneyi tarihin ya da zamanın dışına koymaz: Tarihselliğimizin belirli bir anı, olması gereken önemli bir konumdur. Konum, gömülü ve cisimleşmiş bir hafızadır: öznelliğin

> baskın temsillerinin zerresine karşı direnen düşünür tarafından harekete geçirilen bir dizi karşı-anılardır. Konum, öznenin ortak üretiminin materyalist bir zamansal ve uzamsal alanıdır ve bu nedenle görecelik örneğinden başka her şeydir.

Post-hümanist yaklaşımların genel olarak post-insan analizlerini ele aldıktan sonra daha özel olarak insan tanımlaması ve cinsiyet arasındaki ilişkiyi ele alan feminist çalışmalara değinmek gerekir. Ferrando'nun da (2019:56) belirttiği gibi; insanın tarihsel olarak inşa edilmesine benzer biçimde toplumsal cinsiyet de tarihsel olarak inşa edilmiştir. Farklı cinsiyetler için belirlenen ontolojik rolün ve sosyal işlevlerin kural haline getirilmesine sembolik erişimi olan hegemonik öznellikler kadının bir özne olarak konumunu belirlemektedir. Beauvoir'ün (1993:17) eseri "İkinci cins", de kadın olmanın erkeğe göre tanımlanışını açıklamıştır: Kadının kendine ait özerk bir varlığı yoktur, erkeğin ötekisidir ve onunla ilişkisi içinde tanımlanır. Kadınlık ve erkekliği belirleyen sembolik alan, ikili karşıtlık üzerine kuruludur. Dişil olan doğa ile eş görülürken, eril olan kültür ile eşleştirilir. Böylelikle, erkek (human), doğaya ve kadına egemen olarak kabul edilmiş olur. Bu durumda erkek aktif roldeki özne iken, kadın ise pasif rolündeki nesne konumuna indirenmiş olur. Simone de Beauviour'a (1993) göre bu durumun sürmesine sebep olan kadınların gönüllü olarak belirlenmiş bu ikincil konuma, öteki konumuna razı oluşlarıdır. Onun analizinde erkeklerin kendilik rolüne sahip olmaları kadınların öteki konumunu benimsemeleriyle gerçekleşebilmektedir. Ferrando'nun (2019) açıkladığı gibi, Irrigaray (1985:144) yaptığı analizde, kadının diğeri olmasını farklı bir biçimde analiz eder. Ona göre, kadın yalnızca erkeği yansıtan bir ayna değildir; içbükey bir aynadır. Ona göre, bu ayna kendini Sadece erkekten farklılığı değil erkeğin yansıtmasıyla dolabilecek bir yokluğu göstermek için tasarlanmıştır ki böylelikle erkek kendisi varlığını doğrulayabilir. Bu iki kuramcıyı ilişkilendiren Butler (1999:178-179), toplumsal cinsiyet sorununu açıklarken; toplumsal cinsiyetin tekrarlanan bir performans gerektirdiğini ve bunun zaten sosyal olarak inşa edilmiş anlamları tekrar deneyimlemesi olduğunu ifade ediyor. Bu performansa dayalı tekrar sosyal inşayı meşrulaştırdığı ve rutin haline getirdiği için bireyler tarafından yerine getirilse de kamusal bir fiildir. Böylelikle performans ile toplumsal cinsiyetin ikili bir biçimde varlığını koruması stratejik olarak sağlanmış olur.

Öznenin konumunu analiz ederek toplumsal cinsiyet ikiliklerinin nasıl kurulduğunu analiz eden bu yaklaşımlar hem post yapısalcı analiz ile ilişkilenirken toplumsal cinsiyet kavramını bir özne olarak değil de bir eylem olarak kurmaya doğru geçiş yapmaktadır. Post-hümanist feminist yaklaşımlar, post yapısalcı yaklaşımın erkek merkezli bedene bakışını da eleştirmektedir. Bu yaklaşım özellikle bir sonraki bölümde feminist post humanizm'den bahsederken, Braidotti ve Haraway ve Ferrando'nun değerlendirmelerinde analiz edilecektir.

Feminist Post-hümanizm

Feminist post-hümanist yaklaşımlar bir yandan post yapısalcı bir analizle cinsiyet ikiliklerini yapı söküme uğratmayı merkeze alırken öbür taraftan "insan", "beden" ve "somutlaşmış kendilik" arasındaki ilişkiyi sorgulamaktadırlar (Ferrando, 2014a:149). Braidotti (2006:198), çalışmasında, Haraway'in (1991) günümüz iktidar mekanizmasının normalleştirilmiş heterojenlik tarafından değil de ağ oluşturma, iletişim tasarımları ve çoklu bağlantılar ile işlediğini vurguladığını belirtiyor. Bu durumda Haraway (1991:162) beyaz kapitalist ataerkilliğin, 'bilişim tahakkümü'ne dönüştüğünü ve kadınların yeni teknolojilerden dışlanarak sosyal var oluşlarını kaybetme riskine düştüklerini belirtiyor. Bu durumda, Haraway'e göre, teknolojiyle değişen toplum yapısında karşıt bir bilinç oluşturmak toplumsal cinsiyet ve cinsel farklılıkların gündeme gelmesi için ve sosyal adalet için gerekli hale geliyor. Haraway (1991:152-154) insanı diğer kimliklerden öncelikli konumlandırmayı reddetmenin ve insan olmayan diğerleriyle sınırların aşılmasının modern düalizmin aşılmasına ve farklı tahakküm kurma biçimlerinin ötesine geçilmesine fırsat vereceğini vurguluyor.

Bu ikilikleri aşmak için, Harraway (1990:177) siborg'u cinsiyetsiz ve ırksız olarak kültür/ doğa, erkek/ kadın, doğru/ yanlış, gibi her türlü ikiliği ortadan kaldırmak için kurgulanmıştır. Haraway (2004:8-11), siborg kimliğinin, makine ve organizmanın oluşturduğu bir melez olarak toplumsal gerçekliğin ontolojik olarak inşasında ve politikanın oluşturulmasında gerekli olduğunu savunuyor. Siborglar her ne kadar militarizm ve ataerkil kapitalizmin ürünü olsalar da ona göre atalarına ihanet etme potansiyelleri olduğunu ifade ediyor. Bu iddiasını siborg ile çiğnenen üç sınır ile açıklıyor. İlk sınır evrim kuramı ile aşılan insan ve hayvan arasındaki sınırdır. İkinci sınır insan veya hayvan canlı organizmaları ile makine arasındaki sınırdır. Haraway, 20. Yüzyılın sonunda makinaların doğal ile yapay, zihin ile beden, kendi kendisine gelişen veya dışarıdan tasarlanan arasındaki ayrımı belirsiz hale getirdiğini vurguluyor (Haraway, 2004:11). Üçüncü sınır ise fiziksel ve fiziksel olmayan arasındaki sınırdır. Haraway (2004:12) bunu şu şekilde ifade ediyor: "Benim siborg mitim, ilerici insanların birer birer keşfedebilecekleri, aşılmış sınırlar, güçlü kaynaşmalar ve tehlikeli olasılıklar hakkındadır." Bu siborg dünyasının negatif olarak da yorumlanabileceğini ama insanların hayvanlar ve makinalarla birleşmeye açık olabileceği daha eşitlikçi bir dünyanın da gerçekleşebileceğini düşünmektedir. Bu durumda kadınları veya hatta belli bir grubu kasteden kadınları içeren politika geliştirmek anlamsız hale gelmektedir. Kimlikler, çelişkili, kısmi ve stratejik bir hale gelmişken; cinsiyet, ırk ve sınıfların dayatılan kimlikler olduklarını görmek gerektiğini ifade ediyor.

Braidotti (2006:201), Haraway'in siborg projesinin kimliğinin 'Ödipal anlatıları' kültürel olarak hegemonik konumlarından uzaklaştırmayı böylece kimlik inşası üzerindeki güçlerini azaltmayı amaçladığını ifade ediyor. Haraway'in bunu, kendisinin 'göçebe özne' kavramsallaştırmasıyla yaptığı gibi çoklu kimlikleri vurgulayarak yaptığını belirtiyor. Böylelikle, doğrusal, sabit ve üniter olmayan özneler öncelik haline gelmiş oluyor. Siborg, canavar veya hayvan gibi tanımlamaların insandan farklı olmalarıyla ikincil görülen konumlarından özgür kaldıklarını ve çoklu, heterojen, medenileşmemiş halleriyle çoklu sanal olasılıkları sunduğunu belirtiyor. Ancak böylesi çoklu bir hal siyaset yapmayı zorlaştırabilmektedir. Ancak Braidotti, kendi 'göçebe özne' kavramsallaştırmasının ve Haraway'in siborg'unun post insan olmasının, siyasi eylemin tanımlanması ve yürütülmesi ihtiyacını arttığı bu dönemde önemli bir araç olabileceğini vurguluyor. Miah'a (2008:78) göre ise; Haraway'in posthumanizmi, insanın geliştirilmesini savunmak veya bu ihtimale sevinmek yerine insan olmanın ne anlama geldiğini sorgulamayı içeriyor ve sosyal ve politik haklara ilişkin fikirleri altüst etmeye çalışıyor. Haraway (2004) bu manada liberal hümanist özneyi çözüyor ve öznedeki bu değişimin yapay yaşamın etik konumu hakkındaki iddiaların değerlendirildiği bir yere götürdüğünü düşünüyor. Öznenin çözümlenmesi, beden ile ilgili somut uygulamaların da sorgulanmasıyla karşılıklı etkileşim içinde meydana gelmektedir. İnsan bedeninin çeşitli uygulamalarla makine ile birleşmesi veya insanın zihninin internet ortamına aktarılarak teknolojiye bütünleşmesi insanın pratikte ne olabileceği sorusunu gündeme getirmektedir. Haraway'in (2004) dediği gibi bu uygulamalar insan ile makine ve fiziksel olan ve fiziksel olmayan arasındaki sınırların muğlaklaşmasını ortaya çıkarmaktadır. Bu durumda insanın makine veya yapay zekâ ile ilişkisi, yapay zekânın canlılığı ve insan zekâsıyla karşılaştırılması veya insanın kendi içindeki zihin-beden ilişkisinin geleceği de tekrar gündeme gelmektedir. Yapay zekâ makinelerinin ve insanların canlılığını ortaya koyan eylemin kendileri için düşünmeleri ve özerkliğe ulaşmalarıdır. Von Foerster'a (2009:94) göre, canlı sistemler olarak yapay zekâ ve insan bir dış uyarana içsel bir dolaşım sistemi içinde işledikten sonra tepki verirler. Bu içsel dolaşım sistemine "kendi kendine gönderme sistemi" (*self referring system*) denir. Bu sisteme sahip olan bir varlığın canlılığı ve kendini sürdürebilmesi kendini oluşturması (*Autopoiesis*) aynı zamanda dış çevresiyle etkileşimiyle de mümkün olur (Maturana & Varela, 1980: xvii).

Braidotti (2013:89-91), post-hümanizmi anlattığı çalışmasında bedeni teknoloji aracılığıyla yapay genişleme ve yer değiştirme sürecinin tekrarlandığı bir yer olarak tanımlıyor. Beden böylelikle post insanın yeni öznelliğinin oluşturabileceği maddi bir temel olur. Teknolojinin aslında insan bedeninin birbirine benzemeyen parçaları bütünleştiren sıvı çoklu bir gövde haline getirdiğini ifade ediyor. Bu beden diğerleri ile sürekli olarak yeniden yapılanarak değişim halindedir. Böyle bir yaklaşımla insanlar melez haline geldiği zaman diğer canlılarla beraber yaşam ve birlikte var olma daha önemli hale gelmektedir.

Guerrero (2011:181) çalışmasında, teknolojik değişmelerle bedenin geliştirilmesine dair uygulamaları feminist bir bakış açısıyla irdeliyor. Feminist yaklaşımların, yeni teknolojik gelişmeler estetik ameliyatların artacağını ve bedenlerin teknik olarak daha çok birbirine benzeyeceğini, cinsel stereotiplerin daha katı hale geleceğini, kadınlar üzerindeki güzel ve genç olma baskısının artacağını ve sınıfsal farklılıkların beden üzerinden tanımlanmasına sebep olacağını ifade ettiğini belirtiyor. transhümanistler, beden üzerinde her türlü teknolojik yenilemenin mümkün olmasıyla, bedenin dönüşmesinin ve 'özelleştirmiş beden' haline gelmesinin mümkün olmasını bir ilerleme olarak sunmaktadır. Öte yandan, bu uygulamaların, beden üzerinden yeni ayrımcılık modelleri yaratma ihtimali bulunmaktadır. Transhümanistler, beden üzerine uygulamalarla, geleneksel kadın erkek ikiliğinin ötesine hangi beden veya hangi toplumsal cinsiyeti tercih ettiğimize bağlı olarak geçebileceğimize vurgu yapmaktadırlar. Ancak kadın ya da erkek bedenin seçilmesi toplumsal olarak inşa edilmiş statülerden ve estetik algımızla ilişkilidir. Dolayısıyla burada bir özgürlük modelinden çok sosyal olarak inşa edilmiş kimliklerin pekiştirilmesi daha mümkün görünüyor. Guerrero (2011: 190-191), bedenden bağımsızlaşarak özgürleşme hayali sunan transhümanist dünyanın bir tarafta 'tasarlanmış' daha üstün bedenler sunarken diğer tarafta daha sıradan, daha düşük kalite ve yaşaması daha zor bedenler sunduğunu belirtiyor. Bu yüzden bedenden kaçışı değil de gerçek özgürleşme ve 'teknolojik adalete' ulaşma buna bağlı olduğu için bedeni bütün farklılıkları ile anlamak üzere bedene geri dönüşü vurguluyor. Beden ile makinenin bütünleşmesi aynı zamanda insan bedenin yapay zekâ ile nasıl etkileşim içine girebileceği ve insan aklı ile yapay zekâ arasındaki ilişkinin ilişkisini gündeme getirmiştir. Ferrando (2014a:155), çalışmasında post insan bedenlerinin somutlaşmasını sorguluyor. Hayles'in bilgi iletişim teknolojilerinin insanın maddeleşmesinin yarattığı probleme işaret etmesinin ardından; post insan bedenlerinin kimliklerini cinsiyet, ırk, yaş, sınıf ve cinsellik gibi açılardan tanımlanıp tanımlanmayacağını soruyor. Post-hümanizm, farklılıkları içerirken alternatif insan somutlaşma biçimlerini de sorguluyor.

Ferrando (2014b) çalışmasında cinsiyet ve insanın sahip olduğu kesişimsel farklılıkların siborglar, robotlar ve yapay zekânın gelişimini nasıl etkilediğini araştırıyor. Bu çalışmayı yürütürken de bilimin insanının kültürel alanının kurucu bir unsuru olarak yerleşik inançlarını ve önyargılarını paylaştığını kabul ediyor. Bu yüzden bilgi de kendini sürekli yenileyen performansa dayalı bir süreç olarak algılamak mümkün oluyor böylelikle aydınlanmanın varsayımı olan nesnel ve sabit bir unsur olmaktan farklılaşıyor. Bu çalışmada, Ferrando, kendi bedenine mikroçip yerleştiren Kevin Warwick'in (ilk siborg olarak tanımlanan) daha önce insanların hiç deneyimlemedikleri teknolojik yenilikleri bedenlerini dönüştürerek yaşamasını inceliyor. Warwick, eşinin sinir sistemi ile kendisininki arasında tamamen elektronik iletişim kurmayı da başarıyor. Warwick'e göre makinalar giderek teknoloji ile bütünleşmeyen insanlardan daha zeki hale gelecekler. Onun amacı insan bedenini makine ile birleştirmek. Yapay zekâ çalışmaları genel olarak zihin/ beden ayrışmasına dayanırken insanın biyolojik bedeni daha çok aşılması gereken bir durummuş gibi tanımlanıyor. Bu yüzden transhümanist yaklaşım zihin yüklemeyi yakın gelecekte insanın ciddi bir kayba uğramadan uygulanabilecek bir gelişme olarak düşünüyorlar (Minsky, 1985). Warwick (2012) yaptığı çalışma sonrası yapay zekâ sisteminin bir beden içinde somutlaştırarak, insan bedeni ve yapay zekânın bütünleşerek gerçek, sanal ya da simüle edilmiş bir dünyanın içinde var olabileceğini vurguluyor.

Neubauer (2021) çalışmasında yapay zekâ ile insanın bilişsel kapasitesi arasındaki ilişkiyi sorguluyor. İnsan zekâsını geliştirmeyi amaçlayan nörobilimsel yöntemleri ve bunların günümüzdeki başarısını, bilişsel geliştirmelerin uygulanmasının potansiyel sonuçlarını, insan ve yapay zekâ arasındaki farklılık ve benzerlikleri, süper yapay zekâ uygulamalarının vaatleri ve tehlikelerini ve insanın psikolojik yapısının bunlar ile nasıl bir etkileşime girebileceğini tartışıyor. İlk olarak insan zekâsını geliştirmeyi amaçlayan uygulamaların henüz önemli bir başarı sağlayamadıklarını belirtiyor. İkinci olarak insanın bilişsel geliştirmelerin başarısının uygulanan kişilere göre değişim göstereceğini ve bu yüzden birey toplum ve insanlığın tümüne etkisi açısından da değerlendirilmesi gerektiğini vurguluyor. Üçüncü olarak yapay zekâ ve insan zekâsı arasındaki ilişkiyi incelerken yapay zekâ ve insan zekâsının birbirinden çok farklı olduğunu açıklıyor. Yapay zekâ insanın yapabileceğinden çok daha hızlı bir biçimde verilerin içindeki örüntüleri bulabilirken, insanın yapabildiği gibi genelleştirme yaparak bir soruna uyguladıkları çözümü başka bir yere uygulama konusunda sorun yaşıyor. Kurzweil'in (2006) "teknolojik tekillik' (*singularity*) olarak tanımladığı bilinç ve kendilik farkındalığına sahip süper yapay zekâ fikrinin oldukça ürkütücü olduğunu ifade ediyor. Bostrom (2014) ise insan tarafından veya başka bir yapay zekâ tarafından kapatılamayacak ve tüm yapay zekâ uygulamaları ve insanı kontrol edebilecek tek bir süper zekâyı betimliyor. Bütün bu yapay zekâ uygulamaları insan ve makine arasındaki sınırların muğlak hale geldiği bir döneme gittiğimizi gösteriyor. Gu (2020:24) süper zekâ filmleri üzerine yaptığı çalışmasında; nesnelerin interneti ve yapay zekâ uygulamaları ve gelişmiş teknolojik ağının etkileşimi ve birlikteliğinin yeni bir insan ortamı oluşturacağını ifade ediyor. Yapay zekâ uygulamalarının insanın kendi bedeni üzerine algısını ve ilişkisini dönüştüreceği, kendi bedenini somut olarak dönüştürmesinde etkili olacağı ve beden ve zihin arasındaki ilişkinin ve insan zihni ve makinenin zihni arasındaki ayrımların azalacağı varsayılabilir.

Ancak bu durumun toplumsal olarak inşa edilen cinsel kimliklerimizi daha eşitlikçi yaşamamıza etki edip edemeyeceği ciddi bir sorundur. Ferrando (2014b:42) da araştırmasının sonucu olarak yapay zekâ alanının erkek hayal gücü ve iradesi ile şekillendiğini, katılımcılarının siborg'u erkek olarak düşündüklerini ve makinelerin de kimlik oluşturma sürecinde kadın veya erkek toplumsal cinsiyet kimliklerini edineceklerini bekleyebileceğimizi vurguluyor. Ferrando (2014b:17), yapay zekâ uygulamalarının insan bilgisi ve kategorileri temelinde oluşturuldukları için insanların mevcut hiyerarşilerini sürdürecekleri ve sosyal, ekonomik ve politik çıkarları doğrultusunda geliştirileceklerini ancak insanın yapay zekâ ile etkileşiminde ikili düşünce geleneğinin değil de sembiyotik bakış açısının benimsenebilme ihtimalinin de olduğunu ifade ediyor.

Yapay zekâ ve siborg uygulamalarının televizyon, internet ve sinemada temsilleri bize cinsiyetin yapay zekâ uygulamarıyla nasıl tanımlandığını ve olası gelecekte tanımlanabileceği sunabilir. Gu (2020) çalışmasında erkekler tarafından yönetilen teknoloji odaklı söylemin insanları sayısallaştırmaya yöneleceğini ve insanı zihne indirgeyerek bedeni önemsiz görme ve dışarıda bırakma eğiliminde olduğunu iddia ediyor. *Lucy* (2014) ve *Transcendence (*2014) filmlerindeki bedensiz süper zekânın bedensiz temsil edilişini analiz ediyor. *Lucy* filminde kadın karakter zihnini %100 kullanmaya başladığında bedeni ortadan kalkıyor ve bir USB drive'a dönüşüyor. *Transcendence* filminde ise bedeni yok olan erkek karakter zihin yükleme (*mind uploading*) ile bir bilgisayara yükleniyor. Süper bilgisayar olarak her şeyi daha iyi hale getirmeye çalışıyor ancak insanlığın devamını tehdit edebilecek duruma geldiği zaman kendini imha ediyor. Gu'ya (2020:32) göre; bu filmlerde sadece düşünen varlıklar olarak bedenlerin yok olması, yalnızca bedenlerin değil "insan geliştirilmesi"ne (*human enhancement*) dâhil olamayanların ve bu fikre karşı olanların da yok olmasını getiriyor. Yine Gu (2020:42), erkek egemen teknik söylemde bedenin yok oluşunun olumlanması cinsiyetsiz bir insan fikrini ve kadınların yok oluşunu ortaya çıkardığını belirtiyor. Gu (2002) aynı çalışmada *Ghost in the Shell* filmindeki yapay zekâ uygulamasını da analiz ediyor. Bu filmde, "insan beyninin elektronikleştiği bir toplumda", bir bilgisayar ağına bağlı "insan olmayan" (*nonhuman*) bir karakterin hayatına odaklanıyor. Bu karakter (Kusanagi) bir kadın bedenine sahip olsa da anıları olmadığı için "siborg bedeni" olsa da kendisinin canlı olduğuna dair şüpheye düşüyor. Bir erkek kimliği olan bedensiz yapay zekâ uygulaması (Proje 2501) olan diğer karakter ise kendisinin yaşayan bir varlık olduğundan şüpheye düşmüyor. Bedensiz eril yapay zekâ kimlik sahibi bir yaşayan olarak temsil edilirken, diğeri kontrol edilen ve denetlenen bir kadın bedeni ile temsil ediliyor. Bu filmdeki karakterlerin temsiliyeti zihin ve beden arasındaki ve kadın ve erkek arasındaki ikili düşünce sistemini yeniden üretiyor. Ancak Kusanagi karakteri uzun bir bunalımın ardından kimliğinin kendi içerisinden değil de dışarıdan etkileşim içerisinde oluştuğunu fark ediyor. Gu (2020:40-41), bu karakterin çözümlemesini yaparken; Braidotti'nin (2013:49) "ilişkisel özne" (*relational subject*) kavramındaki gibi Kusanagi'nin arzu edildiği gibi dışarıdan tanımlanarak ve diğeri ile ilişki içinden yeniden doğabileceğini ifade ediyor. Günümüz insanın, insan zihnini merkeze alarak bedeni ortadan kaldıran bir teknolojik bakış açısı yerine kendi kendini oluşturan bir maddeselliğe bağlı olarak diğer varlıklar ile etkileşim içinde tanımlamaya alışmamız gerektiğini düşünüyor (Gu, 2020:42).

Özkent (2022:1) araştırmasında, *Love, Death and Robots*, *Netflix* dizi film serisinde hümanizm karşıtlığı, kadınlar ve şiddetin temsil edilmesini analiz ederek teknoloji ve ataerkillik arasındaki ilişkiyi ve siber feminizmin temel varsayımlarını sorguluyor. Bu dizinin "post insan" dünyasına geçişle beraber siborglar, insansı robotlar, yapay zekâ ve Android karakterlerin olduğu bir geleceği anlattığı görülmektedir. Bu dizinin bölümlerinde "post insan" modelinin geçerliliğine rağmen toplumsal cinsiyet ikiliğine dayalı basmakalıp yargıların devam ettiğini, kadınların öznelliğinin ataerkil sistem içinde tanımlandığını ve kadınların erkek egemenliğine karşı başarısız olduğu gösterilir (2022:15).

Tartışma ve Sonuç

Yapay zekâ uygulamalarının sonuçları olarak gündelik hayatımızda da daha fazla teknoloji ile etkileşmemiz ve ileriki zamanlarda bütünleşmemiz gündeme gelecek gibi görünüyor. Bu etkileşimin gündelik hayat içinde çeşitli biçimlerdeki pratiklerle karşımıza çıkabilir. Örneğin; insansız araçların kullanılmasının yaygınlaşması, emek yoğun işlerin robotlara devredilmesi, sosyal medya uygulamalarının daha fazla kişisel tüketim üzerinden kimlik tanımlaması yapması ve kimlikleri görünür hale getirmesi ve bireylerin profesyonel ve özel hayatlarında yapay zekâ uygulamaları olan kişisel asistanları kullanması gibi. Bu uygulamaların artması; insan ile makine arasındaki ilişkinin derinleşmesine, insanın kendisini daha fazla robotik teknolojiler ve yapay zekâ ile etkileşim içinde bulmasına sebep olacak gibi görünüyor. Bu durum, özellikle internet ağları üzerinden teknolojik uygulamalarla gündelik hayatlarını geçiren bireylerin kendi bedenleri ile ilişkilerinin değişmesine ve teknoloji ile bütünleşme ihtiyacının/ isteğinin oluşmasına sebep olabilir. Posthümanist feminist yaklaşımların belirttiği gibi giderek daha fazla oranda insan ve makine ve fiziksel olan ile fiziksel olmayan arasındaki sınırların azalması; insanın bir özne olarak insan olmayan ile etkileşiminin doğasını dönüştürmektedir.

Yapay zekâ teknolojilerinin ve insanın makine ile bütünleşmesini içeren uygulamalar, insan öznesini sorgulamayı getirmektedir. Ancak teknolojinin günümüze kadar ataerkil toplumsal cinsiyet ilişkileri üzerine kurulu olması insan kimliğinin melezleşmesinin cinsiyeti önemsiz hale getirmesi pek mümkün görünmemektedir. Çünkü hangi teknolojinin üretileceği ve uygulanacağına dair kararlar mevcut siyasal ve ekonomik yapıyı elinde bulunduran ataerkil kapitalist sistemin kendi gündemi içinde oluşmaktadır. Wajcman'a göre (2006, 2007), teknolojinin var olan toplumsal cinsiyet eşitsizliklerini kendiliğinden azaltması, teknoloji eski koşuları yeniden üretme potansiyeline de sahip olduğu için ve kadınlar teknolojiyi üretmek ve kullanmak açısından zayıf kaldığı için de pek mümkün görünmemektedir. Wajcman (2006, 2007) kadınların teknolojiye erişimini artıracak tekno-feminist yaklaşım ve uygulamaları önermektedir. Wajcman'ın da belirttiği gibi (2006:18), yeni gelişen teknolojiler, öncekinden farklı toplumsal cinsiyet dinamikleri oluşturabilme potansiyeli taşımaktadırlar. Ancak bu potansiyel kadınların ekonomik, kültürel ve politik özgürleşmeyi amaçlaması ve cinsiyet hiyerarşisinin sorgulanmasıyla gerçekleştirilebilir. Wajcman'a (2006:18) göre, teknik değişimlerin gerçekleştiği bu tarihsel dönem, cinsiyete dayalı yargıların tekrar pazarlık konusu edilmesi için bir fırsat sunmaktadır. Bu fırsatın değerlendirilmesi daha fazla kadının enformasyon teknolojilerinin üreticisi ve tasarlayıcısı olarak ve geleceğin kurulmasına etki edecek aktörler olarak ortaya çıkmalarına bağlıdır. Teknolojik değişim sürecinde öznenin ötekisi olarak tanımlanan gruplar (ırk, cinsiyet, yaş açısından öteki olarak tanımlanan gruplar) daha fazla teknopolitik karar alma sürecine katılabilirlerse, hem "post-insan"ın yaratılma sürecine hem de cinsiyet kimliklerinin yerinden edilmesine katkıda bulunabilirler.

Kaynakça

Beauvoir, D. (1993). *İkinci cins: Genç Kızlık Çağı*. İstanbul: Payel Yayınları.

Bostrom, N. (2002). Existential risks: Analyzing human extinction scenarios and related hazard *Journal of Evolution and Technology*, *9* (1), 1-37. Existential Risks: Analyzing Human Extinction Scenarios (nickbostrom.com) Erişim Tarihi: 14.08.2023

Bostrom, N. (2014). *Superintelligence: Paths, dangers, strategie* Oxford: Oxford University Pres

Braidotti, R. (2006). Posthuman, all too human: Towards a new process ontology. *Theory, culture & society*, *23* (7-8), 197-208. https://doi.org/10.1177/0263276406069232

Braidotti, R., (2013a). *The Posthuman*. London: Polity Pres

Braidotti, R. (2013b). *Metamorphoses: Towards a materialist theory of becoming*. John Wiley & Son

Braidotti R. 2016. Posthuman Critical Theory. In D Banerji and M. R. Paranjape. (Ed). *Critical posthumanism and planetary future* (p13-32). San Francisco and New Delhi: Springer. DOI 10.1007/978-81-322-3637-5

Butler J. (1999). *Gender Trouble: Feminism and the subversion of identity*. New York et al: Routledge

Çavuş, C. C. (2021). Transhumanism, Posthumanism, And The "Cyborg Identity". *Fe Dergi*, *13* (1), 177-187.

De Liaño, G. D., & Fernández-Götz, M. (2021). Posthumanism, new humanism and beyond. *Cambridge Archaeological Journal*, *31* (3), 543-549.

Ferrando, F., (2013). Posthumanism, transhumanism, antihumanism, metahumanism, and new materialisms: differences and relation *Existenz 8* (2), 26–32.

Ferrando, F. (2014a). The body. In R. Ranisch ve L. Sorgner (Ed). *Post- and Transhumanism: An Introduction (Beyond Humanism: Trans- and Posthumanism / Jenseits des Humanismus: Trans- und Posthumanismus)* (p149-162). Frankfurt am Main, Bern, Bruxelles, New York, Oxford, Wien: Peter Lang, 149-162.

Ferrando F. (2014b). Is the post-human a post-woman? Cyborgs, robots, artificial intelligence and the futures of gender: a case study. *European Journal of Futures Research, 2* (1), 1-17.

Ferrando, F., (2019). *Philosophical Posthumanism.* London: Bloomsbury.

Ferrando, F. (2020). Leveling the posthuman playing field. *Theology and Science, 18* (1), 1-6.

Gu, Y. J. (2020). The disembodiment of digital subjects and the disappearance of women in the representations of cyborg, artificial ıntelligence, and posthuman. *Asian Women, 36* (4).

Guerrero, O. F. (2011). Posthuman bodies? not so fast. *Dilemata, 5,* 181-193.

Haraway, Donna (1991) *Simians, Cyborgs and Women: The Reinvention of Nature*. London: Free Association Book

Haraway, Donna (2004). *The Haraway Reader.* New York ve Londra: Routledge.

Hayles K. (1999). How we became Posthuman: Virtual bodies in cybernetics, literature and ınformatic Chicago: University of Chicago Pres

Hughes, J. (2004). *Citizen cyborg: Why democratic societies must respond to the redesigned human of the future*. Basic Book

Irrigaray L. (1985). *Speculum, of the Other Woman*. Trans. Gill, C. New York: Cornell University Pres

Kurzweil, R. (2006). *The singularity is near: When humans transcend biology*. Penguin. Book

Maturana, H. R., & Varela, F. J. (1980). *Autopoiesis and cognition: The realization of the living*. Dordrecht, Holland: D. Reidel Publishing Company.

McIntosh, D. (2010). The Transhuman Security Dilemma. *Journal of Evolution & Technology, 21* (2). 32-49.

Miah, A. (2008). A critical history of posthumanism. In B. Gordijin ve R. Chadwick. (Ed). *Medical enhancement and posthumanity (*p 71-94). Dordrecht: Springer Netherland

Minsky M (1985) *The society of mind*. New Yokr: Simon and Schuster.

More, M. (2010). The overhuman in the transhuman. *Journal of Evolution and Technology, 21* (1), 1-4.

Neubauer, A. C. (2021). The future of intelligence research in the coming age of artificial intelligence–With a special consideration of the philosophical movements of trans- and posthumanism. *Intelligence*, *87*, 101563, 1-8. https://doi.org/10.1016/j.intell.2021.101563

Özkent, Y. (2022). Posthuman fantasies: Is Love, Death & Robots or women, violence & antihumanism? *Feminist Media Studies, 22* (1), 1-18. https://doi.org/10.1018/14680777.2022.2071320

Valera, L. (2014). Posthumanism: beyond humanism? *Cuadernos de Bioética, XXV* 2014/3ª

Vita- More N. (2019). History of Transhumanism. In Newton Lee (Ed). *The Transhumanism Handbook (*p49-61). Springer Cham. https://doi.org/10.1007/978-3-030-16920-6

Von Foerster, H. (2009). *Truth is the invention of a liar: Talks for Skeptic (* M. Baek, Trans. Korea). Seoul, Korea: Neolbom Publication.

Wajcman, J. (2006). Technocapitalism meets technofeminism: Women and technology in a wireless world. *Labour & Industry: a journal of the social and economic relations of work, 16* (3), 7-20.

Wajcman, J. (2007). From women and technology to gendered technoscience. *Information, Community and Society, 10* (3), 287-298.

Warwick K. (2012). *Artificial intelligence: The basic* Oxon: Routledge,

TOWARDS HUMANOID BEING: THE FUNCTION OF ARTIFICIALE PRODUCTIO IN THE HUMAN TRANSCENDENCE OF HUMANA CREATIO ON THE PATH TO DIVINA CREATIO

Ozlem DERIN SAGLAM*

Extended Abstract

Human beings are destined to die from the moment they are born. People go towards death moment by moment; they have sought ways to struggle against death and to become immortal. Today, especially with the development of artificial intelligence technologies, we come across many pessimistic future scenarios about people becoming slaves or victims of this artificial universe they have established.

'Figital' consists of the words physical and digital, creating a new angle in which the boundaries between nature and the virtual universe disappear, and these two structures are intertwined. When we come to Figital, it is necessary to mention the work of Alain Turing, who made the concept reach its current state and laid the theoretical foundation Based on the principle that a machine can respond to questions asked in the same way as a human and cannot be distinguished from a human while maintaining a general interaction, the Turing machine lays the foundation of artificial intelligence research.

In human history, there are periods when humana creatio (human creation) versus divina creatio (divine creation) were in

* Assoc. Prof., Istanbul Gelisim University

conflict or tried to conciliate. The current appearance of this conflict, which can be assumed to be between faith and science, appears as artificialis productio (artificial production) versus humana creatio. At this point, in the pairs of Latin concepts we have put forward, we focus on the field of creation for man and god and production based on artificial intelligence. Artificial intelligence is a product of humana creation; It is possible to find traces of divina creatio at the origin of artificialis productio, since it also covers cultural and traditional context "humana creatio" constructs artificialis productio because it wants to outdo the divina creatio in which it is in a race. Artificial intelligence, which people resort to escape from death, which is the idea they want to get rid of and feel most uncomfortable with, is seen as a cure.

A person, purified from feelings and bodily perceptions, is a human in the field where physical existence becomes meaningless. Considering an independent artificial intelligence imagination, it is not possible for unrestricted knowledge by a single person's self-transmission. In this context, this time, the self conveyed by the person will transform so much that it will no longer be possible to talk about a cultural 'I'.

What makes humans different is what is not covered by the algorithmic calculations of artificial intelligence today. When it comes to artificial intelligence having the will, in this case, there will be a change of codes and always going for the best. However, since choosing the best is not a situation that people always do, the humanization project of artificial intelligence is the product of an impossible structuring. That will be a divine artificial production (divina artificialis productio) machine. So where will man stay, and what will be his definition? Today's definition of man will not be valid. However, the human being who can overcome himself through transhumanism and create a divine creation thanks to artificial intelligence will be able to be mentioned with a new definition.

While putting forward the simulation theory, Baudrillard focuses on the ability of artificial intelligence to imitate. However, no inference is made about the nature of the copy of the case in question here. The fact that artificial production depends on computation turns it into a machine that makes the best choice depending on the situation and humans. That pushes him to a recurring potential for perfection, which makes him completely different from the imperfect human.

Art is unique and irreproducible as they are human structures and elements of creation. The creation attitude, which points to the subject-self that defines the self of humans, is based on the approach that distinguishes humans from humanoid In this context, "*The Void*" and "*Le Plein (Fullness)*" are art forms that progress in the border/limitlessness/uncertainty as AI and are as complicated as humans on the other. While Yves Klein's "*The Void*" is based on the case of the gallery being exhibited empty, the gallery is the main work. The void is like the apparent void of the mind and the digital screen. Every piece that will fill it, can be noticed by the audience.

Fernandez Arman's "*Le Plein*" work depends on filling the entire gallery with ready-made objects and leaving no spaces in the gallery, making it inaccessible. These ready-made objects can present as self-representations of alienation created by humana creatio. They are so haphazard and coincidental that they go against the principle of stratification or computability. The glitch is not an algorithmic programming but a reflection of the arbitrary tendency of the subject I. Artificialis productio, which is man-made, is creative neither like divina creatio nor humana creatio; it is a representation of the computable and repeatable.

If artificial intelligence can reach immortality and divinity, then the human definition must change. Hereness, presentness, and uniqueness are possible on the plane of his strangeness and creativity in the context of transhumanism. With being immortal, man should be prepared for the loss of uniqueness while realizing himself with the hope of ascending to the divine area.

İNSANSI VARLIĞA DOĞRU: DİVİNA CREATİO'YA GİDEN YOLDA HUMANA CREATİO'NUN İNSANI AŞMASINDA ARTİFİCİALE PRODUCTİO'NUN İŞLEVİ

Özlem DERİN SAĞLAM*

İnsan doğduğu andan itibaren ölüme yazgılı olmaktadır. Ölüme doğru an ve an mesafe kat eden bireyler ölüm karşısında mücadele vermenin, ölümsüz olmanın yollarını aramışlardır. Kendi varlıklarının nedenini sorgulayan homo sapiensler çeşitli inanışlar ve dinlerle korkularını yenmek ve ölüm karşısında bir sığınma alanı inşa etmek istemişlerdir. Doğa ile uyumlu avcı toplayıcı dönem gözlemlendiğinde insanların temel olarak doğanın ruhlarıyla iyi geçinmek, iyiyi ve kötüyü onlardan bilmek olgusuna eğildiği görülmektedir. Tarımsal ekim-dikim dönemiyle birlikte tapınakların inşa edilmesi nesnel bir görüngüyü de temellendirmiştir. Sanayi devrimiyle birlikte seküler yaşamın baş göstermesi inançların karşısında bilimin yükselmesini sağlamaktadır. Bu dönem adeta insanlığın önünde yeni bir devir inşa etmektedir. Seküler bilimsel yaklaşımın ışığında sanayi ürünlerinin gelişmesi, ardından küresel girişimler ve teknolojinin gelmesiyle birlikte toplumlar ve ekonomiler birbirine bağlanmaktadır. "Toplum 3.0, sanayi devrimi yoluyla sanayileşmeyi teşvik eden ve seri üretimi mümkün kılan bir toplumdur. Toplum 4.0, maddi olmayan varlıkları bilgi ağları olarak birbirine bağlayarak artan katma değer gerçekleştiren bir toplumdur. Toplum 5.0 ise insan merkezli müreffeh bir toplumu

* Doç. Dr., İstanbul Gelişim Üniversitesi

hedefleyen ve toplum 4.0'ın üzerine inşa edilmiş bir bilgi toplumudur" (Fukuyama, 2018: 47-48).

Teknoloji ve bilginin birlikteliği son on yıllık devrede muazzam bir akış alanı yaratırken, iletişimi ve ekonomiyi güdüleyen ağlardan, insanlara yardımcı olan aletlere ve insansıların üretimine varan büyük bir değişim baş göstermiştir. Teknolojinin bu denli gelişmesi ve neredeyse insanın kontrolü ve umabildiklerinin dışındaki bir alanı işgal etmeye sebebiyet vermiştir. Bu bakımdan bu gelişim sürecinin felsefi bir izleğinin ve eleştirisinin tasarlanması günümüz eğilimlerini temellendirmek ve anlayabilmek adına oldukça faydalı görülmektedir.

Leibniz günümüzde *digit* olarak adlandırılan ikili 0 ve 1 sistemine, onlarla yapılan çarpma ve bölme gibi işlemlere dair fikirlerini yazıya dökmektedir. (Hui, 2016: 19) Günümüzde dijital etkileşim söz konusu olduğunda bu evrensel karakterler (*Characteristica Universalis*) mevcut bilgi ve kullanımlarımızın göremediğimiz temelini şekillendirmektedir. Yazılımların temelini konumlandıran bu *digit*ler farklı platformlar üzerinden metin, fotoğraf, video, müzik vb. şekillerde form değiştirmektedir. Leibniz bu evrensel karakterleri her ne kadar mantık temelinde konumlandırsa da günümüz bilgisayar teknolojileri düşünüldüğünde bu görüşün büyük bir etki yarattığı kaçınılmaz bir biçimde su yüzüne çıkmaktadır. (Hui, 2016: 20)

Bir yanda doğal evren işleyişini sürdürürken, diğer yanda insanın doğa karşısındaki egemenliğini ispatlama noktasında etkinlik gösteren yapay evren egemenlik alanını güçlendirerek büyümeye ve gelişmeye devam etmektedir. Günümüzde özellikle yapay zekâ teknolojilerinin gelişmesiyle birlikte insanların kurdukları bu yapay evrenin köleleri ya da mağdurları olmasına dair pek çok pesimist gelecek senaryosu karşımıza çıkmaktadır. Yapay zekânın insan karşısındaki üstünlüğü ve duygudan yoksunluğu zamanla bu teknolojik yapının insanları sömürü aracı haline getireceği korkusunu üretmektedir. Ancak bunun aksine söz konusu yapının insanlığa faydalı olacağı konusunu destekleyenler de azımsanmayacak derecededir. Kendi başına bir varlık yakalayabilecek ve kimlik oluşturabilecek olan yapay zekâ insan ve insan olmayan arasındaki çatışmayı ilerleyen yıllarda da besleyecek gibi görünmektedir. Sanal (yapay) evrenin daha kusursuz hale gelmesiyle dış dünyadan bağımsız hatta ondan yoksun bir yapılanma sunmaktadır. Zamanla fizyolojik niteliklere sahip olan biyolojik varlık olarak insanın kendi yapısından sıyrılarak hatta olağan mevcudiyetini reddederek kendisinden uzaklaşması, hatta kendisini yok etmesi olası hale gelmektedir.

Doğal evrenin işleyişinin halen tam anlamıyla çözümlenmemiş olduğu düşünüldüğünde bugün insanlar tarafından üretilen bu yapıların karmaşık olarak nitelendirilmesinin ne denli mantıklı olduğu tartışmaya açıktır. Geleneksel tanımlamaların dışına çıkıldığında aslında bu yapıların doğadan daha komplike olmadığı da açık biçimde fark edilmektedir. Hem teoride hem de pratik uygulamalar bağlamında kültürel anlamlandırma ve ayrımlamaların geçirdiği metamorfoz süreçteki keskin tanımlamaları ortadan kaldırmaktadır. Zira yeni düzlemler yeni kavramsal betimlemeleri gerektirse de, kavramların iç içe geçmişliği sınırları ortadan kaldırmaktadır. Lovejoy'a göre "Her çağın zihni o çağın gözüdür. İnsanların olaylara bilinçli yaklaşması, dönemin ulaşılabilir bilgileri ile ilişkilendirilen tarihteki farklı anların, anlayış farklılıklarını algı boyutlarını anlamakla bağıntılıdır" (2004: 13) Bu da göstermektedir ki, çağlar ve yaklaşımlar değiştikçe geçmişte kullanılan kavramların insanların zihninde kurguladığı imajlar farklıyken zaman geçtikçe tümden bir dönüşüm sürecine bile rastlanabilmektedir. Bu anlamda fiziksel (*physical*) ve dijital (*digital*) kelimelerinin birleşiminden oluşan, doğa ve sanal evren arasındaki sınırların ortadan kalkarak bu iki yapının iç içe geçtiği yeni bir düzlemi yaratan kavramı "*figital*" olarak tanımlamak mümkün olmaktadır. (Ferhat, 2016: 745).

Figital söz konusu olduğunda kavramın günümüzdeki haline ulaşmasını sağlayan ve teorik temelleri atan Alain Turing'in çalışmasından bahsetmek gerekli olmaktadır. Turing teorik yapı üzerine çalışmalarını yürütürken 1928 yılında David Hilbert tarafından matematiğin işleyişine dair ortaya konan üç soruya dayanmaktadır. Söz konusu üç sorunun ikisine Kurt Gödel sonuncusuna ise Turing yanıt vermektedir.

1. Matematik tam mıdır (her matematiksel ifade kanıtlanabilir ya da çürütülebilir mi)?
2. Matematik tutarlı mıdır ("1=2" gibi çelişkili ifadelerin görünüşte doğru yöntemlerle kanıtlanamayacağı doğru mudur)?
3. Matematik karar verilebilir midir (S mantıksal-matematiksel sisteminde herhangi bir s ifadesi verildiğinde, s'nin S'de kanıtlanabilir olup olmadığını belirleyebileceğimiz tamamen mekanik bir yöntem bulmak mümkün müdür)? (Floridi, 1999: 27)

Turing'in çalışmasında son sorunu yanıtı "evet" olarak yanıtlanmaktadır. Bir makinenin bir insanla eş biçimde sorulan sorulara yanıt vermesi ve olağan bir etkileşimi sürdürürken insandan ayırt edilememesi prensibine dayanan Turing makinesi yapay zekâ araştırmalarının temelini atmaktadır. Floridi'ye göre Evrensel Turing makinesinin bilgi-sayma ilkeleri şöyledir:

a) algoritmaların kullanımı;
b) onları yazan kişinin zekâsı ve becerileri;
c) hem verileri hem de talimatları artık gerçek sayılar olarak değil, semboller olarak kodlamak için ikili bir dilin kullanılmaya başlanması;
d) tüm talimat listesini, girdiyi, hesaplamanın kısmi adımlarını ve nihai çıktıyı kodlamak için bant tarafından sağlanan potansiyel olarak sınırsız alan miktarı ve son olarak

e) Makinenin görevini yerine getirmek için algoritmalar tarafından sağlanan çok sayıda çok basit talimatı tamamlaması için potansiyel olarak sınırsız miktarda zaman." (Floridi, 1999: 37)

Böylelikle yapay zekânın çalışma ilkelerinin de en temel anlamda nasıl şekillendiği açıkça görülmektedir. Yapay zekânın temel işlevi kendini oluşturan ve onun kodlarını yazan kişinin zekâsını ve becerilerini yansıtmakken, günümüzde kendi başına hareket edecek ve kendisini tasarlayanın zekâsıyla sınırlı kalmayacak yapay zekâların varlığı tartışılmaktadır. Böylece fiziksel çevre, yani doğanın bütün bilgileri ve aynı zamanda onun üzerinde hâkimiyet kurmak için uğraşan insanoğlunun bilgi ve becerileri *figital* anlamda birleşmektedir.

Fiziksel çevrenin bilgisayarla tanımlanması ve kontrolü, sentetik bir dünyanın dijital inşasıyla birlikte, son olarak, veri, enformasyon, fikir, bilgi, inanç, kodlanmış deneyimler, anılar, imgeler, sanatsal yorumlar ve diğer zihinsel yaratımların ansiklopedik makro-kozmosunun küresel bir infosfere dönüştürülmesiyle temsil edilen dördüncü bir uygulama alanıyla iç içe geçmiştir. İnfosfer, herhangi bir semiyotik ve fiziksel ortamda kodlanmış, içeriği her türlü veri, enformasyon ve bilgiyi içeren, boyut, tipoloji veya mantıksal yapı açısından herhangi bir sınırlama olmaksızın hizmet ve belgelerin bütünüdür. (Floridi, 1999: 8)

Bu betimleme üzerinden ilerleyecek olursak diyebiliriz ki, yapay zekâ *figital* olarak çalışan bir infosfer yaratmaktadır. Sınırsız erişim noktasında, geleneksel kültürde sınırlarla inşa edilen doğa ve yapay alan birbirine geçerek yeni bir anlayış ortaya koymaktadır. Yapay zekâ kalıcı, kolay erişilebilir ve kopyalanabilir, aktarılabilir bir yapıya sahiptir. İnsan zekâsına göre çok daha kolay yönlendirilebilir ve ucuzdur. Aynı zamanda kayıtlarının tutulması unutularak kaybolma, ya da hataya meyletme olasılığını ortadan kaldırmaktadır. Diğer yandan insan zekâsının temeline bakıldığında duyu ve duyguların yönlendirmesi katı sistematik bir yapının sınırları dâhilinde değişkenlere izin vermeyi kolaylaştırmaktadır – örneğin yasal sistemler belli kurallara bağlı olarak işlemekte olsa da adalet bağlamında koşulların incelenmesi dâhilinde yasanın uyarımından daha farklı bir karar ortaya çıkabilmektedir. Bun anlamda olguların adalet bağlamındaki değerlendirmesinde mutlak yasanın işlemesi adaletsizliği doğurabilmektedir. Bu doğurgan tavır yapay zekânın karar verebilirliğinin doğru ve yanlış olarak değerlendirilmesinin dışında – adil ve haklı olarak değerlendirilip değerlendirilemeyeceği düzlemini şekillendirmektedir. Aynı zamanda sanatsal ve yaratıcı anlamda düşündüğümüzde yapay zekânın algoritmik sayma becerisinin mevcut olanın sonsuz olası kopyaları ve bu kopyaların olasılık düzlemindeki farklı kombinasyonlarını teşkil ettiği öngörülebilmektedir. Buradan da anlaşılacağı gibi yapay zekâ mevcut olanların ve bilinenlerin düzleminde ilerlerken, insan zekâsı ve merakı daha farklı oluşumlara izin vermektedir. Buna örnek verecek olursak, insan merkezli evren fikrinin geçerli olduğu ya da dünyanın düz olduğuna inanıldığı bir dönemde üretilmiş bir yapay zekâyı hayal edersek bu bilgiye herhangi bir ekleme olmadığında, söz konusu bilginin yapay zekâ için mutlak bir geçerliliğe sahip olacağı tahmin edilebilmektedir. Ancak yapay zekânın serbest bir erişim ağı olduğu tasarlandığı ve elbette yine insanlar tarafından ortaya çıkarılan bir keşif ya da buluşun kanıtlarla geçerli kılındığı bir noktada, yeni bilgilerin eklemleneceği de anlaşılmaktadır.[1] Bu halde, yeni ve keşfedilmemiş olan ancak insani keşiflerle/buluşlarla ve elbette algoritmaya eklendiği – ya da serbest bir YZ düşünüldüğünde kendi algorit-

---

[1] "Algoritmaları, içeriğe bağlı olmasına rağmen, özellikle karmaşık olan bilgisayar tabanlı epistemik prosedürler olarak tanımlarız. Algoritmalar prosedürleri doğasında olan matematiksel mantık ve istatistiksel uygulamalarıyla şekillendirir. Böylece, algoritmik yönetişim etrafındaki söylem genellikle veri doğrulama ve yapay zekâ tartışmalarıyla örtüşür ve kesişir " (Katzenbach & Ulbricht, 2019: 2)

masını bu yeni bilgiye erişerek düzenlediği sürece ilerleme sağlanabilmektedir. Bu durumda insan faktörü tecrübelerini ve merakını birleştirerek yeni atılımlar yapmaya ve daha önce bilinmeyeni ortaya koymaya daha muktedir görünmektedir.

İnsanlık tarihi bağlamında değerlendirecek olursak *divina creatio* (tanrısal yaratım) karşısında *humana creatio*'nun (insani yaratım) çatışma halinde olduğu ya da uzlaştırılmaya çalışıldığı devirler göze çarpmaktadır. İnanç ve bilim arasında olduğu varsayılabilecek olan bu çatışmanın günümüzdeki görünümü *humana creatio* karşısında *artificialis productio* (yapay üretim) olarak belirmektedir. Bu noktada ortaya koyduğumuz Latince kavram çiftlerinde dikkat edilmesi gereken nokta insan ve tanrı için yaratım düzlemi üzerinde dururken yapay zekâ temelinde üretim düzlemine eğilmemizdir. Yapay zekâ *humana creatio*'nun bir ürünüdür; kültürel ve geleneksel bağlamları da kapsadığından *artificialis productio*'nun kökeninde *divina creatio*'nun izlerine de rastlamak mümkündür. Zaten, *humana creatio* bir yarış içinde olduğu *divina creatio*'ya üstün gelme isteği taşıdığından *artificialis productio*'yu yapılandırmaktadır. İnsanın kurtulmak istediği ve kendisini en rahatsız hissettiği fikir olan ölümden kaçmak için başvurduğu yapay zekâ bir deva olarak görülmektedir.

Ölümlü olan insanoğlu hiç ölmemenin ya da fiziksel varlığını kaybederken en azından insan beyninin bir makineye aktarılması ilkesine dayanan teknolojik ölümsüzlüğün peşindedir. Bu durumda benlik ya da kendilik algısı düzleminde bir 'Ben' sorununun ortaya çıkması kaçınılmazdır. Ölümsüzlüğe erilmek adına *humana creatio*'nun bir tasavvuru olan *artificialis productio*'ya dönüşmek sınırlı bir mekanizma içinde oluşum göstermeyi getirirken, aynı zamanda başkalarının müdahalesini de mutlak bir kısıtlamaya tabi tutabilecek nitelikten uzaklaşmaktadır, zira yapay zekânın asıl amacı sınırlandırılmamak olduğu gibi bilgisini de genişleterek insanın hassas ve hasara yatkın yönlerinden arınmasını sağlamaktır. Bu halde fiziksel varlığın anlamsızlaştığı düzlemde, duygularından ve bedensel algılarından arınan insan gerçekten insan mıdır? Serbest bir yapay zekâ tasavvuru düşünüldüğünde ise sınırlandırılmamış bir bilginin tek bir insanın kendilik aktarımı dolayımında kalması mümkün değildir. Bu bağlamda bu sefer de kişinin aktardığı kendilik o denli dönüşecektir ki artık eskiden sahip olunan düzlemde kültürel bir 'Ben'den bahsetmek mümkün olmayacaktır.

Bu halde etik bağlamda bir değerlendirme yapılması söz konusu olacaksa YZ'nın durduğu yer ne olacaktır? Moor (2009) etik failler olarak ele alındığında makinelerin nasıl değerlendirilebileceği üzerine fikirlerini sunmaktadır. Güvenlik temelinde ortaya konan bu fikirler etiğin hangi durumlarda nasıl işleyebileceği üzerine düşünmemizi sağlamaktadır. Örtük etik faillere baktığımızda tasarımın içinde yer alan gizli etik yargılar karşımıza çıkmakta ve tehlike durumlarında devreye giren algoritmik sistemlere vurgu yapmaktadır. Bir çeşit otomatik uyarı mekanizması görevi gören örtük etik failler gündelik hayatta oldukça sık kullanılmalarına rağmen makine etiğini tam anlamıyla karşılamamaktadırlar. Açık etik failler ise çeşitli alanlardaki etik bilgileri bir araya getirerek yapılması gerekene dair tespitler ortaya koymaktadırlar. Bu bilgiyi edinme yolu yapay zekâyı etik alanda geliştirmek ve bu alana dair iç görüsel bir yaklaşım kazandırabilmeye dayanmaktadır. Açık etik fail farklı durumlara tepki verebildiği için daha genel bir yaklaşım teşkil etmektedir. Tam etik faile baktığımızda ise bilinç ve özgür iradeye dayanan insani özellikler yüklendikleri görülmektedir. Makinelerin insani özellikler kazanıp kazanamayacağı tartışmalı bir durum olsa da yapay zekâ sistemlerinin tasarlanmasındaki asıl amaç bu türden insansılar üretebilmek ve daha çok etik yetenekle donanmasını sağlamaktır. Moor'un da yaklaşımında görüldüğü gibi artificialis productio algoritmik bir kodlamanın üretimine dayanmaktadır. Ortaya çıkan ürünün bütün olasılıkları öngörmesi elbette mümkün değildir; ancak tam etik fail durumuna gelebilen bir makinenin olasılıkları kendi iradi tecrübelerinden çıkarsaması mümkün olabilecektir. Yine de bu noktada şu soruları sormak gerekmektedir: tam etik faile dönüşen bir makinenin insan olarak kabul edilmesi gerekli midir? İnsan olarak kabul edilebilecek şartları sağlasa bile ölümsüz ve sonsuz olması onu insanilikten ayırmaz mı? Bu durum insanlar arasında infial yaratmaz mı? Ya da karşıt bir biçimde bütün insanlar kendi zihinlerini böyle bir bedene aktaracaksa o halde gerçekten kendileri olmaya devam edecekler mi? Kendisinin ölümsüz ve sonsuz üst bir versiyonu olmak isteyen insan aslında neye dönüşmek ister?

Bu soruların ışığında felsefi bir tartışma başlatacak olursak metnimizin yakın savı insanın neliğine dayanacaktır. İnsanı insan yapan gerçekten onu diğer canlılardan ayırdığı düşünülen düşünce midir? Esasen insan homo sapiens'ten beri kendisini düşünce bağlamında üstün bir varlık olarak nitelendirmektedir. Ancak ilk çağlara geri döndüğümüzde kendilerinden daha üstün bir gücün olması gerekliliğini ortaya koyduklarını görürüz. Bu bazen doğadaki bir ruh, bazen doğanın bizzat kendisi, bazen birçok farklı insan-tanrıyla kurulan bir sistem, bazen de tek bir yaratıcı tanrının gözetimini doğurmaktadır. Ancak, geçmişten günümüze incelendiğinde tüm bu inanışların altında ölüm, yıkım ve acıya dair derin bir korku olduğu görülmektedir. Özellikle ilk çağlarda insan ve doğa arasındaki etkileşimde çetin şartlar doğuran doğa olayları karşısında kendini koruyan insanlar, daha sonra gündelik hayatlarını düzenleyen tanrılara inanmayı seçmektedir. Hemen sonrasında ise özellikle tek tanrılı dinlerin ortaya çıkmasıyla bazen bir ödül bazen de bir ceza düşüncesine evrilen ölüm ve ölüm sonrası hayata dair çeşitli savlarla kendini ölüme hazırlamaya başlamaktadır. Nihayet, ölüm insanın bitimi ve bir bilinmeze doğru bir yönelim olduğundan bununla baş etmenin başka bir yolu olarak onu yenmeyi seçmektedir. İşte bu çetin mücadelenin en önemli sonuçlarından biri yapay zekâ sistemleri ve özellikle de insanı ölümsüz kılma yollarını bulmaya dayanmaktadır. Böylelikle insanın amacı *artificial productio* ile birleşerek, *humana creatio*'yu *divina creatio*'ya dönüştürmektir. Yani, insan yapay zekâ aracılığıyla kendisini tanrılaştırma amacı taşımaktadır.

Tekrar yukarıdaki sorulara dönecek olursak günümüzde insan tanımı ölümlü, belli bir bilgi ve tecrübeye sahip, tek tek birbiriyle farklılık ve benzerlik gösteren yapılara sahip olan, iradi bir varlık olmayı yansıtmaktadır. Bu bağlamda ölümsüz olan ve sonsuz bir bilgiyi kapsayan iradi varlık artık insan olarak tanımlanması mümkün olmayana gönderme yapacaktır. Ya da daha ileri bir ifadeyle, çağlarla birlikte yeni tanımlamaların oluştuğuna dair oluşturduğumuz sava dayanarak gelecekte "insan" bugün bizim bildiğimiz ve tanımladığımız insandan çok farklı olacaktır. Etik unsurların da elbette yeniden tanımlanması gerekecektir. Ancak günümüz bakış açısıyla eylemin ahlaki sorumluluğu için Noorman'ın (2018) deyimiyle eylemin sonucunda nedensel bir bağlantı bulunmalı ve failin durum karşısında kontrol sahibi olması sağlanmalıdır. Ortaya çıkabilecek sonuçlara dair olumlu ya da olumsuz öngörüler bulunmalıdır. Eylemlerinin sonuçlarından bihaber olan bir failin sorumlu tutulması mümkün değildir. Son olarak, eylemler özgürce yapılmalıdır, zira özgür olmayan eylemin sorumluluğu da faile yüklenememektedir. (Noorman, 2018) Bu söylemlerden hareketle görülmektedir ki özgür, iradi, sorumluluk bilincine sahip olan, eylemlerinin sonuçlarını kestiren her mekanizma ister insan ister makine olsun etik anlamda sorumluluk sahibi olarak değerlendirilmeye tabidir. (Moor, 2009)

Eylemin ahlaki sorumluluğu değerlendirilirken üç koşulun yerine getirilmesi beklenir (Noorman, 2018): 1. Fail ile eylemin sonucu arasında nedensel bir bağlantı bulunmalıdır. Bir kişi ancak olayların sonuçları üzerinde kontrolü varsa sonuçlardan sorumlu tutulabilir. 2. Fail eylemlerinin olası sonuçları hakkında bilgi sahibi olmalıdır. Eylemlerinin olumsuz bir sonuca yol açacağını bilmeyen biri suçlanmaktan ziyade mazur görülür (akli yeterlilik). 3. Fail, eylemi gerçekleştirirken özgürce hareket etmeyi seçebiliyor olmalıdır. Yani, eylemleri dışsal olarak belirlenen birisi için ahlaki sorumluluktan söz edilemez, o halde serbest olmayan (tam fail olmayan) bir yapay zekâ eylemlerinden sorumlu tutulamayacaktır. Diğer yandan serbest (tam) yapay zekâ aynı insanlar gibi eylemlerinden sorumlu olmalıdır.

Sloman "insanlar, kendilerine söyleneni körü körüne yapmak yerine, alternatif olasılıkların temsillerini oluşturan ve seçim yapmadan önce bunları ayrıntılı olarak inceleyen programlar tasarlıyor. Bu, gerçek müzakere ve seçim özgürlüğüne doğru atılan ilk adımdır" (1978: 266) söyleminde bulunmaktadır. Ancak bu gerçekten bir seçim özgürlüğü müdür? Zira sizin yerinize bütün olasılıkları hesaplayan makine aslında 0 ve 1'lerden oluşan bir kod sistemine dayanmakta ve bu kodlamada bir hata olması durumunda yanlış sonuçlar sunabilmektedir. Elbette, derin hesaplamalar yapmak mecburi seçimler doğuracağından bunun ne denli özgür olduğu da tartışmaya açıktır. Sloman'a (1978: 267) göre, kendini değiştiren programlar "yalnızca yeni gerçekler ve yeni beceriler değil, aynı zamanda yeni motivasyonlar da kazanabilir; yani arzular, zevkler, ilkeler vb." Sloman'a göre bir makinenin kendini geliştirmesi "makinenin özgür iradesi" olarak kabul edilmelidir. Boden'a göre;

Özgürlüğü inkâr etmeyen felsefi bir açıklama, onun ne tür bir olgu olduğunu ve nasıl mümkün olabileceğini açıklığa kavuşturmalıdır. Özgürlüğün kabul edilebilir bir analizi, ne kendi kendini yenilgiye uğratan bir indeterminizme ne de psikolojik yapımızı ve evrimsel kökenlerimizi göz ardı eden antimekanistik bir mistisizme düşmeden, özgürlüğün dağarcığına eklenen gerçek psikolojik ayrımları (ve ahlaki çıkarımları) aydınlatmalıdır. Böyle bir açıklama, hesaplanabilir kavramlar akılda tutularak daha erişilebilir hale getirilir, böylece yapay zekâ, insan olmanın ne olduğunu anlamamıza yardımcı olmada rol oynayacaktır. (1987: 432)

Boden'ın söylemi insanın farklı yönlerini bir arada görebilmek ve iyi bir analizle onu anlayabilmek adına kesinlikle etkili olacaktır. Ancak muhtemelen insanın kendi ölümedoğruluğu söz konusu olduğunda bu fani benlikten kurtulma arzusu kendini anlamaktansa kendinden sıyrılmaya dönüşecektir. Böylece divina creatio'ya geçiş tamamlanacaktır. Bu bir tür aşma durumudur, bu bakımdan yapay zekâ söz konusu olduğunda kullanılan önemli bir kavram olan trans-hümanizm insanın dönüşümüne ışık tutan bir olgu olarak ele alınacaktır. "Transhümanizm fikri üç teknolojik ilerlemeyle bağlantılıdır. İlki, radikal nanoteknolojinin bir türüdür. İkincisi, yaşam süresinin uzatılması temelinde yaşlanma ve ölüme çare bulunmasıdır. Üçüncüsü ise bilgisayarın gücünün yapı değiştirmesiyle yapay zekâ ve ileri nanoteknoloji aracılığıyla üst insan seviyesine ulaşmaktır." (Jones, 2016: 9) Üst insan seviyesi ve ölüme çare bulma düzleminde değerlendirilen bu yaklaşımda divina creatio rolü nanoteknolojik yapay zekâ düzlemine biçilmiştir. Yaşamdan memnun olma amacına dayanan bu yaklaşımda mutluluğun neliği problematiği de ayrıca sorgulanması gereken bir alan olarak karşımıza çıkmaktadır. Zira "trans-humanistler; yaşamdan memnun olma, kendini tatmin etme ve kendini gerçekleştirmeden söz ederler. Mutluluğun objektif veya sübjektif yönü arasındaki ilişkinin analizini yapmak peşinde olmayıp, temel amaçları, insan yaşam süresinin en iyi biçimde uzatılması ve ölümün bir anlamda ertelenmesidir." (Hansell and Grassie, 2010: 39) İlk adımda yaşam süresinin uzatılması hedef olsa da asıl amacın ölümsüzlük olduğu kaçınılmaz bir gerçektir. Ancak ölümsüzlük ya da uzun bir yaşamın insana gerçekten mutluluk getirip getiremeyeceği üzerinde düşünülmesi gereken bir konudur. İnsanın arzu, hedef, istek ve başarıları uzun vadeli değil ancak kısa vadeli mutluluklar sunmaktadır. Mutluluk, kısa süreli yaşanan anlara sığdırılarak aranılan ve arzulanan bir olguya dönüşmektedir. Ancak trans-hümanizmin savunduğu ne denli uzun yaşarsak o denli bu kısa ve mutlu anlara sahip oluruz gibi bir eğilimse, o halde savunu doğru olarak değerlendirilebilir. Zira bu yapay zekâda da olduğu gibi matematiksel ve mantıksal bir hesaplanabilirliğin ortaya koyduğu bir çıkarımdır.

Günümüzde homo sapiens'in fiziksel ve zihinsel sınırları aşması/ortadan kaldırması olarak kabul edilen ve yapay zekâya dair çokça kullanılan kavramlardan biri olan post-human, insan-sonrası bir evreyi tanımlamaktadır. Aslında erişilmek istenen divina creatio evresi için bu nokta daha doğru bir betimlemeymiş gibi görünse de, bu metin bağlamında bizim esas amacımız insanın ortadan kalktığı ve artık tümüyle yapay zekâya dönüşümün tamamlandığı evre değil, kendi bedenini aşmaya çalışan insanın tasavvurudur. Bu bakımdan sonuç değil, sürecin değerlendirilmesi insanın bu yolculuğunu anlaşılabilir kılmada çok daha sorgulanabilir bir yaklaşım sunmaktadır. İnsan ve tanrı arasındaki bir ara form olarak kendini aşmaya çalışan insan yapay zekâ ile olan ilişkisini güçlendirme amacını taşımaktadır. Hümanizm insan doğasını kültür ve eğitim bağlamında geliştirmeye çalışırken trans-hümanistler biyolojik ve genetik sınırları aşma üzerine bir teknoloji geliştirme amacındadır. Bu, insan eliyle ortaya koyulabilecek bir üretim yoluyla tanrısal bir yaratım noktasına erişmeyi, yani artificial productio ile divina creatio'ya ulaşmayı temellendirmektedir. "Transhümanizmin öncülü olan hümanizm*, insan doğasını iyileştirmek için yalnızca eğitimsel ve kültürel iyileştirmeye güvenme eğilimindeyken, transhümanistler biyolojik ve genetik mirasımızın dayattığı sınırların üstesinden gelmek için teknolojiyi kullanmak istemektedir. Bu noktada ortaya atılan "*transhuman*" kavramı transhümanizmin hem araç hem de amaç olarak hümanizmin ötesine geçtiğini vurgulamaktadır. (More, 2013: 4) Transhümanizm ve bugünkü haliyle yapay zekâ dijital dönemin ilk zamanlarında yapılan tanımların çok ötesine geçmektedir. Ancak bu durum zamanla insanın kendine yabancılaşmasına ve artık insan olmama noktasına kadar erişerek bir insansıya dönüşmesine kadar ilerleyebilecektir.

Seeman (1959) yabancılaşmanın beş alternatif anlamını ortaya koyarken anlamsızlık, izolasyon, normsuzluk, güçsüzlük ve kendine yabancılaşmayı temele almaktadır. Anlamın kaybı ölüm karşısında hiçbir tatminin kalmamasıyla başlayabilirken kişi kendisini toplumdan ve diğerlerinden izole etmeye yönelebilmektedir. Bununla birlikte artık güçsüz hissettiği için kendine dair kurduğu düşünceleri bozguna uğrayacağından nihayet mevcut normları artık kabul etmeme noktasına gelebilmektedir. Özellikle yapay zekâ burada normların içinde gibi görünse de bir bilinmeze işaret ettiği için normsuzluğu beslemesi de mümkün görünmektedir. Seeman 1972'de kaleme aldığı makalede bu özelliklere kültüre yabancılaşmayı da eklemektedir. Zaten toplumdan izolasyon muhtemel bir kültür sorgulamasını da getireceğinden kültür yıkımı kaçınılmaz hale gelmektedir. İnsanın kültür içinde büyümesi ve kendi benliğini oluşturması savı ele alındığında, kültür yıkımı kendiliğin de sarsılmasına ve benlik hasarına neden olmaktadır, bu da sahte bir kendilik algısı üretmektedir. Bunun daha ileri noktası kendiliğin tümden yitimine de gidebilmektedir. Transhümanizm noktasında insanın kendi sınırlarını aşması da aynı zamanda mevcut kültür ve benliğin hasar almasına neden olacağından eş biçimde incelenebilmektedir. Bu halde, insan yabancılaşmada da yapay zekâ aracılığıyla kendi benliğini aştığında da benzer sonuçlarla bir izolasyon ve farklılaşma süreci içine girmektedir. Washburn "yabancılaşma"yı, gerçek canlı kendiliğin kaybı, "deanimasyon" olarak tanımlamaktadır. (2003: 207, 208) Diğer yandan May ve Yalom yabancılaşmanın oluşturduğu farklılaşmaları "kopmuş kendilik parçaları" olarak tanımlamaktadırlar. Benlikte seyreden yabancı parçalar olan bu yapılar "kendilik adacıkları" olarak tanımlanmaktadır (May ve Yalom, 1989: 378). Kendilik kültürden farklı olanı betimlemektedir. Diğer yandan bu noktada dikkat edilmesi gereken aslında her insanın yabancılaşmış kendilik adacıklarına sahip olmasının kaçınılmaz olmasıdır. Geleneksel olanla yeni olanı bir araya getiren kültür ve içinde yaşanılan toplumun normları en uyumlu bireyde bile tam anlamıyla kabul görmemektedir. Bu bakımdan kendilik adacıkları bizi biz yapan, en insani yönlerimiz olarak değerlendirilebilir. Bu bakımdan yabancılaşma kaçınılması gereken bir durum olmanın aksine, insanı benzersiz kılan parçalar üretmektedir. Diğer yandan yapay zekâ ile insanı birleştirmek söz konusu olduğunda mevcut olan bilginin tümüne, eş zamanlı ve eş biçimde erişmek söz konusu olacağından burada zevkler, ilgi alanları ya da yaratıcılıkla birleşebilecek alanların olmayacağı da açık biçimde görülmektedir. O halde insanın kendi benliğini aşma çabasının bir parçası yapay zekâ ile ölümsüz bir forma bürünmeye ilerlediğinde artık insandan ya da benlikten söz etmek çok da mümkün olmayacaktır. Tercihler ve seçimler arasındaki en temel fark da burada belirmektedir. Yapay zekâ verili durumlar içinden en iyi sonucu hesaplayarak ona yönelirken, insan seçimlerinde mutlak olasılıkların algoritmik hesaplamalarına değil kendi eğilimlerine yönelerek benzersiz süreç ve sonuçları temellendirebilmektedir. İnsan faktörünü ortadan kaldırmak ise farklı olasılıkları da ortadan kaldırma eğilimine işaret etmektedir. Yapay zekâya keskin bir biçimde karşı olanlar makinelerin insanlardan mutlak biçimde farklı oldukları için doğru ve yanlışı, iyi ve kötüyü sağduyulu bir şekilde ayırt edemeyeceklerini savunmaktadırlar. Yapay zekâyı destekleyenler ise insan beyninin tek başına düşünmesi mümkün olmayan bileşenler içerdiğini ve bu nedenle ancak bir araya gelen bileşenlerin şuurlu olduğunu ifade etmektedir. Öyleyse bu hal makine için de geçerli bir tavır ortaya koyabilecektir. (Pirim, 2006: 85).

Ancak bu durumda insan yalnızca bilinçten ya da düşünme ediminden mi ibarettir? Bilimsel yaklaşımlar ve yapay zekâ süreçleri insanı aynı artificialis productio olarak ele almaktadır. Ürün işe yarar olduğu sürece geçerlilik kazanmaktadır, ancak arkaplan gözden kaçırılmaktadır; insan da saltık düşünme ve bilinç olarak ele alındığında duygular ve duyum gözden kaçırılmaktadır. Bergson benliği ele alırken onu zamansal bir akış temelinde değerlendirmektedir (Bergson, 2001: vi) Kültür ve mekan insanı belli sabitlerin içinde tutarken benliği de sınırlamaktadır. Oysa Bergson'a göre dışsal olan her benlik yüzeysel bir görünüme sahiptir, diğer yandan bağımsız özgür bir devinime sahip olan benlik ise derindir ve kesintisiz bir akış oluşturmaktadır (1947: 431). Bu bakımdan insanı farklı kılan şey tam da bugün yapay zekânın algoritmik hesaplamaları kapsamında olmayan şeydir. İradi bir yapay zekâ söz konusu olduğunda ise bu durumda yine kodların değişimi ve hep en iyiyi gidiş söz konusu olacaktır. Ancak en iyiyi seçmek insanın her zaman yaptığı bir durum olmadığından yapay zekânın insanlaştırılması projesi aslında imkânsız bir yapılanmanın ürünüdür. Burada ortaya konulabilecek olan tanrısal yapay bir üretim (*divina artificialis productio*) makinesi olacaktır. O halde insan nerede kalacak tanım olarak nerede yer alacaktır? Günümüzün insan tanımının geçerli olmayacağı açıktır. Bununla birlikte transhümanizm yoluyla kendini aşarak yapay zekâ sayesinde tanrısal bir yaratım ortaya koyma becerisine sahip olan insan, yeni bir tanımla anılmaya muktedir olabilecektir. Çağlarla birlikte değişen kavramlara insan tanımının da eklenmesi bu yolla mümkün olacaktır.

Günümüzde kopyalanmaya ve aktarılmaya çalışılan şey insanın kendisi; ancak gelişmiş bir versiyonudur Diğer yandan yukarıda verdiğimiz yeni tanım kapsamında gelecekte kopyalanmaya çalışılan şeyin yeni yapay zekâ sistemi olacağına dair güçlü izlenimler görülmektedir. Latour (2011) iyi bir kopyanın basit bir çoğaltma işlemi değil de orijinale destek olan bir eser olduğunu söylemektedir. İyi kopya orijinalin varlığını güçlendirirken, aynı zamanda kopyalar orijinalin hep akılda kalmasını sağlayan unsurlar olarak görülmektedir. Günümüzde yapay zekânın, insanın iyi bir kopyasını sunması tasarlanırken; daha üstün ve aşkın bir insan tasavvuru orijinali unutturacak derecede öne geçecektir. Bu da insanı unutulmaya yüz tutan bir orijinale çevirirken yapay zekâ asıl halini alacaktır.

Baudrillard simülasyon kuramını ortaya atarken tam da yapay zekânın taklit etme yetisi üzerinde durmaktadır. Ancak burada söz konusu olan olgu kopyasının niteliği hakkında bir çıkarımda bulunulmamaktadır. Simülasyon, "bir araç, bir makine, bir sistem, bir olguya özgü işleyiş biçiminin incelenme, gösterilme ya da açıklanma amacıyla bir maket ya da bilgisayar programı aracılığıyla yapay bir şekilde yeniden üretilmesidir." (Baudrillard, 2011: 3) Bu yapay üretimin hesaplamalara dayanması onu olgu ve insana benzer ve en iyi olasılığa sahip tercihi yapan bir makineye dönüştürmektedir. Bu da onu tekerrür eden bir kusursuzluk potansiyeline itmekte, yani mükemmel olmayan insandan tümüyle farklı kılmaktadır.

Bu durumu anlamamızı kolaylaştıracak en önemli örnek sanatın kendisidir. Sanatsal yaratımlar insani yapılar ve yaratım unsurları olduğu için benzersiz ve yeniden yapılamaz olarak tanımlanmaktadır. Teknolojik gelişmelerle eserler kopyalanabilir ve taklit edilebilir hale gelse de daha önce mevcut olan plan üzerinden bunun yapıldığı gözden kaçırılmamalıdır. Özellikle NFT'nin ortaya çıkmasıyla ve sanatın içine yapay zekânın girmesiyle birlikte algoritmik olarak birbirinden tamamen farklı görünen, çeşitli kombinasyonların bulunduğu sanat eserleri ortaya çıkmıştır. Ancak farklı olmaları garanti edilmiş olsa da sanatsal olarak birbirinin kopyası haline gelen eserler homojenleşmektedirler. Bu halde geçmişteki olguların ya da eserlerin algoritmik olarak farklı ancak insan bakışıyla neredeyse aynı olarak yeniden yapılması ya da kombine edilmesi aslında sayısal bir benzersizlik ve biriciklik durumuna işaret etmektedir. Simbelis bu sanat türünden bahsederken "makine estetiği, dijital yükselme (*digital upcycling*), tesadüf ve şans (*aleatoricism and chance*), silme, tekrarlama, hata estetiği ve aksaklık estetiğidir" (Simbelis, 2018) kavramlarını kullanmaktadır. Buradan da görüldüğü üzere insani yaratıcılığın taklit edilmesi için ortaya konan etkide tahmin edilemez olanı ortaya koymak adına dijital olarak tekrarlamalar, eksiltmeler, aksama ve tökezleme etkisi yaratma ya da arıza durumunu ortaya koyma gibi süreçler işlenmektedir. Ancak her ne kadar bu süreçler izlense de aynı eserin binlerce farklı hesaplamaya dayanan kopyaları yan yana geldiğinde sanatsal olarak değil de hesaplama olarak yaratıcı oldukları görülmektedir. Aksaklık sanatı (*glitch art*) insan sanatını taklit etmek için bir yol olarak görülürken aslında insanın yapay zekâya göre aksak olduğu da anlaşılabilir hale gelmektedir. Aksaklık insanı insan yapan temel perspektiflerden biridir, zira insan saltık düşünsel ve bilgisel hesaplamalardan ibaret değildir. İnsanın benzersizliği sanatsal bir aksaklık ve tarifsizlik durumu gibidir, ancak yapay zekânın algoritmik hesaplamaları benzerlik ve eşitlik üzerine kurulmaktadır.

İnsan kendi davranışını gözlemlediği ve ona tepki verdiği sürece özne kendiliğini oluşturmaktadır. (Mead, 1964: 145) Özne kendilik, ya da burada bahsettiğimiz biçimiyle aksak insani benlik bilinç ötesindeki bir akışa işaret etmektedir. Bu akış bilinç düzeyinde gerçekleşen bütün nesnel kendilik görünümleri için de elzemdir. Bu bakımdan aksak kendilik insaniyken, nesnel kendilik yapay zekânın temel aldığı düzeyi göstermektedir. Nesne kendilik kültür, gelenek ve normla ilişkiliyken uyumluluğu ve eşit görünümü esas almaktadır. Joas'a göre, "a) Özne kendilik, dış dünyadan gelen belirli uyarılar karşısında her zaman belirli ve sabit tepkiler göstermez. Bu açıdan aynı dışsal uyarı karşısında organizmanın gösterdiği tepkinin özdeş olmadığı, aksine koşullar ne kadar benzer olursa olsun her bir eylemin biricik olduğu söylenebilir. b) Özne kendiliğin her defasında uyarıyı farklı şekilde yorumladığı bütün eylemler toplumsal kökenlidir." (Joas, 1997: 42) Özne kendilik olaylara her zaman farklı tepkiler verdiği için aksak ve kestirilemez olanı göstermektedir. Dış uyaranlar karşısında ilk tepkiyi veren de özne kendilikten başkası değildir. Yani, insanı insan ve benzersiz kılan asıl tavır ötekilerle yaşadığı kültürel ve sosyal ortam içinde normlara uygun tepkiler sunduğu bilinç düzeyinden ayrıdır. İnsan olarak arayış içinde olduğumuz ve erişmeye çalıştığımız her şey aslında öznel olan yönümüzün göstergesidir. Ancak Aydınlanma düşüncesinden beri sürekli üzerinde durulan ve kutsallaştırılan bilimsel ve algoritmik bilinç düzeyi üstün olarak görülmektedir. Belki de yapay zekânın bu denli elzem görülmesinin ölümsüzlük dışındaki diğer sebebi tam da bu bilgi yüceltmesidir.

Özne kendiliği işaret eden bu tavır insanı insansılardan ayıran yaklaşımı temellendirmektedir. Yapay zekâ ve insan arasında ortaya koyduğumuz bu farklılaşmayı yaratıcılık temelinde sanatla ilişkilendirdiğimiz noktayı bir örnekle güçlendirerek tam anlamıyla anlaşılır kılmamız daha doğru olacaktır. Bu bağlamda seçtiğimiz çalışmalardan "Boşluk" ve "Doluluk" bir yandan yapay zekâ kadar sınır/sınırsızlık/belirsizlik düzleminde ilerleyen, bir yandan da insan kadar komplike olan bir çalışmalardır.

Ancak bunlardan önce mekânı değerlendirmemiz gerekmektedir. 1960'lardan önce başlayan bir hareketle eserlerin biricikliği ve izleyenler arasındaki etkileşime zarar vermemek adına sergi alanı "Beyaz Küp" olarak tasarlanmaya başlanmıştır. Ancak buradaki yaklaşımın dijital ekrandaki akışa bakmaktan hiçbir farkı yoktur. Bir yandan çerçevelemeyi ortadan kaldırdığı iddia edilen ve izleyici yararına görülen bu yapılanma, aslında izleyiciyi eserin dışındaki bakışına daha çok hapsetmektedir. Evet, mekânın içindedir ancak mekânın dışsal ortamdan bu denli izole olması yabancılık hissini de getirmektedir. Dijital simülasyon evreni de aynı biçimde insanları içine çekse de dışarıda farklı bir dünya olduğu bilinci arka planda işlemeye devam etmektedir. Bu anlamda transhümanizmde yakalanan kendilik parçaları su yüzüne çıkmakta ve yabancılaşma duygusunu arttırmakta gibidir. O halde beyaz küpün amacı izleyici ve eser arasındaki sınırları kaldırmaktan çok bir farkındalık üreterek onlara 'rahatsız edici' bir farklılık sunmaktır. Zaten 1960'larla birlikte yükselişe geçen performans sanatının özünde de yine bu 'rahatsız ediciliğin' yer alması dönemde böyle bir düşüncenin olduğuna işaret etmektedir. Graf, beyaz küp için şöyle demektedir:

> Beyaz Küp, sanata tapılan bir ibadethaneydi. Bu dünyadan kopuk, sadece yapıta yoğunlaşarak dalınan derin düşüncenin yarattığı auranın deneyimlenebileceği bir mekân. Bunun elde edilebilmesi için, tıpkı yapıtın kendisinde olduğu gibi, mekândan da sanatın toplumsal bağlamına dair tüm izlerin silinmesi gerekiyordu. Bu nedenle, Beyaz Küp esasen sanat ile yaşam arasında yer alan ve 18. yüzyıldan beri yıkılmasına çalışılan surları, aksine daha da kalınlaştırmıştır (2007).

Diğer yandan yapay zekâ da aynı biçimde insan, tanrı ve insan yapımı olan yapaylık arasındaki sınırları daha belirgin kılma olgusunu gerçekleştirmekten geri durmamaktadır. Zira her ne kadar insanlığın faydasına bile olsa insanın doğrudan yapay zekâya dönüşme ve geçmişten günümüze tanrısallık elde etme kaygısı bu sınırların gitgide daha belirgin olmasına neden olmaktadır.

Yves Klein'ın "Boşluk" eseri galerinin tamamen boş olarak sergilenmesi esasına dayanırken, galerinin esas eser olması hesap edilmektedir. Boşluk hem zihnin hem de dijital ekranın görünürdeki boşluğu gibidir. İçini dolduracak her parça izleyici tarafından fark edilebilecek minvaldedir. O halde izlenebilirlik ve takip edilebilirlik noktasında yapılacak her hareketin ya da ortaya çıkacak her olgunun sergilenmesi kaçınılmazdır. Fernandez Arman'ın "Doluluk" eseri ise galerinin tümünü hazır nesnelerle doldurma esasına dayanmakta ve galeride boşluk bırakmayarak onu girilmez kılmaktadır. Aslında bu hazır nesneler humana creatio'nun oluşturduğu yabancılığın kendilik temsilleri olarak okunabilmektedir. Bunlar o kadar gelişigüzel ve tesadüfidir ki, katmanlama ya da hesaplanabilir olma ilkesine aykırı bir yaklaşım sergilemektedirler. Aksaklık bu kez algoritmik bir hesabın değil de, özne ben'in gelişigüzel eğiliminin yansıması olmaktadır. Her iki durumda da mekanın aktifleştirilmesi söz konusu olsa da biri nesne ben gibi seçilebilir ve izlenebilirken, diğeri özne ben gibi komplike, tesadüfi ve anlaşılmaz kalmaktadır. Yani, insan yapımı olan artificialis productio, ne divina creatio ne de humana creatio gibi yaratıcıdır; aksine hesaplanabilir ve tekrarlanabilir olanın temsilidir. Ancak şu farkı da gözden kaçırmamak gerekmektedir: ister doğa ister bir ilah olarak divina creatio'yu ele alalım, bu yapının hesaplı ve normsal anlamda düzenli olduğu kabul edilmemelidir. Doğanın belli bir düzeni izlemesi ya da tanrısal yaratım mesellerinin her zaman bir izleği takip etmesi yüceltilmiş bir planı gerektirmektedir. Aydınlanma çağından beri yüceltilen zekâ, yapay zekâ ile doruğuna eriştiğinden onunla divina creatio tavrına erişmenin insanlara neden çekici geldiğini anlamak oldukça basittir. Diğer yandan humana creatio'nun tesadüfi ve tekinsiz tarzı güvensiz olduğu gibi ölümlü doğası da kendisinden uzaklaşılmasına yol açmaktadır.

Görsel 2. (solda) Yves Klein, *Boşluk*, 1958, Iris Clert Galerisi, Paris. **(sağda)** Fernandez Arman, *Doluluk*, 1960, Iris Clert Galerisi, Paris, Buluntu Nesneler.

Benjamin sanatta gerçeklikten söz ederken, yapıtın buradalığından, şimdide yer almasından ve benzersiz – biricik olmasından bahsetmektedir. Bu, sanat eserinin aurasıdır. Sanatın teknik ve hesaplanabilir biçimde yeniden üretilmesi onun biricikliğini ortadan kaldırmaktadır. Böyle bir yitim eserin gerçekliğini zedelemekte ve aurayı ortadan kaldırmaktadır. Teknik yollarla olan üretimin tekrarlanabilir ve çoğaltılabilir olması üniform biçimlerin türemesi ve her zaman en iyi olan tercihin yapılmasına yönelmektedir. Teknik yollar boşluklar yaratarak bu boşlukları katman katman belli bir düzene bağlı olarak doldurmaktadır. Bu bakımdan divina creatio'nun oluşturduğu düzen artificialis productio ile birleşerek mükemmel örnekler yaratmaya yönelmektedir. Humana creatio kendi aurasını yitirmeme noktasında düzensiz ve tesadüfi yapılarla bezeli özne benliğindeki aksaklıkların oluşturduğu kendilik adacıklarına tutunmalıdır. Zira yapay zekâ ile ölümsüzlük ve tanrısallığa erişmeye gidecekse o halde insan olmanın tanımı yeniden yapılmalıdır. İnsanın buradalığı, şimdiliği ve biricikliği kendi yabancılığı ve yaratıcılığı düzleminde mümkünken, transhümanizm bağlamında ölümsüz olma emeliyle oluşacak olan yeni insan tanrısal düzleme yükselme ümidiyle kendini gerçekleştirirken kendi biricikliğinin yitimine hazırlanmalıdır.

Kaynakça

Asimow, I. (2016). *Ben Robot.* Çev. Ekin Odabaş. İstanbul: İthaki yayınları.

Baudrillard, J. (2011). *Simülaklar ve Simülasyon.* Çev: O. Adanır. İstanbul: Ayrıntı Yayınları.

Bergson, H. (1947). *Yaratıcı Tekâmül.* İstanbul: Milli Eğitim Basımevi

Bergson, H. L. (2001). *Time and Free Will: An Essay on the Immediate Data of Consciousnes* Çev. F. L. Polgson. New York: Dover Publication

Boden, M. A. (1987). *Artificial Intelligence and Natural Man.* London: The MIT Pres

Ferhat, (2016). Dijital Dünyanın Gerçekliği, Gerçek Dünyanın Sanallığı Bir Dijital Medya Ürünü Olarak Sanal Gerçeklik, *TRT Akademi Dergisi* 1 (2), 724-746

Floridi, L. (1999*). Philosophy and Computing: An Introduction.* London & New York: Routledge.

Fukuyama, A. M. (2018). Society 5.0, Aiming for a New Human-Centered Society. *Japan Spotlight,* August, 47-50.

Good, I. J. (1965). "Speculations Concerning the First Ultraintelligent Machine." Der. Franz L. Alt and Morris Rubinoff, *Advances in Computers*, 6: (31-88). New York: Academic Pres

Graf, M. (2007). ''*Uzay İstilacıları: Çağdaş Görsel Sanatlarda Mekânın Yokoluşu*'', https://www.izinsizgosteri.net/asalsayi157/marcus_157.html, Erişim tarihi: 01.09.2023.

Hansell, G. R. and Grassie, W. (2010). *Transhumanism and Its Critic* Metanexu

Hayles, N. K. (1999). *How We Became Posthuman: Virtual Bodies in Cybernetics*, Literature and Informatics, Chicago & London: University of Chicago Pres

Hui, Y. (2016). *On The Existence of Digital Object* University of Minnesota Press, Minnesota & London, 2016, 19

Joas, H. (1997). *George Herbert Mead: A Contemporary Re-Examination of His Thought*. Çev. Raymond Meyer. Cambridge, MA: The MIT Pres

Jones, R. (2016). *Against Transhumanism The delusion of technological transcendence*. Erişim tarihi: 01.09.2023.

http://www.softmachineorg/wordpress/wpcontent/uploads/2016/04/Against_Transhum anism_1.0_small.pdf

Katzenbach, C. & Ulbricht, L. (2019). Algorithmic governance. *Internet Policy Review*, 8 (4). DOI: 10.14763/2019.4.1424

Latour, B., Lowe, A. (2011). The migration of the aura exploring the original through its facsimile *Switching Codes Thinking Through Digital Technology in the Humanities and the Arts,* University of Chicago Press, 275-297.

May, R., Yalom I. (1989). "Existential Psychotherapy", Der. R. J. Corsini ve D. Wedding, *Current psychotherapies*, 363-404. Itasca: F. E. Peacock Publisher Yalom, I. D. (1980). *Existential Psychotherapy*. New York: Basic Books

Mead, G. H. (1964). "The Social Self." Andrew J. Reck (Der.), *Selected Writings: George Herbert Mead*, 142-149. Chicago ve London: The University of Chicago Pres

Moor, J. (2009). Four Kinds of Ethical Robot *Philosophy Now* 72, 12-14.

More, M. (2013). *The Philosophy of Transhumanism*. Max More & Natasha Vita-More, John Wiley & Sons (Eds). The Transhumanist Reader.

Noorman, M. (2018). Computing and Moral Responsibility. *Stanford Encyclopedia of Philosophy.* Retrieved from https://plato.stanford.edu/entries/computing-responsibility/

Pirim, H. (2006). "Yapay Zekâ", *Yaşar Üniversitesi E-Dergisi* Cilt: 1, Sayı: 1, 81-93.

Ryle, G. (2011). *Zihin Kavramı*, çev: Sara Çelik. İstanbul: Doruk Yayınları.

Simbelis, V. (2018). "Humanizing Technology Through Post-Digital Art", *Doctoral Thesis*, KTH Royal Institute of Technology School of Electrical Engineering and Computer Science Media Technology and Interaction Design, Stockholm, Sweden.

Sloman, A. (1978). *The Computer Revolution in Philosophy: Philosophy, Science and Models of Mind.* Sussex: The Harvester Pres

Washburn, M. (2003). *Embodied Spirituality In A Sacred World.* New York: State University of New York Pres

Sebastian Sunday Grève (Dr. Öğr. Üyesi / Assistant Professor)

Sebastian Sunday Grève Oxford'da eğitim alan, Alman felsefecidir. 2019 Güz döneminden beridir Pekin Üniversitesi'nde Dr. Öğr. Üyesi olarak çalışmakta ve Beijing'de yaşamaktadır. Öğretim Üyesi Sunday, hem teorik hem de pratik felsefe üzerine çalışmaktadır. Son yıllarda daha çok, bilgisayar bilimciler ve psikologlarla birlikte YZ üzerine interdisipliner projelerde çalışmaktadır. Çalışmalarında özellikle temel bilişsel bilimin (örneğin, sezgisel yargılama ve öğrenmenin doğası) yanı sıra psikolojik kavramlarımızın ve sosyal ilişkilerimizin, YZ teknolojisinin beklenenden daha fazla gelişmesi göz önüne alınarak yaklaşmakta olan evrimini tahmin etmeye odaklanmaktadır.

Sebastian Sunday Grève is a German philosopher, who was educated in Oxford and is living in Beijing, where he has worked as an assistant professor at Peking University since autumn 2019. Prof. Sunday works broadly in philosophy, on both practical and theoretical issue In recent years, he has increasingly worked on interdisciplinary projects in AI together with computer scientists and psychologist A special focus of this work has been on foundational cognitive science (for example, the nature of intuitive judgement and learning) as well as on predicting the impending evolution of our psychological concepts and social relations given the expected further advancement of AI technology.

Dilek Yargan (Araştırmacı, Felsefe Enstitüsü, Rostock Üniversitesi; Veri Bilimci)

Dilek Yargan Matematik bölümünden lisans, Ortaöğretim Fen ve Matematik Alanları ve Felsefe bölümlerinden yüksek lisans ve Felsefe bölümünden doktora derecelerini ODTÜ'den almıştır. Yapay zekâda bilgi temsili, özellikle uygulamalı ontolojiler alanında uzmanlaşan Yargan, yapay zekânın teorik ve pratik alanlarında akademik ve sektörel çalışmalarını sürdürmektedir. İlgi alanları arasında formel ontoloji, uygulamalı kategori teori, yapay zekâ felsefesi, veri bilimi, mantık ve Antik Yunan felsefesi bulunmaktadır.

Dilek Yargan holds a B.Sc. in Mathematics, an M.Sc. in Secondary Science and Mathematics Education, and both an M.A. and Ph.D. in Philosophy from Middle East Technical University. Her expertise lies in knowledge representation and reasoning within the field of artificial intelligence, with a primary focus on applied ontologie Dr. Yargan is actively engaged in academic and industrial pursuits, addressing artificial intelligence's theoretical and practical aspect Her research interests include formal ontology, applied category theory, philosophy of artificial intelligence, data science, logic, and ancient Greek philosophy.

Aziz F. Zambak (Doç. Dr. / Associate Professor)

Orta Doğu Teknik Üniversitesi felsefe bölümünden lisans ve yüksek lisansını, Leuven Katolik Üniversitesi felsefe bölümünden doktora derecesini almıştır. 2013 yılından beri Orta Doğu Teknik Üniversitesi'nde öğretim üyesi olarak çalışmaktadır. Uzmanlık alanları zihin felsefesi, dil felsefesi, yapay zekâ felsefesi, mantık, Wittgenstein ve formal ontolojidir.

After completing his undergraduate and graduate studies in the philosophy department at Middle East Technical University, he completed his PhD in philosophy at KU Leuven. He has been working as a Middle East Technical University faculty member since 2013. His areas of expertise are philosophy of mind, philosophy of language, philosophy of artificial intelligence, logic, Wittgenstein, and formal ontology.

Alexander Lazarov (Dr. Öğr. Üyesi / Assistant Professor)

Alexander Lazarov uzun yıllar film yapımcısı (uzun metrajlı filmlerde Görüntü Yönetmeni ve belgesel yapımında Kameraman) olarak deneyim kazanırken Sofya Üniversitesi "St. Kliment Ohridski"de 2016 yılında doktora savunmasını yaparak, "İngilizce Felsefe Master ve Doktora Programı"ndan mezun olmuştur. İlgili ve yetkin olduğu alanlar genel olarak – Dijital Dünya Felsefesi ve özellikle mezun olduğu programda halen eğitim verdiği YZ Felsefesi'dir.

Alexander Lazarov is a long year experienced moviemaker (Director of Photography in feature filming and Cameraman in documentary production) who also graduated the "Master's and Doctoral Studies Philosophy Taught in English" Program at Sofia University "St. Kliment Ohridski" defending a PhD in 2015. His area of competence and interest is in general - the Philosophy of the Digital World, and in particular, the Philosophy of AI which he currently teaches within the same program.

Brandt Dainow (Dr. Öğr. Üyesi / Assistant Professor)

Brandt Maynooth Üniversitesi'nde (İrlanda) Felsefe ve Bilgisayar Bilimi alanlarında Dr. Öğr. Üyesi olarak çalışmaktadır ve YZ araştırma uygulamalarının etik değerlerini değerlendirme görevini üstlendiği Avrupa Araştırma Konseyi'nde tescilli uzmandır. Pek çok AB üniversitesinde yapay zekâ etiği üzerine misafir öğretim üyesi olarak dersler vermektedir. 30 yıl BT endüstrisinde çalıştıktan sonra Brandt, Bilgisayar Felsefesi üzerine doktorasını almış ve ortaya çıkan Bilgi İletişim Teknolojileri'nin insan otonomisine yönelik tehditleri konusunda uzmanlaşmıştır. Ardından, bu kitapta yer alan bölümde konu aldığı AB'nin YZ Tasarım Etiği prosedürlerini geliştirdiği, AB'nin SIENNA projesine katılmıştır. Brandt'in araştırmaları yeni ortaya çıkan yapay zekâ teknolojileri kapsamında hukuk, etik ve sosyal etki kesişimine dayanmaktadır.

Brandt is Assistant Professor in both the Philosophy and the Computer Science departments at Maynooth University (Ireland) and a registered Expert with the European Research Council, where he evaluates the ethical status of AI research application He is a guest lecturer on AI ethics at a number of EU universitie After 30 years working in the IT industry, Brandt undertook a PhD in Philosophy of Computing, specialising in threats to human autonomy created by emerging ICT' He then moved to the EU's SIENNA project where he developed the EU's AI Ethics by Design procedures which are the subject of his chapter in this book. Brandt's research focuses on the intersection of law, ethics and social impact within emerging AI technologie

Talat Sarıkavak (Dr. Öğr. Üyesi / Assistant Professor)

Lisans eğitimini Ege Üniversitesi Tıp Fakültesi'nde, Tıpta Uzmanlık Eğitimini Ege Üniversitesi Tıp Fakültesi Ruh Sağlığı ve Hastalıkları Anabilim Dalı'nda tamamlamıştır. Kendisi aynı zamanda yardımcı psikodramatisttir. Grup çalışmaları ve akademik ilgi odağı daha çok ruhsal dayanıklılık, baş etme stratejileri, kişiler ve nesiller arası ilişkiler, teknolojinin ilişkilerde hem ortam hem de aktör olarak rolü üzerinedir.

He completed his undergraduate education at Ege University Faculty of Medicine and his Medical Specialty Training at the Department of Mental Health and Diseases at Ege University Faculty of Medicine. He is also a certified assistant psychodramatist. His primary areas of interest in both group work and academia revolve around topics such as psychological resilience, coping strategies, interpersonal relationships among individuals and generations, and the role of technology in relationships, both as an environment and an actor.

John Bole (Doktora Sonrası Araştırmacı / Post - Doctoral Fellow)

John master derecesini Yeni Zelanda, Massey Üniversitesi'nde almıştır. Kıta Felsefesi'ne olan büyük ilgisi onu St. Kliment Ohridski Üniversitesi'nde doktora programından mezun olmaya itmiştir. John'un esas ilgi alanı, Yapay Zekâ'ya dair duygusal farkındalık ve anlayış geliştirmeye dair çıkarsamaları kavrama uğraşıdır. Asıl odak noktası, duygusal zekânın, süper zekâlı bir köleden bağımsız dijital bir yaşam formuna geçiş sürecinde işleyiş gösteren YZ'nın potansiyelini nasıl etkileyeceğidir.

John completed his masters at Massey University New Zealand. A growing passion for Continental Philosophy led John to graduate from the doctoral program of St. Kliment Ohridski. John's principal area of interest is the pursuit of understanding the implications of developing emotional awareness and understanding in Artificial Intelligence. The key area of focus is how emotional intelligence will influence the potential for AI to function along the continuum of super intelligent slave through to an independent digital life form.

Dinçer Çevik (Araştırma Görevlisi Dr. / PhD, Research Assistant)

ODTÜ'de lisansını tamamladıktan sonra Muğla Sıtkı Koçman Üniversitesi'nde doktora programından mezun olmuştur. 2010 yılından beri Muğla Sıtkı Koçman Üniversitesi'nde araştırma görevlisi olarak çalışmaktadır. Uzmanlık alanı bilim felsefesi olup ekonomi felsefesi, geometri tarihi ve felsefesi alanlarında çalışmalar yapmaktadır.

After completing his undergraduate and graduate studies at Middle East Technical University, he graduated from the doctoral program at Muğla Sıtkı Koçman University. He has been working as a research assistant at Muğla Sıtkı Koçman University since 2010. His area of expertise is history and philosophy of science; he works in the fields of philosophy of economics, history and philosophy of geometry.

Banu Demirbaş (Araştırma Görevlisi / Research Assistant)

Hacettepe Üniversitesi Sosyoloji Bölümünde lisans eğitimini tamamladıktan sonra Yıldız Teknik Üniversitesi'nde yüksek lisans derecesini aldı. 2020-2023 yılları arasında İstanbul Gelişim Üniversitesi'nde araştırma görevlisi olarak görev yaptı. İstanbul Medeniyet Üniversitesi Sosyoloji Bölümünde doktora eğitimine devam etmekte olup, 2023 yılından itibaren Samsun Üniversitesi'nde araştırma görevlisidir. İlgilendiği alanlar göç sosyolojisi, ırk, etnisite, kimlik ve sosyal değişmedir.

After completing her undergraduate education at Hacettepe University Department of Sociology, she received her master's degree at Yıldız Technical University. She worked as a research assistant at Istanbul Gelisim University between 2020-2023. She continues her doctoral education at Istanbul Medeniyet University, Department of Sociology and has been a research assistant at Samsun University since 2023. Her areas of interest are sociology of migration, race, ethnicity, identity and social change.

Ebru Durusoy (Araştırma Görevlisi / Research Assistant)

Acıbadem Mehmet Ali Aydınlar Üniversitesi Fizyoterapi ve Rehabilitasyon bölümünden mezun olduktan sonra Yeditepe Üniversitesi'nde aynı bölümde yüksek lisansını tamamladı. Hacettepe Üniversitesi'nde fizik tedavi ve rehabilitasyon alanında doktora eğitimine devam etmektedir. Fizyoterapi ve Rehabilitasyon, kronik ağrı, mindfulness, kognitif rehabilitasyon alanlarında çalışmalar yürütmektedir. 2017 yılından bu yana İstanbul Gelişim Üniversitesi'nde araştırma görevlisi olarak çalışmaktadır.

After graduating from Acıbadem Mehmet Ali Aydınlar University, Department of Physiotherapy and Rehabilitation, she completed her master's degree in the same department at Yeditepe University. She is continuing her doctorate in the field of physical therapy and rehabilitation at Hacettepe University. She works in the fields of Physiotherapy and Rehabilitation, chronic pain, mindfulness, cognitive rehabilitation. She has been working as a research asistant at Istanbul Gelisim University since 2017.

Mina Furat (Dr. Öğr. Üyesi / Assistant Professor)

Ortadoğu Teknik Üniversitesi Sosyoloji bölümünde lisans, Teknoloji Politikaları Çalışmalarında yüksek lisans ve sosyolojide doktora derecesi vardır. 2019 yılından beri Manisa Celal Bayar Üniversitesinde öğretim üyesi olarak çalışmaktadır. Uzmanlık alanları kadın çalışmaları ve kırsal alanlar sosyolojisidir. Feminist kuram, toplumsal değişim ve küreselleşme alanlarında çalışmalar yapmaktadır.

She has a bachelor degree in Sociology department, Master's degree in Technology Policy Studies and doctorate degree in Sociology in Middle East Technical University (METU). Since 2019, she has been working in the Sociology department at Manisa Celal Bayar University. Areas of expertise are women studies and rural areas sociology. She makes studies in the areas of feminist theory, social theory and globalization.

Özlem Derin Sağlam (Doç. Dr. / Associate Professor)

İstanbul Mimar Sinan Güzel Sanatlar Üniversitesi'nde lisans ve yüksek lisansını tamamladıktan sonra İstanbul Üniversitesi'nde doktora programından mezun olmuştur. 2020 yılından beri İstanbul Gelişim Üniversitesi'nde öğretim üyesi olarak çalışmaktadır. Uzmanlık alanları 20. yüzyıl felsefesi ve sanat felsefesi olup; ölüm, beden, sanat, sinema, varlık sorunları ve antropoloji alanlarında çalışmalar yapmaktadır.

After completing her undergraduate and graduate studies at Mimar Sinan Fine Arts University, she graduated from the doctoral program at Istanbul University. She has been working as a faculty member at Istanbul Gelisim University since 2020. Her areas of expertise are 20th-century philosophy and philosophy of art; she works in the fields of death, body, art, cinema, existence problematics, and anthropology.